DIGITAL CONSUMER BEHAVIOR

# 数字消费者行为学

阳　翼 / 著

中国人民大学出版社
· 北京 ·

**图书在版编目（CIP）数据**

数字消费者行为学 / 阳翼著. -- 北京 : 中国人民大学出版社，2022.1
ISBN 978-7-300-29912-9

Ⅰ.①数… Ⅱ.①阳… Ⅲ.①消费者行为论 Ⅳ.①F713.55

中国版本图书馆 CIP 数据核字（2021）第 195817 号

**数字消费者行为学**
阳 翼 著
Shuzi Xiaofeizhe Xingweixue

| | | | |
|---|---|---|---|
| **出版发行** | 中国人民大学出版社 | | |
| **社　　址** | 北京中关村大街 31 号 | **邮政编码** | 100080 |
| **电　　话** | 010－62511242（总编室） | | 010－62511770（质管部） |
| | 010－82501766（邮购部） | | 010－62514148（门市部） |
| | 010－62515195（发行公司） | | 010－62515275（盗版举报） |
| **网　　址** | http://www.crup.com.cn | | |
| **经　　销** | 新华书店 | | |
| **印　　刷** | 固安县铭成印刷有限公司 | | |
| **开　　本** | 720 mm×1000 mm　1/16 | **版　　次** | 2022 年 1 月第 1 版 |
| **印　　张** | 15.5 | **印　　次** | 2024 年 6 月第 2 次印刷 |
| **字　　数** | 208 000 | **定　　价** | 98.00 元 |

# FOREWORD 前 言

时至今天，人类早已进入20世纪90年代尼葛洛庞帝所预言的“数字化生存”的新阶段。从PC互联网到移动互联网，从物联网到元宇宙，借助VR、AR、大数据、云计算、人工智能、区块链等层出不穷的数字新技术，我们的生活方式日趋数字化、虚拟化和智能化。近两年的新冠肺炎疫情更是加快了这一进程，消费者每天都要花费大量的时间在数字世界中交友、娱乐、学习、工作和购物，数字世界与现实世界加速融合。

埃森哲在其发布的研究报告《2018埃森哲中国消费者洞察系列报告：新消费 新力量》中指出，数字技术的加速迭代，不仅放大了中国消费者的购买力，更推动了消费者行为习惯发生巨大变化，从而催生出别具一格、焕然一新的新消费市场。如今，带有鲜明数字化烙印的中国消费市场，无论是数字消费的市场规模还是消费者的数字化程度都领跑全球，数字经济也由此展现出强劲的发展动力和创新力。

现代营销的基本观点认为，营销是以消费者为中心的，消费者到哪里，营销就应该去哪里；也只有精准找到并深刻理解目标消费者，营销才能做到有的放矢。近些年来，由于快速发展的业界实践的需要，数字营销策略与方法的研究受到了学术界的广泛重视，但对数字消费者的研究却远不够系统和充分。此外，随着营销数字化进程向纵深发展，传统消费者行为学的知识体系已经无法跟上时代的步伐，对这一领域的全面更新与升级势在必行。因此，我和我的团队历时近三年完成了这部著作，试图构建数字消费者行为学的知识体系和理论框架，具体包括五个部分，共十一章：

第1部分“概述”介绍了消费者的数字化生存现状，比较了传统消费者行为学与数字消费者行为学之间的异同，并阐述了数字消费者行为学的界定及其对传统消费者行为学的继承和创新之处。

第2部分“数字消费个体”围绕消费者个体进行分析，从微观层面对数字自我和数字生活方式进行了深入解读。

第3部分“数字消费环境”探讨了由数字技术所带来的数字鸿沟以及由此导致的不同世代和区域之间的数字生活方式差异。此外，该部分还研究了影响数字消费者行为另一个重要的环境因素——虚拟社群。

第4部分“数字消费决策”着重探讨消费者在数字时代做出消费决策的两个关键环节，即信息搜索和购后分享，并分析了数字消费的两个重要影响因素——数字体验和移动支付。

第5部分“数字消费者洞察与隐私保护”介绍了基于大数据和人工智能的消费者洞察新技术，以及数字时代非常重要的消费者隐私保护问题，阐述了消费者面临的隐私泄露风险及隐私保护原则、策略。

感谢我的研究生李岚、陈瑜、陈孟依、陈晨、刘竟阳、孔靓、牛聪聪在本书写作过程中做出的不懈努力和重要贡献！

本书是在数字消费者行为学这一全新领域的一次学术探索，期待能为相关学者、学生和从业人士在数字时代更好地研究和洞察消费者带来启发和帮助。需要说明的是，虽然从落笔到付梓，本书经过了反复的修改和润色，但疏漏在所难免，不当之处，还请读者不吝批评指正。

**阳　翼**

CONTENTS 目 录

第 3 部分 PART 3

## 数字消费环境

第 4 部分
PART 4

# 数字消费决策

第5部分
PART 5

# 数字消费者洞察与隐私保护

PART 1 第1部分

# 概 述

# 第1章
# 导　论

**引例**

靓靓是广州的一名在读初中生，14 岁的她追求一切时尚新潮的东西，喜欢电子产品和二次元，同时也是麦当劳的忠实粉丝。有一天是周末，经常出差的爸爸恰好也从外地回来了，靓靓十分高兴，提出外出聚餐的想法，爸爸妈妈同意了。“我们去麦当劳吧！最近麦当劳正在推出家庭套餐优惠，我有优惠券。”征得父母同意后，靓靓拿出手机，熟练地打开微信卡包中的麦当劳会员卡，向父母展示优惠券。爸爸平时很少用这类电子优惠券，感到十分好奇，他拿过手机浏览了一番，了解过后觉得这种优惠券十分便利，不禁感慨道：“多年前我去麦当劳使用的优惠券还是纸质的，麦当劳门口会有工作人员发放传单，传单上有一格格的优惠券，使用时撕下来就可以按优惠价购买产品。”靓靓懵懂地想象着那个场景，说：“那样岂不是很麻烦，不能提前知道优惠活动，优惠券也容易弄丢或者忘记带，还是放在手机里方便。”“对啊，这是一个数字化时代，数字技术已经彻底改变了我们的生活方式。”爸爸说完，带着靓靓和妈妈出门了。

## 第1节　消费者的数字化生存

中国互联网络信息中心（CNNIC）发布的第 47 次《中国互联网络发展状况统计报告》显示，截至 2020 年 12 月，我国网民规模达 9.89 亿，较2020年3月增长8 540万，互联网普及率达70.4%；其中，手机网民规模达9.86亿，较2020年3月增长8 885万，网民中使用手机上网的比例达99.7%。

从以上数据我们可以发现，互联网已经全面渗透进人们的日常生活，一旦接入互联网，人们就会被这张由0和1组成的数字大网包裹起来，慢慢变成一个“数字居民”，IP是人们在数字世界的身份证，人们以虚拟主体的方式在信息高速路上奔驰，享受着数字技术带来的种种便利和趣味。电影《无敌破坏王2：大闹互联网》就非常生动地展现了这一情景（见图1-1）。

图1-1 电影《无敌破坏王2：大闹互联网》画面

和这部电影中匆匆忙忙奔向YouTube、天猫或是eBay的方块小人（现实主体的虚拟化身）一样，我们也是每天花大量的时间在数字世界中工作、交友、娱乐、消费……而随着VR、AR等数字技术的不断发展，数字世界与现实世界逐渐无缝对接并融为一体，在这样的背景下，作为消费者，我们的衣食住行都已装进一部小小的智能手机中——我们滑动淘宝的商品页面就相当于是在“逛街”；进入饿了么App的某家餐厅，就可以开始“点餐”；打开打车软件，就能随时随地“打车”……

毫无疑义，我们已进入尼葛洛庞帝[①]（Negroponte）在1996年出版的《数字化生存》一书所描绘的生存状态。他认为，数字化生存是一种社会生存状态，即以数字化形式显现的存在状态；是一种生存的方式，即应用数字技术在数字空间工作、学习和生活的全新生存方式；是在数字化环境中所发生的行为的总和及其体验和感受。不得不说，这位出色的未来学家精准地预见了二十年后的情形，在日新月异的数字化变革中，人们寻求、适应并享受着这种全新的生存方式。

## 一、消费者媒介接触习惯的变迁

自20世纪90年代以来，随着媒介环境的变迁，消费者的媒介接触习惯也发生了翻天覆地的变化。

报纸曾经是人们获取新闻和广告信息的重要来源，如今新闻资讯数字平台取代了报纸的地位，手捧一份《人民日报》的时代已逐渐成为过去，阅读量10万+的“人民日报”微信公众号推文则成为人们阅读的常态。曾经风行一时的手机短信交流也渐渐被人们所抛弃，微信成为最受欢迎的即时通信工具，其月活跃账户数（合并WeChat）已经突破12亿。

正如QQ邮箱登录界面曾使用的文案所描述的：“2 500年前，人们飞鸽传书/183年前，莫尔斯发明了电报/50年前，第一封电子邮件发出/今天，QQ邮箱联系你、我、他”（见图1-2），回顾历史我们会发现，媒介技术的每一次划时代进步，都意味着人们媒介使用习惯和生活方式的重大改变，从报刊到广播，从广播到电视，从电视到PC互联网再到移动互联网，在数字技术大行其道的今天，我们看到的是人们如何从传统媒体转向数字媒体，从原子的怀抱投向比特的洪流……

---

① 尼葛洛庞帝是美国麻省理工学院教授及媒体实验室的创办人，同时也是《连线》杂志的专栏作家。西方媒体将他誉为电脑和传播科技领域最具影响力的大师之一，1996年7月，他被《时代》周刊列为当代最重要的未来学家之一。

**图 1－2 QQ 邮箱登录界面文案**

### 1. 媒介大环境：专属时空特性消失，移动互联网后来居上

（1）专属时空特性消失。

如今，四大传统媒体——报纸、杂志、广播、电视早已不能抓住人们的全部注意力，社交媒体在人们的生活中大肆攻城略地，重新分配了有限的受众注意力资源。随着时间愈发碎片化，受众也开启了多进度处理模式，可以在固定的时间内完成更多的事情。这种改变一方面适应了受众的生活节奏，另一方面也加剧了媒体间的竞争。除了媒体专属时间特性消失以外，媒体的专属空间特性也在媒体的海洋中日渐被打破，多种媒体同时接入同一场景，单屏转换为多屏，在新的媒介环境中，要抓住受众稀缺的注意力更具挑战[①]。

（2）移动互联网应用需求激增。

QuestMobile 发布的《2020 中国移动互联网年度大报告》显示，中国移动互联网月活跃用户规模已经突破 11.6 亿。业界许多人认为移动互联网红利见顶，但这也是移动互联网发展到高峰的一个印证。

智能手机是移动互联网的重要载体。工信部发布的《2020 年通信业统计公报》显示，2020 年移动电话用户总数 15.94 亿户，普及率为 113.9 部/百人。受新冠肺炎疫情和“宅家”新生活模式等的影响，移动互联网应用需求激增，线上消费异常活跃，短视频、直播等大流量应用场景拉动移动互联网流量迅猛增长。2020 年移动互联网接入流量消

① 李晏．2016 年受众媒介接触习惯调查报告//崔保国．传媒蓝皮书：中国传媒产业发展报告（2017）．北京：社会科学文献出版社，2017：235-246.

费达 1 656 亿 GB，比上年增长 35.7%。全年移动互联网月户均流量（DOU）达 10.35GB/(户·月)，比上年增长 32%（见图 1-3）；其中，手机上网流量达到 1 568 亿 GB，比上年增长 29.6%，在总流量中占 94.7%。

**图 1-3 2015—2020 年移动互联网流量及月 DOU 增长情况**

从这些数据可以看出，移动互联网已经成为人们生活中必不可少的一部分，百度、腾讯、阿里巴巴、字节跳动等互联网巨头提供的服务覆盖了人们生活的方方面面，百度搜索、微信、淘宝等自不必多言，近年来异军突起的今日头条和抖音也成为日常生活中的典型应用，为消费者带来了更多的便利和娱乐。

**2. 纸媒：阅读率下滑，数字化阅读逐步增加**

2020 年 4 月 20 日，中国新闻出版研究院发布了第十七次全国国民阅读调查结果。数据显示，2019 年我国成年国民纸质书报刊的阅读时长均有所减少。在传统纸质媒介中，人均每天读书时间最长，为 19.69 分钟，比 2018 年的 19.81 分钟减少了 0.12 分钟；超一成（12.1%）国民平均每天阅读图书 1 小时以上，与 2018 年（12.3%）相比略有下降。从人们对不同媒介的接触时长来看，成年国民人均每天手机接触时间最长，为 100.41 分钟，比 2018 年的 84.87 分钟增加了 15.54 分钟；数字化阅读方式（网络在线阅读、手机阅读、电子阅读器阅读、Pad 阅读等）的接触率为 79.3%，较 2018 年的 76.2%上升了 3.1 个百分点，数字化阅读逐渐成为主流阅读方式。这一点在京东图书与艾瑞咨询联合发布的《2019中国图书市场报告》中也得到了佐证。该报告显示，2019年中国线上图书用户在不同阅读形式中，电子书占94.1%，纸书占77.0%，听书占64.1%，55.6%的用户会阅读报纸/杂志。国民阅读习惯的改变，推动了整个图书市场向线上化、数字化、智能化转变。此外，由于读者阅读习惯的改变，现在“纸电同步”销售越来越受到出版行业的关注和重视，一本书同时有纸书和电子书两个出版形式越来越普遍[①]。

纸质报纸阅读率下降尤为明显。根据CTR[②]的数据，报纸的阅读率持续下降，已从2012年的53.9%降至2018年的25.6%，下降了五成多（见图1-4）。越来越多的人已不看报纸，报纸影响力、广告收入大幅下滑，这也反向影响着报纸的经营，形成恶性循环。究其原因，是读报场景正在慢慢地被移动互联网环境下的新媒体形式所取代，拥有一部智能手机就相当于随身携带着数百份报纸，在这样的情形下，地铁、客厅、卫生间等读报场景都被手机所替代[③]。

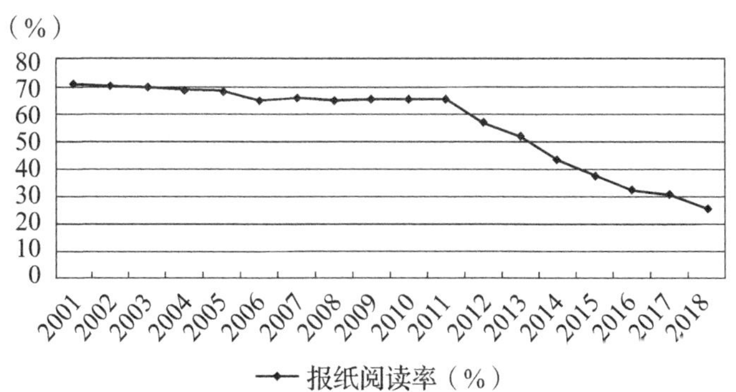


**图1-4　2001—2018年报纸阅读率**

“早餐配报纸”的时代渐行渐远，甚至许多95后从未看过报纸，对

① 艾瑞咨询. 2019中国图书市场报告，2019.

② CTR市场研究公司是中国最大的市场资讯及研究分析服务提供商，其研究服务涵盖品牌营销和媒介受众，研究领域跨越媒介与受众研究、品牌与传播策略、产品与消费市场分析、渠道与服务管理。

③ 陈国权. 2018中国报业发展报告. 编辑之友，2019(2)：46-53.

他们来说，想要了解新闻消息，只需打开新闻媒体的微信公众号或者“澎湃新闻”“今日头条”等新闻资讯类 App。通过这些数字平台，人们能够方便、即时地获取新闻消息，还可以在数字平台上互动讨论，这些优点都是报纸不具备的。也正是由于这些原因，报纸在这个飞速发展的数字时代逐渐呈现没落之势。因此，进军“两微一端”（微信、微博、客户端），通过数字化转型、跟上时代潮流以重新获得流失的受众，也成了许多纸媒的不二选择。

**3. 电视：受众被分流，网络视频强势收割**

随着互联网的普及以及手机功能的多元化，人均电视收视时长呈逐年下降趋势。2018 年，全国观众平均每人每天收看电视 129 分钟，比 2017 年同期少了 10 分钟，下降幅度为 7.2%，与上一年的 8.6%相比，下降幅度略有减缓。但人均收视时间与 2013 年相比减少了 36 分钟，在短短 5 年间时长减少了近 1/3（见图 1－5），足以说明四大传统媒体之一的电视在人们生活中的地位愈发下降[①]。

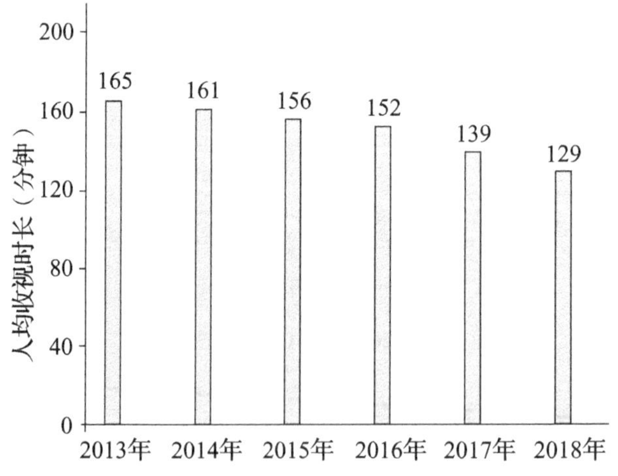


**图 1－5　2013—2018 年中国观众人均每日收视市场统计**

① 宋小宝．2018 年中国城市电视台行业现状及发展趋势，平均收视时长下降．(2019-05-22). http://www.huaon.com/story/430319.

电视媒体收视下降的重要原因之一是视频网站的发展。在时间碎片化越来越严重的今天，人们很难守在电视机前等待节目开播，而且电视机设备成本较高，在出租房、宿舍等场景中就极有可能并没有电视机。此外，视频网站节目具有丰富性和可重复性等特点，人们通过手机、电脑等联网设备就能随时观看视频节目，而且电视节目也基本上都被收录进了网站，这些都促使观众更加青睐视频网站。

不仅如此，传统电视也逐渐退出市场，智能电视已经全面开展OTT[①]业务，成为视频网站的“显示屏”，用户可以直接在智能电视上的视频网站应用播放视频，或者通过电视投屏功能连接视频网站进行观看。奥维互娱公布的数据显示，截至2019年年底，中国智能电视保有量达2.7亿台，同比增长12.5%，覆盖2.1亿户家庭，用户规模达6.3亿人。与此同时，我国传统电视保有量为3.2亿台，同比下降8.5%，智能电视与传统电视的规模差距进一步缩小，智能电视赶超传统电视已经成为大势所趋。

#### 4. 广播：车载及智能收听终端成两大主流

赛立信媒介研究调查数据显示，2018年中国广播的接触率为59.1%，广播媒体生态覆盖6.83亿听众，汽车保有量持续攀升，带动车载听众规模不断壮大，城市交通拥堵也增加了乘车人车上广播收听时长。广播搭上了车载收听的便车，在新一轮的流量“洗牌”中生存下来并继续蓬勃发展，2018年车载广播覆盖人群为4.99亿，车载广播用户为4.01亿，人均每日在线收听广播的时间为104分钟。另外索福瑞媒介研究的数据显示，听众在车上的广播收听率呈上升趋势，由2017年的1.33%上升至2018年的1.4%（见图1-6）。

① OTT是Over The Top的缩写，是指通过互联网向用户提供各种应用服务。这种服务由运营商之外的第三方提供，不少服务商直接面向用户提供服务和计费，使运营商沦为单纯的“传输管道”。

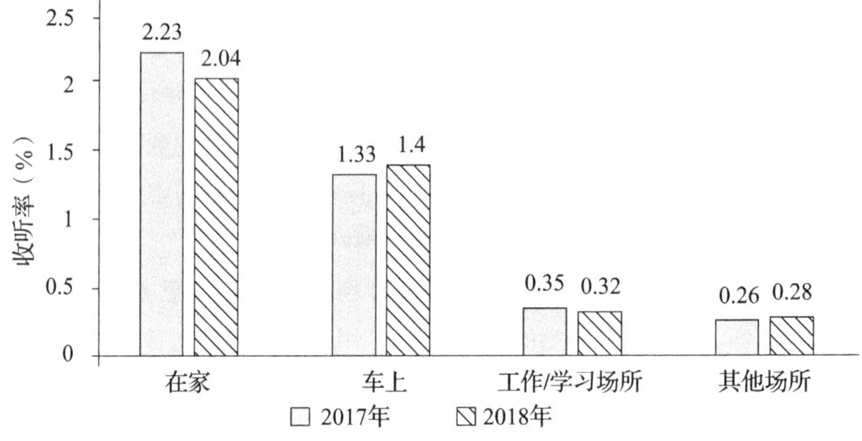


**图 1-6　2017—2018 年总体广播收听率变化情况**

而广播收听的另一个重要渠道是移动智能终端，这是一个使用更加普遍的渠道，只要拥有移动智能设备，就能收听网络广播电台。2019 年 3 月尼尔森网联发布的《2019 网络音频节目用户研究报告》指出，当前中国网络收听规模已达 6.61 亿，网络音频内容接触率达到 47.55%，有八成以上的网民将收听网络音频作为主要的休闲娱乐方式。喜马拉雅、蜻蜓 FM、荔枝 FM 等主流音频分享平台已经成为许多人智能手机中的必备 App。

### 5. 户外媒体：数字化是必然趋势

户外广告早已有之，而在广告行业快速发展的今天，户外广告牌依然被广泛使用。然而，数字科技正在改变人们接触户外媒体及与之互动的方式。相比传统户外媒体，数字户外媒体呈现出更强的受众吸引力，高清屏幕展示、程序化投放方式、智能广告素材播放等优势让数字户外媒体逐渐成为重要的广告投放载体。事实上，在我们的日常生活中，数字户外媒体俨然成了一道无处不在的“风景线”——公交电子站牌、楼宇液晶广告牌、电梯视频广告、地面投影广告……我们在不知不觉间接触着这些数字户外媒体，并接收着它们传播的信息。在数字户外媒体广告支出增长的推动下，户外广告支出将持续保持增长。

## 二、5G与万物皆媒时代的到来

2019年7月，《中国互联网发展报告2019》由第十八届中国互联网大会权威发布。该报告分析显示，经过25年的发展，中国互联网从以PC互联为主要途径的互联网初级发展阶段到由移动互联主导的人人互联阶段，如今已进入人工智能等新兴技术和实体经济深度融合的万物互联新阶段。而5G技术的发展和普及，更是加速了这一进程。

5G的横空出世无疑备受瞩目。与4G相比，5G最突出的三个性能指标分别是用户体验速率、空口时延和连接数密度。5G用户体验速率可达100Mbps至1Gbps，是4G的10倍以上；空口时延低至1毫秒，是4G的1/10；连接数密度可达到100万连接/平方公里。国际电信联盟定义了5G的三大应用场景：增强移动宽带（eMBB）、超高可靠低时延通信（URLLC）和海量机器类通信（mMTC）。增强移动宽带主要面向移动互联网流量爆炸式增长，为移动互联网用户提供更加极致的应用体验；超高可靠低时延通信主要面向工业控制、远程医疗、自动驾驶等对时延和可靠性具有极高要求的垂直行业应用需求；海量机器类通信主要面向智慧城市、智能家居、环境监测等以传感和数据采集为目标的应用需求。5G三大应用场景将全面支撑新模式、新业态的创新发展。

因此，5G的核心优势可以用超高速、低时延、海量连接和泛在网来概括①：

1. **超高速**：5G最直观的特点是“无快”。在5G网络环境下，几秒内就可以下载一部超高清画质电影。

2. **低时延**：时延指的是两个设备相互通信需要多长时间。研究显示，4G的时延时间为20～80毫秒，而5G的时延时间仅为1毫秒。举个例子，当用户点击一个网络视频的时候，它会先向网络发送一个请求，接着网络会进行回应并且开始播放视频，在这个过程中，可能存在网络延

① 何雄伟．5G：开启万物互联的时代．江西日报，2019-08-12(10).

迟的问题，但在5G环境下，这个延迟时间最多只有1毫秒，几乎可以忽略不计。

3. **海量连接：**基站设置将会遍布各个角落，数以亿计的设备安全接入网络，海量用户的通信要求都会被满足。也就是说，5G将会实现“随时随地万物联网”的美好愿景，解决了人与物、物与物之间的通信，实现真正的“广义物联网”。

4. **泛在网：**泛在网，也就是广泛存在的网络。因为5G基站是一种微基站，可以发出比4G信号塔密度更高的信号，其身量更小、分布更广，能够解决偏僻区域存在信号盲点的问题，5G网能像一张大网一样罩住社会生活圈，无论何时何地用户都能够连接到5G网，永远在线。

在2019年10月31日举行的中国国际信息通信展开幕式上，中国电信、中国移动、中国联通共同宣布启动5G商用服务，并发布相应套餐，5G开始走入寻常百姓家。5G正式进入商用阶段，标志着网络新时代的开启，未来呈现在我们面前的是一个万物互联、万物智联的数字世界。在那个世界中，人们设想的将变成现实：在网络协同行驶作用下，无人驾驶汽车上路，互联网的大手合理安排好每一辆车的行驶轨迹，堵车、交通事故等难题迎刃而解；盲人可以通过辅助设备感知外界，像正常人一样出行生活；手表、眼镜、牙刷等个人物品，以及停车位、垃圾箱等基础设施都可以通过网络连成一体。一言以蔽之，5G将成为世间万物进入数字世界的入口。

5G时代也是后智能手机时代，一个终端一统天下的地位不再，这会释放出更多机会，创造出一批新的媒介，构建一个超越手机、模拟现实社会生态系统的智能城市。城市中遍布的传感器都具备收集、存储、传递信息的能力，这也大大扩展了我们原本对媒介的定义①。一个万物皆媒的时代即将到来。

## 三、数字消费

随着互联网和电子商务的日益普及，人们的数字消费比重逐渐增加。

① 宋美杰．万物皆媒：5G时代的媒介变革与创新．中国报业，2019(7)：18-21.

这些消费既有物质方面的，也有精神方面的；既有有形产品的消费，也有无形服务的消费，具体包括视频、音频、信息、搜索、网购、社交媒体的使用等，这些消费统称为“数字消费”。

网购是数字消费的典型代表，淘宝、京东、拼多多、唯品会、考拉海购等为消费者提供了多种电商平台选择。国家统计局数据显示，2020年全国网上零售额117 601亿元，比上年增长10.9%。其中，实物商品网上零售额97 590亿元，增长14.8%，占社会消费品零售总额的比重为24.9%；在实物商品网上零售额中，吃类、穿类和用类商品分别增长30.6%、5.8%和16.2%。足见网络购物这一数字消费方式在中国乘风破浪般地发展，已经成为人们生活中不可或缺的一部分。

在网购用户规模方面，CNNIC数据显示，截至2020年12月，我国网络购物用户规模达7.82亿，较2020年3月增长7 215万，占网民整体的79.1%；网络支付用户规模达8.54亿，较2020年3月增长8 636万，占网民整体的86.4%；直播电商成为广受用户喜爱的购物方式，66.2%的直播电商用户购买过直播商品，网络直播成为“线上引流+实体消费”的数字消费新模式。

埃森哲在其发布的研究报告《2018埃森哲中国消费洞察系列报告：新消费 新力量》中认为，数字技术的加速迭代，不仅增强了中国消费者的购买力，更推动了消费者行为习惯发生巨大变化，从而催生出别具一格、焕然一新的新消费市场。如今，带有鲜明数字化烙印的中国消费市场，无论是数字消费的市场规模还是消费者的数字化程度都在领跑全球，数字经济也由此展现出强劲的发展动力和创新力。

## 第2节 什么是数字消费者行为学?

### 一、传统消费者行为学的理论框架

消费者行为学（consumer behavior）是营销学和广告学的重要根基，它研究个体或群体为满足需要与欲望而挑选、购买、使用或处置产品、服务、观念或体验所涉及的过程①。消费者行为学研究始于 20 世纪 60 年代，经过半个多世纪的发展，知识体系已较为完善，相关著作颇丰，其中以所罗门（Solomon）②、希夫曼（Schiffman）③、霍金斯（Hawkins）④等学者所著教材为代表。学者们对消费者行为学的理论建构是以消费主体（消费者）为中心，对外部（环境）因素和内部（个体）因素以及行为决策过程进行分析，三者之间相互联系、相互影响，共同解释了消费者行为，并由此构成了消费者行为学的理论框架（见图 1－7）。

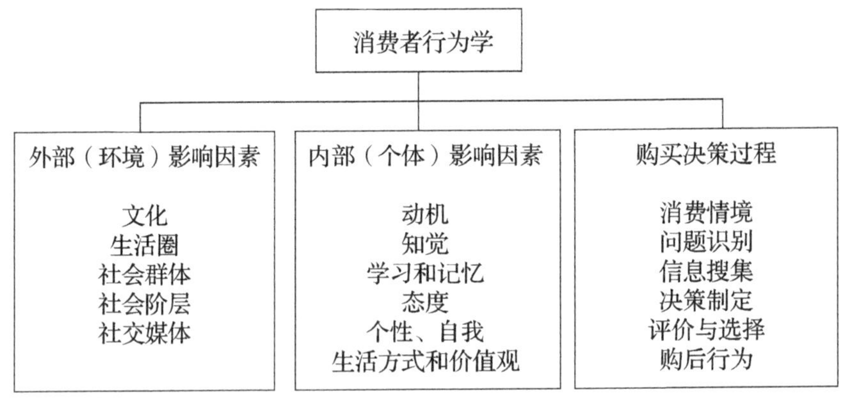


**图 1－7　传统消费者行为学理论框架**

## 二、数字消费者行为学的界定

近年来，随着消费者接触数字媒体的时间越来越长，企业营销的预算也越来越多地投向了数字媒体。秒针营销科学院联合全球数字营销峰会（GDMS）及媒介 360 共同发布的《2021 中国数字营销趋势报告》显示，中国企业的数字营销预期增长率为 20%，其中，28%的广告主数字营销预算增幅超 30%，较 2020 年实际上升 5 个百分点，50%的广告主数字营销预算增幅在 30%以内，减少投入的广告主仅为 5%。现代营销的基

① 所罗门．消费者行为学：第 12 版．杨晓燕，等译．北京：中国人民大学出版社，2018.
② 同①.
③ 希夫曼．消费者行为学：第 11 版．江林，等译．北京：中国人民大学出版社，2015.
④ 霍金斯．消费者行为学：原书第 12 版．符国群，等译．北京：机械工业出版社，2014.

本观念认为，营销是以消费者为中心的，因此，在数字营销的重要性不断提升的今天，对数字消费者行为特征、洞察方法和隐私保护等问题的深入研究变得尤为关键。

2004年，所罗门教授在其《消费者行为学：购买、拥有与存在》（第6版）一书中引入了“数字消费者行为”这一概念，并认为这是一个“美丽的新世界”[①]（brave new world），从那以后直至该书的第12版，作者不断增加一些关于数字消费者行为的新内容，但均只是作为传统消费者行为学知识体系的补充，而并未加以系统研究。本书所提出的“数字消费者行为学”是旨在系统研究数字消费者行为的一门学问，在传统消费者行为学理论框架的基础上，立足于数字时代的新特征和发展趋势进行创新，力图描绘一幅完整的数字消费者行为领域的知识图谱。因此，我们把数字消费者行为学（digital consumer behavior）界定为：研究数字个体或群体为满足其需要和欲望而对数字产品、数字服务、数字体验、信息知识等进行搜索、评估、选择、获取、使用、处置及分享的过程，以及由此对数字消费者和社会产生的影响的一门学科。

### 三、数字消费者行为学的研究框架

随着数字技术的不断进步，消费者媒介接触习惯和生活方式发生了重大改变，数字化的消费行为在人们消费生活中的占比越来越大，已经进入尼葛洛庞帝在20个世纪90年代预言的“数字化生存”的新阶段，因而对数字消费者行为进行系统深入的研究，无论对于理论界还是实务界来说都势在必行。本书把握数字时代趋势，聚焦数字化发展方向，进行理论梳理与知识建构，主要包括以下五个部分：

#### 第1部分 概述

该部分介绍了数字消费者行为学的研究背景和理论框架，包括消费

---

① SOLOMON，M R. Consumer behavior：buying，having，being. 6th ed.. New Jersey：Pearson Prentice Hall，2004.

者数字化生存现状，以及传统消费者行为学与数字消费者行为学之间的异同，阐述对数字消费者行为学的界定及其对传统消费者行为学的继承和创新之处。

**第 2 部分　数字消费个体**

该部分围绕消费者个体进行分析。首先聚焦的是数字时代的“自我”，即“数字自我”，这是数字时代的特殊产物，是人们在数字世界中的另一段人生经历。数字自我带有显著的数字时代特征，无论是个体独处时的自我构建与思考方式，还是社交网络中的共同自我，都表现出数字时代消费者的“自我”所发生的新变化。其次，该部分还探讨了消费者的“数字生活方式”，将其与传统生活方式进行比较，把数字时代消费者生活方式的新特征呈现出来，具体阐述了数字交往方式、数字消费方式、数字休闲娱乐和数字出行方式等。

**第 3 部分　数字消费环境**

该部分首先关注的是由数字技术所带来的数字鸿沟。数字鸿沟对人们的生活产生了巨大影响，它像一条沟壑横亘在时间与空间两个维度，由此带来不同世代和区域之间的数字生活方式差异。此外，该部分还研究了影响数字消费者行为的另一个重要环境因素——虚拟社群。虚拟社群实际上是一种参照群体，但它是数字时代的产物，除了具有参照群体的一般特性外，还有线上虚拟属性所带来的新特点。在虚拟社群遍布社交网络的今天，它对人们生活和消费的重要影响显而易见。

**第 4 部分　数字消费决策**

该部分着重探讨消费者在数字时代做出消费决策的若干关键环节。AISAS[①] 是电通公司针对互联网与无线应用时代消费者生活形态的变化

---

① AISAS 即 Attention（注意）、Interest（兴趣）、Search（搜索）、Action（行动）、Share（分享）的首字母缩写。

而提出的一种新的消费者行为分析模型，与传统的 AIDMA[①] 法则相比，AISAS 充分体现了互联网对人们生活方式和消费行为的影响与改变，比如模型中的两个 S，search 和 share，即信息搜索与购后分享，对于数字时代的消费决策有着举足轻重的影响。

网络让信息变得充分且易得，消费者在做出购买决策之前通常会在互联网上搜索信息来进行产品和服务评估，以便做出最佳决策，而社交媒体的快速发展让消费者进行购后分享变得更加便捷简单。除了信息搜索和购后分享外，该部分还研究了数字消费的两个重要影响因素——移动支付和数字化体验。移动支付的便捷性大大推进了数字消费。此外，随着 VR、AR 等数字技术的发展和成熟，消费者在购物过程中的数字化体验大大提升，这深刻影响着消费者的购买决策，有深入研究之必要。

### 第5部分 数字消费者洞察与隐私保护

该部分介绍了基于大数据和人工智能的消费者洞察新技术，以及数字时代非常重要的消费者隐私保护问题，阐述了消费者隐私泄露和被侵犯的风险及保护策略。

近年来数字技术飞速发展，在商业领域的应用程度越来越高，但相关的伦理规范和法律法规未能及时完善，有许多空子可钻，由此引发的伦理和法律问题层出不穷。消费者在享受数字技术带来便利的同时，也被数字技术和大数据的掌握者消费着——频繁收到各类商业短信和推销电话、被监听对话后自动推送的广告、个人信息被窃取后变化多端的诈骗手法……这些都是在消费者日常生活中经常出现的情况，表明了数字时代消费者隐私泄露和被侵犯问题的严重性，对此有深入研究的必要。

---

① AIDMA 即 Attention（注意）、Interest（兴趣）、Desire（欲望）、Memory（记忆）、Action（行动）的首字母缩写。

## 例1-1 永辉云创：智慧零售开启数字消费新生活

超市中，越来越多的人使用下载程序、自助扫描商品条形码，即买即结，无须排队结账；城市青年追捧起了进口食材，周末不仅会用进口生鲜犒劳自己，还玩起了“波士顿龙虾抓娃娃机”；宅男宅女厌倦了点外卖，拿起手机一键下单，社区生鲜电商仅用30分钟就能把新鲜的果蔬、海鲜和鸡鸭鱼肉送到家，不仅提升了餐饮水平，还能在朋友圈“秀厨艺”。

这些场景对永辉来说不算新鲜事了。作为中国传统连锁超市中第一个“杀入”智慧零售的企业，永辉在线上线下融合的全新零售场景中不断尝试和创新，不仅抢先推出扫码购、小程序等新应用和技术，还构建了云计算中心，被业界视为商超智慧零售的标杆。

2018年的最后一个月，永辉旗下“云创”独立运营和发展。这个被业界认为是永辉智慧零售试验田的业务板块，意在孵化和培育线上线下融合发展的新模式。目前，此模式诞生了Bravo永辉超市、永辉生活、超级物种等三大品牌。其中，Bravo永辉超市定位“精致生活一站采购平台”；永辉生活定位“家门口永辉”，主要贴近社区和商圈，提供便利生活服务；超级物种定位“高端超市＋食材餐饮体验”，意在引领时尚生活方式。

2018年，腾讯智慧零售的七大工具逐步落地应用到永辉的门店端、用户端及供应链端，通过这些工具，永辉逐渐看到了自身全场景、全链路的“数字化版图”。

### 1. 永辉生活：购物数字化

在创新消费体验方面，永辉生活小程序整合了扫码购物、微信支付、在线下单等功能，在到店与到家两个场景内创造了最轻量便捷的消费体验。

在线下，永辉门店撤掉人工收银台，全面实现了扫码购。通过“永辉生活”小程序（见图1-8），消费者可以直接扫描商品条形码，使用移动支付完成订单，即买即走，省去了排队购物、等待买单的麻烦，大大提高了效率，减少了人力成本。

图 1-8 “永辉生活”小程序界面

### 2. 永辉到家：配送数字化

永辉的到家业务拓展了“数字消费场”的范围，用户在家打开永辉生活 App 或小程序，应用会自动显示附近的永辉门店及服务，用户线上下单，货品将直接由附近的门店和卫星仓履单配送，它们为周边 3 公里的用户提供品质生鲜、全球好货，最快 30 分钟配送到家，以满足用户新鲜、便捷的生活购物需求。永辉生活卫星仓面积在 300～600 平方米，拥有约 3 000 个精选 SKU，生鲜占比超过 50%。永辉凭借优势供应链体系，能够为用户提供更加丰富、优质、高性价比的生鲜食百商品。

### 3. 供应链端数字化

在供应链端，永辉通过对商品进、销、存、出四大环节的“全链路”数字化，预测某个商品的销售量，并根据销售情况实时反馈供应链，进行按需生产及订货，以控制生鲜食材的损耗率，从而降低仓储库存风险。在仓储环节，永辉依托于过往经营线下的存量资源，在主要城市都建设了完善的区域调配总仓、常温配送中心、定温配送中心的立体仓储体系，并且配置了齐备的自建干线与专线冷链物流系统，保证了商品在最短时间内的新鲜直达。

永辉云创还在深入探索供应链的数字化，比如借助腾讯云优码，以一件商品一个单独二维码的方式，帮助上游品牌商家触达C端用户，让它们知道哪些用户在使用自己的产品、哪些用户的需求还未被满足等。

**4. 运营端数字化**

在运营端，通过小程序和App的运营，永辉完成了从线下到线上的引流。依托海量数据，门店可以获得店内实时客流量、客户店内轨迹及商圈实时热力图等数据，从而实现“货”的优化，使商品更加匹配消费者的个性化需求，做到“千店千面”。后期，当消费者被分到各个微信社群中时，店员可以通过对不同社群“人”的数据洞察，进行日常运营，以促进拉新、复购，提高留存率。比如永辉生活用户可以通过社群下单，并参与拼团秒杀等活动。而小程序用户则很可能会收到这些优惠活动的线上广告。

通过数据洞察，永辉将更多“智慧”注入商超零售线上线下全场景，改变了传统“人货场”之间的关系，打造了“智慧零售”业态标杆店，让消费者获得线上线下“一体化”的服务和体验。

在智慧零售的“上半场”，互联网为传统零售场景注入“智慧”因子，带动了“人货场”的重构；而在“下半场”，永辉将以消费者需求为核心，大数据、云计算、物联网、人工智能、区块链等技术将进一步重塑行业面貌，向行业输送零售“科技力”。

资料来源：哈佛商业评论．永辉云创：零售“下半场”，向行业输送“科技力”．(2019-01-25)．https://www.hbrchina.org/2019-01-25/7093.html.

## 讨论题

1. 传统商超永辉的数字化转型是如何进行的？

2. 消费者在永辉可以获得哪些数字化消费体验？这些数字化消费体验会带来什么影响？

3. 你认为新零售（如永辉的智慧零售、阿里巴巴的盒马鲜生等）的未来发展前景如何？

### 例1-2 智能家居：白塔寺“未来之家”

白塔寺“未来之家”是位于北京旧城的智能家居实验项目。在传统建筑中置入智能移动家具模块，可灵活改变空间状态。新建的厨卫模块采用开源系统的维基房屋体系建造，数控加工，手动拼装，可实现修建过程对周边的影响最小化。未来之家场地非常“迷你”，院子大约80平方米，其中正房30多平方米。在设计之初，设计师确定了三个关键词：家、胡同、未来。

1. 家

未来年轻人的家庭是什么样子，决定了未来之家的空间形态。大龄单身、三口之家、开放关系，多元化的生活状态被社会讨论和接纳。在个人生活之外，职业和社会也对“家”的定义提出了新的挑战。共享经济、自由职业和网络技术，也打破了传统意义上“家”和“社会”之间的界限。生活正在碎片化，而传统的“几室几厅”住宅产品模型也变得僵硬和陈旧。设计师认为未来之家应该体现这样的生活状态：工作和居住的无缝连接，重视使用的便利而不是物权的占有，强调生活的多元而不是空间的尺寸，追随新鲜事物同时又重视生活的质量。

2. 胡同

未来之家所在的白塔寺社区是旧城胡同保护街区。胡同项目具有先天的敏感性和局限性，施工需要尽量减少现场机械作业，避免邻里干扰。另外，在按照政策拆除了院子里的违章建筑之后，如何能够提供基本的厨房和卫生间，以解决胡同生活的基础设施缺之问题，也是设计师需要考虑的问题。

3. 未来

科技应该服务于人的生活。设计师希望未来之家的重点落在“家”上，技术消隐在人的生活背后。对应在具体设计策略上，就是尽可能“轻盈”地解决现实问题。

对于砖木结构的正房，尽量减少改动，只做必要的修复，更换年久失修的屋顶结构。正房内拆除原有的室内空间划分，置入两个智能移动家具模块和一个固定模块。移动模块可以灵活改变空间状态，在一个大开间和三个独立卧室的状态之中切换，充分考虑了年轻人灵活多样的生活方式（见图1-9）。移动模块的操纵是通过智能电视遥控来实现的，这套遥控系统还可以控制灯光、家电和窗帘，实现了家庭环境的软硬件一体化控制，体现了未来之家的科技水准。通过软件来控制模块化的硬件，以此来解决空间需求，并尽可能减少对原有结构的干扰。这一设计思路也贯彻到了院落里新增的厨房卫生间模块上。这个厨卫模块采用开源系统体系建造，全球共享设计数据，数控加工，平板包装；现场施工无须专业工具，手动拼装，实现了修建过程对胡同居民和环境的影响最小化。

**图1-9　移动模块可以灵活改变空间状态**

资料来源：小北．白塔寺“未来之家”：北京旧城智能家居实验项目．(2017-09-12). https://www.sjq315.com/news/356773.htm.

## 讨论题

1. 白塔寺未来之家的哪些设计理念体现了数字化时代的特征？

2. 你认为智能家居在数字化生活中扮演着什么样的角色，对人类未来生活方式有哪些影响？

3. 你还知道哪些智能家居生活的例子？

PART 2 第2部分

# 数字消费个体

# 第2章
# 数字自我

## 引例

李杰在一家游戏开发公司工作，平时是一个性格内敛的“肥宅”，话不多，下班也很少参与团建活动。他是资深游戏玩家，几乎所有的娱乐和社交都在网络上。李杰在网络游戏上的表现和在现实中的表现截然不同，他在自己的游戏社群中非常受欢迎，为了让自己“与众不同”，李杰常常花很多时间来设计网络昵称，挑选最适合自己的头像和皮肤装扮，还花费大量的金钱来装扮游戏中的虚拟人物、购买道具等。此外，他还经常参与主办不同的线上活动，在游戏社群中被贴上了“骨灰级话痨”的标签，与兴趣相同的人打成一片。但是，一旦有网友要求线下见面，李杰总是迟迟不肯答应，并坚持在网络和游戏中交流。

有一次，李杰在游戏上遇到了心仪的女生小晴，于是索要了对方的联系方式。幽默健谈的李杰让小晴对其产生了好感，你来我往的互动使两人逐渐成为无话不谈的好友。小晴不再满足于通过敲击键盘进行交流，决定把网上的友谊延伸到线下，二人约定于游戏厅见面。小晴满心期待，李杰如期赴约，可是，脱离了屏幕的“保护”，李杰却面如土色、惜字如金，甚至不敢正视小晴的眼睛。小晴以为李杰是因为对现实的自己不满才有如此表现，失望离去。

事后，李杰立刻在网上向小晴道歉，解释自己并不是不满意小晴，只是他在网络中交流会更加自如。自此，李杰依然在网上和小晴谈天说地，之后两人虽再次见面，仍不欢而散，后来，小晴再也没有提过线下见面的要求了。

到底为什么李杰在现实世界和数字世界的表现会如此不同呢？读完本章，你也许能找到答案。

---

威廉·詹姆斯（William James）最早于1890年提出了自我概念（self-concept）理论。詹姆斯将自我概念看作是个体对自己的特点及存在的认识[①]。按照被知的我（客我，me）和自知的我（主我，I）的两重性，他把自我分为经验自我（empirical self）和纯粹自我（pure ego），作为对象的个人称为经验自我（me），当下思想则是纯粹自我（I）。“经验自我”指人们可能经历的一种对象，即与世界的其他对象共存的存在物。詹姆斯认为，每个人的经验自我，就是他试图用“我”（me）来称呼的一切。另外，詹姆斯认为“我”与“我的”很难区分。他反对将“从属于我的”东西与“真正的我”区别开，“自我”与世界之间没有明显的界限，我的身体、服饰、妻子儿女及财产等都是“自我”本身具有的各种关系，参与了“自我”的构成；而“纯粹自我”指一个人知晓的一切东西，所以又称为“能动自我”或“主动自我”。为了突出身心非二元的特征，詹姆斯的自我概念理论特别强调了心理与物理的模糊性质，自我与世界之间没有明显的界限[②]。

1988年，罗素·贝尔克（Russell Belk）在詹姆斯自我概念的基础上，提出了“延伸自我”（extended self）的概念[③]。他认为，“从属于我的”东西与“真正的我”不能分开，但是不完全属于“自我”，而是“延伸自我”。打个比方，我的财产所有物在某种程度上可以代表“我”，但是又不完全是“我”，即人们可以通过我的所有物来了解我，但不能认为那就是我。

随着时代的发展，贝尔克的“延伸自我”理论“延伸”到了数字世界（digital world）。2013年，他在《数字世界中的延伸自我》（*Extended*

---

① 孙丽．自我概念的研究概述及发展趋势探讨．社会心理科学，2005，3(20)：45-49.

② 江琴．自我概念的诠释：论詹姆斯的“自我”．法制与社会，2006(23)：212-213.

③ BELK R W. Possessions and the extended self. Journal of Consumer Research，1988，15(2)：139-168.

*Self in a Digital World*）一文中，认为“延伸自我”有着“非物质化”的倾向。结合数字媒体的使用和普及现象，贝尔克提出了“数字延伸自我”（extended digital self）的概念，并认为“延伸自我”是虚拟世界的表征①，即人们在虚拟世界中的自我呈现和形象建构，是自我在虚拟空间的另一种表达，也是自我在“非物质化世界”中的延伸。2014 年，杰格迪什·谢思（Jagdish N. Sheth）与迈克尔·所罗门继承了贝尔克的观点，认为人类既生活在自身内部，也生活在外部，并且从生产者-消费者、身体-技术、线上-线下三个领域发现自我与非自我的界限愈发模糊，这些边界的稳定融合对消费者行为理论和营销实践有着巨大的影响②。

本章的“数字自我”与贝克的观点一脉相承。随着数字时代的到来，个体的思维方式和消费方式发生了巨大的变化，个体在虚拟与现实两个空间中甚至会有截然不同的表现。正如贝尔克所言：“自我是决定物理世界和数字世界互动的唯一因素。”个体层面的研究是“数字自我”的重要组成部分。此外，贝尔克所说的“延伸自我”是有层次的，因为“我们不仅作为个体存在，而且也是作为共同的活动存在”③，即“延伸自我层次的主要区别是个体与集体的自我概念”。个体自我的塑造离不开社会，每个人的自我其实是社交网络中的自我。因此，本章将分个体在虚拟空间的自我延伸和个体在社交网络中的自我表现两个部分对消费者的数字自我进行阐述。

## 第 1 节　虚拟空间的自我延伸

网络的出现，使人们的生活游离在物理与数字两个世界。随着信息现代化和数字技术的发展，人们接触和使用网络的时长不断增加，学习、

---

① BELK R W. Extended self in a digital world. Journal of Consumer Research，2013，40(3)：477-500.

② SHETH J N，SOLOMON M R. Extending the extended self in a digital world. Journal of Marketing Theory & Practice，2014，22(2)：123-132.

③ BELK R W. Possessions and the extended self. Journal of Consumer Research，1988，15(2)：139-168.

生活和工作越来越离不开网络技术的支持，因此，获取信息和展现自我的方式日趋数字化。信息激增的网络世界改变了人们认知世界的方式，长时间的网络沉浸，使他们对数字财产（包括社交账号、电子图书、游戏商品等）的归属感更加强烈。这些数字财产及个人在网络上的一切行为，是个体在虚拟空间中自我延伸的结果。

## 一、感知重构：自我构建与思考方式的变化

一个小孩从小使用 iPad，虽然不识字，但是他知道在 iPad 上划来划去会有反应。有一次，他接触到了一幅画，不由自主地把手放在画上划，过了一会儿，他不满地向妈妈说："妈妈，这个 iPad 坏了！"这是一个典型的无法辨别虚拟与现实的故事。当我们的生活被电子设备填满、被虚拟世界包围时，我们的思想和行为自然而然地也会发生改变。

网络时代的人们不再局限于狭小的圈子，而是在广阔的网络空间接触新的事物和知识，他们认识世界的方式发生了翻天覆地的变化。数字消费者的世界观也许会因为一个励志的 TED[①] 演讲视频发生转变；其价值观也许会受到某一网络名人的影响；也许会因为看到一篇充满哲思的公众号文章而睡不着觉；还可能会因为看到一个微电影广告而爱上某一品牌……网络上能改变人们思想的内容层出不穷。搜索引擎、新闻 App、微博、微信已成为人们获取信息的优先选择；网络购物、视频直播、在线虚拟游戏构成了人们休闲娱乐的主要方式。我们对于自我、他人乃至世界的感知越来越多地来自虚拟世界，我们观看和思考的方式也被网络化媒介所重新建构[②]。

然而，信息出现得越多，人们越倾向于选择相信支撑自己观点的信息，这种现象在心理学上被称为"确认偏误"（confirmation bias）。许多媒体和社交软件会巧妙地利用这一现象，用算法根据每个人的兴趣爱好

---

① TED 是 Technology（科技）、Entertainment（娱乐）、Design（设计）的缩写，这个讲座的宗旨是"用思想的力量来改变世界"。TED 演讲的特点是毫无繁杂冗长的专业讲座，观点响亮，开门见山，种类繁多，看法新颖。

② 李思思．故园渺何处：数字化生存下主体认同的危机与重构．现代商贸工业，2019(11)．

和浏览历史来进行信息推送，形成“回音室效应”（echo chamber）。在“回音室”里，人们相信的信息声量会越来越大，同时也会越来越笃定自己的信仰。

另外，互联网还有一个非常明显的特征：人们倾向于凑热闹。这种“凑热闹”往往出现在某一时事热点之后，网民会在评论区中各抒己见。这种群体狂欢的评论事件使一部分人乐在其中，也让另一部分人看得津津有味。“热搜”成为网民看新闻资讯和看热闹的重要途径之一，而针对时事热点往往比较容易形成立场鲜明的舆论观点，在这种情况下，一些缺乏独立判断能力的人会轻信稍有说服力的意见领袖发表的意见。从某种程度上来讲，越来越多的网络接触剥夺了数字消费者独立思考的能力。

## 二、依恋转移：虚拟商品的认同与归属

贝尔克指出，个体自我的内涵不仅包括身体、精神，还可以通过个体拥有的物品来得到延伸，即延伸的自我包括自我和拥有物两部分[①]。

2019年5月7日，受万千玩家喜爱的腾讯手游《绝地求生：刺激战场》（见图2-1）突然宣布停机维护；5月8日早上，在玩家们以为可以再次开启游戏时，却又收到该游戏测试结束的公告，并宣布于15时发布

**图2-1 《和平精英》游戏海报**

---

① BELK R W. Possessions and the extended self. Journal of Consumer Research，1988，15(2)：139-168.

新升级的游戏，游戏正式更名为《和平精英》，许多玩家顿时哀叹连连。时间一到，一位该游戏的资深玩家便立刻更新游戏并登录原有账号，一番查询后，才长吁了一口气："还好还好，我的家产都在，装备和配搭都在!"

如今，数字化的自我意识在不断的生成与传播过程中，形成信息的汇聚、累积，进而形塑数字自我的存在样态①。视频、音频、图片、文本、游戏、虚拟物品等一切内容，无论是付费还是免费，只要成为"我的视频""我的图库""我的文本""我的道具"等，这些内容便成为"我的虚拟财产"，因为毕竟是我千辛万苦搜寻、挑选、下载并整理的内容。尤其是一些付费内容，只要是我掏了钱购买的电影、音乐、图片、PPT模板、工作软件、游戏道具等虚拟商品，都属于"我的拥有物"，我可以任意支配这些商品。

消费者在网上购买虚拟商品这一行为实际上表现了个体自我在虚拟空间的延伸，他们在对待虚拟空间的虚拟财产方面表现出三个明显的特征：

第一，在虚拟空间注入情感。个人的情绪会因虚拟财产的增加和减少而受到影响，比如游戏玩家会担忧游戏升级更名之后，游戏装备会消失；其拥有虚拟财产的时间越长，个人的依恋感和归属感就越强，不仅依恋于道具本身，更增加了对游戏的依赖。因此，对虚拟财产的拥有会增强其对虚拟世界的认同。

第二，对虚拟财产给予保护。一旦个体对虚拟财产的归属感提升，自然会想办法保护自己的个人财产。大多数软件都有ID设置，除了更好地管理客户这个目的外，另一个目的是有利于让每一个消费者感受到自己在该平台的独特性。因此，设置账户密码是保护"私有财产"的第一道屏障。而很多数字内容，如音视频、图片、文件等，有时候涉及个人隐私，需要加密管理以防被盗。

第三，虚拟产品的可复制性。虚拟财产不是实体，只不过是一系列的数字代码，前端通过拷贝等来增加数量，终端通过购买可以变为己物。

---

① 谢玉进，胡树祥．网络自我的本质：数字自我．自然辩证法研究，2018，34(5)：117-122.

但值得一提的是，虚拟财产并不像实体财产的所有权那样清晰，因为它是虚拟的、可复制的，也是可被系统销毁的。尽管如此，越来越追求个性化的消费者依然沉迷于自己的网络标签，甚至把虚拟物品当作自我“身价”的体现，渴望表达“自我”的价值。

## 三、虚拟化身：虚拟世界的第二人生

贝尔克认为，互联网使我们从先前的肉身限制以及由性别、种族、年龄、阶级、身体缺陷造成的社会偏见中解放出来[①]。因此，个体在网络上的表现与在现实生活中是不尽相同的。美国著名网络哲学家迈克尔·海姆（Michael Heim）曾经发出感叹：“进入网络空间后，那个我还是我吗?”可能你还没有发现，在虚拟世界中的思想表达与行为活动虽是我们个人所为，但在虚拟世界里我们过着的却是另一种生活。正因为如此，游戏设计者捕捉到了人们向往美好生活的心理，创造了许多超现实的虚拟游戏，以满足人们的精神追求。正如风靡一时的游戏《第二人生》（见图 2 - 2）的创始人菲利普·罗斯戴尔（Philip Rosedale）所言：“用计算机可以做的最酷的一件事情是建造一个世界。”在《第二人生》中，每个游戏角色都是玩家的化身，每个化身都是完美的：拥有完美的身材、完美的脸蛋、完美的工作和完美的第二人生。当下受女性玩家欢迎的游戏

**图 2 - 2 《第二人生》的游戏场景**

① BELK R W. Digital consumption and the extended self. Journal of Marketing Management，2014(30)：11-12.

《恋与制作人》也同样如此，在游戏中，游戏制作方准确抓住了女性对完美爱情渴望的心理，玩家可以化身为女主角，和不同的超能力男主角谈一场生活中难以实现的超甜蜜恋爱。不可否认，在虚拟世界中的化身以及游戏中的“第二人生”，是玩家的自我在虚拟游戏世界的延伸。

除了虚拟游戏外，虚拟世界的匿名性以及无实际身体接触的特征，也为个体在网络上的自我表达增添了保护色。典型的例子包括向心仪的对象匿名表白、在感兴趣话题的论坛匿名留言、在网购的产品或服务后匿名评论等，这些都是自我在数字世界延伸的结果。

虚拟世界中的自我延伸还包括“自我展演”。对于互联网用户而言，虚拟世界就是个人表演的舞台，每个人都可以打造自己理想中的形象。“在网络上没有人知道你是一条狗”，这是在互联网发展早期，人们对网络匿名使用过程中身份可扮演性、角色复杂性与随意性的一种形象化描述①。加拿大社会学家戈夫曼（Goffman）的拟剧理论对虚拟空间的自我呈现或自我展演行为有很好的解释：“前台”的“我”并非就是“后台”的“我”，网络世界中“我”的形象和现实中的“我”有差异，“我”通过对自己的包装和表演，展示自己理想化的角色，简单来说就是屏幕中的“我”和肉眼中的“我”表里不一。

虚拟世界还让部分人实现了“自我补偿”的愿望。虚拟空间中的“现实补偿”情境与防御机制让更多人喜欢在网络上“补偿”自己，寻求在现实中得不到的“物品”或者发泄在现实中难以表达的情绪。在这里，主体遭遇的现实困境都可以在虚拟世界中得到解决：内向怯懦者可以在角色扮演游戏中尽情展现英雄气概，抒发豪杰情怀；身体残缺者可以通过浏览游记和图片来游历世界，接触不同的文化与人群；感情受挫者可以在情感论坛与虚拟交往中获得暂时的情感慰藉与心理补偿；甚至边缘群体也可以在网络论坛中激烈抗争，建构民间舆论场域②。这些网络行为

---

① 谢玉进，胡树祥．网络自我的本质：数字自我．自然辩证法研究，2018，34(5)：117-122.

② 李思思．故园渺何处：数字化生存下主体认同的危机与重构．现代商贸工业，2019(11)：11-12.

都从某种程度上满足了数字消费者难以在现实中满足的欲望。

### 四、缺场效应：此处狂欢，彼处“受罪”

网络自我的本质是数字自我[①]。当我们通过互联网进行信息传达，身体缺场的同时，也可以隐瞒真实的身份，用虚拟的身份与他人交流。这种缺场效应的成因正是数字自我的“身体”和“身份”的缺席赋予了自我在数字世界中延伸的自由。人们愈是在网络中展演自我，就愈依赖网络中自我延伸的形象。可是种种迹象表明，网络依赖会对现实产生不良的影响。著名心理学家道格·亨施（Doug Hensch）认为，人们在信息爆炸的年代中演化出一种新的情绪——不堪重负（overwhelmed）。尽管一些人认为关注邮件和讯息，与朋友、客户保持联系有助于随时掌控工作和生活，但过度地沉迷于虚拟世界会蚕食抗压能力并且使人更难面对生活中的磕磕碰碰，信息过载会让所有的事情都变得像紧急事件[②]。

麻省理工学院的计算机心理学家谢里·特克尔（Sherry Turkle）的研究发现，并非所有的电子通信都有助于人们展开有意义的对话。当人们聚在一起，实际上却在玩手机时，真正的谈话在减少，真正的连接也在减弱。正如时下流行的段子所言：“世界上最远的距离，是我坐在你对面，你却在玩手机。”人们沉浸于数字世界的“狂欢”，却忽略了现实的生活。谢里·特克尔对社交媒体的其他几项调研结果也显示，社交媒体的频繁使用导致用户焦虑情绪的放大与失落症状的加重，同时会导致自我意识水平的降低，甚至意识不到自身的情绪；并且用户一旦与数字世界失联，便会产生焦虑和不安，这种电子设备带来的症状值得人们深思。针对这一洞察，星巴克曾在社交媒体发起“抬头行动”（见图 2－3），号召大家放下电子设备，抬起头与你对面的人真心交流，得到数以百万网友的响应，大获成功。

---

① 谢玉进，胡树祥．网络自我的本质：数字自我．自然辩证法研究，2018，34(5)：117-122.
② 亨施．如何成为一个抗压的人．李进林，译．北京：北京联合出版公司，2016.

**图2-3 星巴克“抬头行动”海报**

## 第2节 网络社会中的数字自我

### 一、数字空间的社会性

17世纪英国玄学派诗人约翰·多恩（John Donne）曾经在其诗作《没有人是一座孤岛》（*No Man Is An Island*）中写道：“没有人是一座孤岛，每个人都像一块小小的泥土，连接成整个陆地。”的确，人不是孤立的，人与人之间总有着千丝万缕的联系。

在互联网时代，人们拥有两个世界：一个是通过道路和交通工具连接的物理世界；一个是通过网络即时连接的数字世界。虽然两个世界的媒介及内容形式不同，但在两个世界当中，人与人的连接无所不在。学者埃瑟·戴森（Esther Dyson）在其名作《2.0版：数字化时代的生活设计》中曾指出，网络社会的根本特征是互联性，正是网络使人们相互连接才构成了网络社会。戚攻教授也曾提出“网络社会的本质是一种数字化社会关系结构”的理论假设。他认为，虚拟是一种真实的社会实存，网络社会在现实社会关系网络中具有技术性的特征，网络社会与现实社会之间存在着“延伸”和“依存”的关系。网络社会作为一种数字化社会关系结构提供了人类社会结构变迁与社会发展的共同基础[①]。因此，从某种意义上说，数字世界和物理世界是相同的。在物理世界中，人不会孤立地存在；在数字世界中，个体行为在本质上也是具有社会性的。

数字社交与传统社交都是人与人之间的交往，区别是信息传递的介质。在物理世界中，我们需要与人接触进行交流；而在数字世界中，以人为核心的“泛社交”概念几乎是所有应用软件的推广和使用原则。有人可能会疑惑，上网点外卖、听音乐、理财、用美颜相机拍照这些算社交吗？仔细想想，你点外卖的时候是否会留意用户评论？你听音乐的时候是否关注过音乐软件上的动态或把音乐分享给朋友？你购买基金产品时是否会参考理财软件上理财师的预测？你有没有把用美颜相机拍好的照片分享到社交平台的习惯？每个用户在使用应用软件时属于个人行为，看似没有与他人互动，但事实上，我们都不可避免地与其他用户产生了交集，这便是数字空间社会性的具体表现。

## 二、共同构建中的身份管理

在现实世界中，人们的交往需要社交空间，常见的社交场所包括咖啡厅、酒吧、餐厅、俱乐部等，人们通过面对面的交谈传达和交换信息；而在数字世界当然也少不了数字社交空间，比如微博、微信、抖音等，人们在这些社交空间的数字行为是典型的数字社会的缩影。对个人资料的编辑、信息的分享、朋友圈的更新，甚至表情包的选择、文字符号的使用无一不是在展示一个人的形象。由于数字空间的社会性本质，所以个人形象的构建并非单一的个性追求，更多的是在数字社会中的共同构建。美国社会学家戈夫曼在《日常生活中的自我呈现》中提出的“印象管理”是社交网络情境被应用得最多的理论。个体通过印象管理

① 戚攻．网络社会的本质：一种数字化社会关系结构．重庆大学学报（社会科学版），2003，9(1)：148-151.

展示出别人所期望的行为，使他人通过对自己行为的理解，做出符合自己预期的行为反应。也就是说，用户在社交网络中的自我呈现不是随心所欲的行为，而是与他者、社会环境和社交网站特点有着千丝万缕的联系①。

个体社交媒体行为实际上是一种寻找自我肯定的过程。社交媒体最大的特点在于即时性与互动性。人们在社交平台上分享个人动态，期待朋友的“点赞”与“评论”，甚至期待有人“转发”分享。这种互动式的社交媒体交往方式在某种程度上强化了用户的自我肯定——自己所分享的内容得到了别人的认可，自己想塑造的形象也得到别人的认同。正因为如此，数字社交空间中的社交方式存在一种“从众化”的趋势，每个人都会思考怎样的分享会获得人们的“赞同”，什么样的形象会得到朋友的“点赞”。在社交媒体上表现自己的时候，我们总是很容易受到他人的影响。从本质上讲，个体在社交媒体上的行为是一种共同构建中的延伸自我。

在社交媒体上进行印象管理最典型的是明星、企业家等公众人物。平时他们要发表与自身倡导的理念相符的言论；代言品牌时要做出符合品牌调性的行为；参与公众活动时要表现出符合企业文化的品行……当然，印象管理不仅限于公众人物，越来越多以青少年为代表的数字消费者在社交媒体上表明态度、展现自我、彰显个性，为自己贴上五花八门的标签，努力向“斜杠青年”② 靠近。

### 例2-1　《恋与制作人》——超现实恋爱经营手机游戏

《恋与制作人》是一款面向年轻女性用户的超现实恋爱手机游戏。每一个玩家都是女主角，在游戏中经营一家濒临倒闭的影视公司，在经历不同的事件中，玩家将邂逅四个不同类型的拥有超能力的男主角（华锐

① 杨洸．“数字原生代”与社交网络国外研究综述．新闻大学，2015(6)：108-113，73.

② 斜杠青年：指的是一群不再满足“专一职业”的生活方式，而选择拥有多重职业和身份的多元生活的人群。

总裁李泽言、大学教授许墨、Evol 特警白起、国际巨星周棋洛，见图 2-4)。为了增加游戏的“真实性”，每个角色都由著名演员来配音。游戏情节符合广大女性对爱情的想象，设置了一连串的爱情故事线，晋级意味着进入下一个爱情阶段。而物品道具则是促成四段恋爱的关键，玩家须通过道具的收集和使用来增加恋爱经验值，从而解锁恋爱的不同阶段。

**图 2-4 《恋与制作人》海报**

虽然游戏的四个男主角拥有超现实能力，但是恋爱的过程与现实大同小异。因此，每一个玩家在玩游戏的过程中，实际上是陷入了一段“虚拟恋爱”，把自己幻想成来自虚拟世界的“女主角”，虽然是虚假的人物，却可以把自己的思维嵌入该人物当中，使其成为玩家现实的化身，并通过与虚拟男主角谈恋爱，满足广大女性对甜蜜爱情的需求。

据网络公开数据显示，《恋与制作人》上线仅一个月，日活跃用户数便达到 200 万，日流水超 2 000 万元，首月收入超过了 1 亿元，影响力惊人，并以其独特的市场定位迅速俘获了用户的心。目前在微博上#恋与制作人#的超话[①]阅读量已经超过 60 亿，话题页内的相关微博帖子仍在源源不断地更新。

《恋与制作人》缘何成功?

### 1. 精准的市场定位

《恋与制作人》最大的成功之处就是打造了独特而又精准的定位，以女性用户为切入点，填补了游戏市场的空白。游戏的主角为四位优秀的

---

① 超话，网络流行语，超级话题的简称。

男性，每位都各具特点，分别代表女性喜欢的四种男生类型。再加上唯美的画风和制作，所有热爱这款游戏的女生都表示，《恋与制作人》让她们回到青春年少的时代，找到了初恋的感觉。

### 2. 精确的社交营销

《恋与制作人》不仅推动了女性游戏市场的发展，还为女性游戏营销提供了借鉴。跟许多手游的推广方式一样，《恋与制作人》也通过微博、微信等社交媒体发布相关信息，利用社交网络上的粉丝关注和社群效应，增加曝光量，同时让用户自发地进行转发，互相传播安利①，效果显著。更为重要的是，《恋与制作人》瞄准二次元女性用户平台，以网易Lofter、5sing、KilaKila（原红豆Live）为主要的宣传阵地，结合同人文化发起相关活动，有效保持了游戏的生命力，吸引了更多新用户。

### 3. 精心的游戏设置

作为一款女性游戏，《恋与制作人》吸引女性的点体现在埋下心理伏笔的巧妙功能设置。整个游戏产品无论是元素还是模式，都是为了打动目标用户而做出的设定。游戏中的抽卡环节和各种浪漫剧情设置得非常精细，例如能和男主角谈情说爱的关键就是搜集“羁绊卡”，而“羁绊卡”要用“钻石”才能抽取。如果搜集到某个男主角的卡足够多，玩家就会接到他打来的电话和发来的信息，收到其“朋友圈”的回复，对方的好感度也会增加，让女生玩家不知不觉置身言情剧中。

### 4. 全面的整合营销

《恋与制作人》善用游戏中的IP人物：一是参与四大漫展②提高知名度；二是与品牌合作，广告效应从线上拓展到线下。屈臣氏与其联手推出主题店，开展“恋上屈臣氏”活动；肯德基、必胜客也选取店面布置成《恋与制作人》的广告主题店，购买主题套餐即赠送可收集的闪卡等活动；此外，多芬、立顿、德芙、力士、中华牙膏等品牌也与《恋与制作人》共同推出了主题礼盒。这些联名活动极大地提高了《恋与制作人》四

---

① 安利，网络流行语，强烈推荐的意思。

② 漫展，亦称动漫展览。

名男主角的曝光率，同时在与品牌的合作中取得了战略和口碑上的双赢。

资料来源：百度百科．恋与制作人．[2021-10-27]. https://baike.baidu.com/item/恋与制作人/21647835? fr=aladdin.

### 讨论题

1.《恋与制作人》的成功因素有哪些？

2. 你玩过超现实游戏吗？你觉得游戏中的你与现实的自己有什么不同？

3. 如果让你设计一款超现实游戏，你有哪些创意？

## 例 2-2 《头号玩家》——虚拟现实的游戏人生

电影《头号玩家》讲述了一个现实生活中无所寄托、沉迷游戏的大男孩，凭着对虚拟游戏设计者的深入剖析，历经磨难，找到了隐藏在关卡里的三把钥匙，成功通关游戏，并且还收获了网恋女友的故事。

2045 年，处于混乱和崩溃边缘的现实世界令人失望，人们将救赎的希望寄托于“绿洲”——一个由鬼才詹姆斯·哈利迪（马克·里朗斯饰）一手打造的虚拟游戏宇宙。人们只要戴上 VR 设备，就可以进入这个与现实形成强烈反差的虚拟世界（见图 2-5)。在这个世界中，有繁华的都市和形象各异、光彩照人的玩家，而不同次元的影视游戏中的经典角色也可以在这里齐聚。就算你在现实中是一个挣扎在社会边缘的失败者，在“绿洲”里也依然可以成为超级英雄，再遥远的梦想都变得触手可及。哈利迪在弥留之际宣布将巨额财产和“绿洲”的所有权留给第一个闯过三道谜题，找出他在游戏中所藏彩蛋的人，自此引发了一场世界范围内的竞争。

在游戏中，每个角色都代表有血有肉的自然人，有的人和游戏中性格一致，比如女主角萨曼莎·库克，但大多数人在游戏中的表现与现实中的性格截然不同。

图2-5 《头号玩家》电影海报

《头号玩家》上映第二天电影票房就宣告破亿，此后在市场上一骑绝尘，在第二周的清明档依旧获得日均过亿的佳绩，豆瓣评分更是一度高达9.2。影片最终达到近14亿元票房。取得如此成绩，《头号玩家》背后的营销功不可没。

### 1. 聚焦垂直人群

《头号玩家》将游戏玩家，也就是“宅男”群体，锁定为核心受众。用更容易被电影打动的核心玩家来作为《头号玩家》的第一批种子用户，然后这些用户在互联网上的分享影响了他们的朋友及更多的人，最重要的是他们对电影的好评度——比如，在电影宣发最重要的阵地豆瓣上该电影的评分一开始就达到了8.8分，片方成功地通过精准的垂直群体带动了泛消费人群。

### 2. 有效的口碑营销

在口碑部分，除了邀请游戏种子用户口碑传播以外，《头号玩家》还通过细分内容找到垂直领域大号进行渗透，例如，邀请文化类KOL进行游戏主题的特稿撰写，以#在游戏里花费一百万是怎样的体验?#获得垂直受众的关注，并在针对性群体中获得了更广泛的二次传播。关于电影内容，宣传主打方向主要是彩蛋数量、高分燃爆和斯皮尔伯格的大导情怀，都取得了很不错的传播效果。

### 3. 社交化传播活动

基于微博、微信、今日头条、B站、涂手、悟空问答等社交媒体，

《头号玩家》的营销团队有针对性地发起了多次社会化传播活动。比如根据《头号玩家》2045 年的“近未来”背景设定，华纳电影官方微博在微博平台发起＃27 年后世界会怎样＃活动，随后陆续将该话题扩散到涂手、悟空问答等平台，同步针对大众发起讨论。涂手征集到 300 多幅以该主题名字命名的涂鸦作品，达到近 100 万的曝光量。此外悟空问答更是有来自音乐、摄影、精密机器技术、数码、电影、娱乐、导演、游戏、科技等领域的近 50 位 KOL 参与了这一话题讨论，从而进一步跳出电影圈层。与大众息息相关的话题，不仅吸引了电影、科技、游戏、互联网类 KOL 参与讨论，还引发网友纷纷分享各自对于未来世界的畅想。

资料来源：百度百科．头号玩家．［2021-10-27］. https://baike. baidu. com/item/头号玩家/22040855? fr=aladdin.

## 讨论题

1.《头号玩家》中玩家为之拼搏的巨额财产以及“绿洲”所有权，于现实而言有什么意义？

2. 你的身边有像《头号玩家》的主人公詹姆斯·哈利迪或者女主角萨曼莎·库克这样的朋友吗？他们是否会在网上和现实中表现出不一样的性格？

3. 你认为《头号玩家》的营销能取得成功的最关键因素是什么？

# 第3章
# 数字生活方式

## 引例

7：05，伴随着人工智能“小度”的闹铃，设计师小瑜开启了新的一天。拿起手机，打开网络，各类信息开始叮叮咚咚地响起来。闹腾的闺蜜们在群里约起了晚上的游戏局，小瑜兴奋地答应了。热牛奶、煎鸡蛋，一切烹饪的时间由“小度”掌控，小瑜洗漱、换衣，拿起公文包出发。

7：30，在公寓楼下，拿起手机，扫码开启共享单车，骑行10分钟到地铁站。打开手机，扫码过闸，一如既往地利用地铁上的通勤时间看感兴趣的新闻资讯、娱乐短视频和微信读书。

8：50，进入考勤范围的小瑜拿起手机，迅速考勤打卡，进入工作状态。小瑜熟练地打开电脑中的设计软件，建模、出效果图、设计排版，通过企业微信和企业邮件与同事一番商榷后，最终将方案传给客户。就这样忙了一上午，到了吃午餐的时间，小瑜拿起手机，叫了外卖。

12：30，小瑜一边吃着外卖一边用手机预订了假期去昆明的机票和酒店，并通过电商平台购买了旅行装备。

18：30，小瑜搭上网约车，赶到与闺蜜们约定的饭店。饭后大家一起在VR体验馆体验了一把虚拟游戏，回家之前小瑜还不忘在生鲜电商下单购买了一份新鲜水果。

21：50，到家的小瑜正好遇到快递小哥，高高兴兴地提着水果回家享用，结束忙碌而充实的一天。

日本历史最悠久的广告公司博报堂（HAKUHODO）的企业哲学是“生活者发想”。“生活者”这一概念产生于20世纪80年代，根据博报堂生活综合研究所提供的解释，“Sei-Katsu-Sha（生活者）表示消费者人群的生活不止购物或消费这样的观念，‘Sei-Katsu’表示生命和生活，‘Sha’表示人，‘Sei-Katsu-Sha’即表示过自己生活的人，它不仅涵盖了人们作为消费者的经济层面，而且还包含了人们作为个人的社会心理和政治层面”。“生活者”的概念要比“消费者”更加宽泛，博报堂认为“生活者”就是你、我、他，全体个人，表达的是拥有自己的生活方式、自己的抱负和梦想的人，他们中不仅有品牌的消费者，还包括有可能成为潜在消费者的群体①。陈刚等在《创意传播管理：数字时代的营销革命》一书中借用了“生活者”这一概念，认为“生活者”完美阐释了互联网群体，即在互联网上过自己生活的人。

把每位“消费者”看作“生活者”，把握作为不同身份的“生活者”的本质需求，自然要求我们对“生活者”的生活方式进行深入研究，全面分析移动互联时代多姿多彩的数字生活方式，获取更加细致入微的特征描述，从而更好地做出数字生活方式营销决策。

## 第1节　从传统生活方式到数字生活方式

### 一、传统生活方式研究

生活方式（lifestyle）的概念最早在马克思与恩格斯合著的《德意志意识形态》中被提出，国外早期研究者还有凡勃伦、马克斯·韦伯等人，后来迈克尔·索贝尔、林顿、盖恩和克罗依特等都从不同角度对生活方式的含义进行了界定②。

---

① 百度百科．博报堂广告公司．[2021-06-28]. https://baike.baidu.com/item/博报堂广告公司/1323297? fr=aladdin.

② 符明秋．国内外生活方式研究的新进展．成都理工大学学报（社会科学版），2012，20(3)：1-6.

Feldman 和 Thielbar，在 1971 年的著作中从社会心理学的角度概括了生活方式的四个主要特征：（1）生活方式是一种群体现象；（2）生活方式覆盖了生活的各个方面；（3）生活方式反映了一个人的核心利益；（4）生活方式在不同的人口统计学变量上表现出差异①。

王雅林认为，生活方式是指在不同的社会和时代中生活的人们，在一定的社会条件制约下和一定的价值观指导下，所形成的满足自身需要的生活活动形式和行为特征的总和②。他在生活方式的范畴和特征的理论基础上，将生活方式的定义分为广义的和狭义的：广义的生活方式包括人们的劳动生活、政治生活、物质消费生活、闲暇和精神文化生活、交往生活、宗教生活等广阔领域；狭义的生活方式指人们的日常生活，如物质消费生活、闲暇和精神文化生活、家庭里的生活活动等，可简单概括为“衣食住行乐”。

“生活方式”于 20 世纪 60 年代被引入消费者行为学领域，并很快取代人口统计学方法，成为重要的市场细分工具之一③。拉泽（Lazer）最早研究了生活方式与营销的关系，认为生活方式是“整个社会或社会中群体的独特生活模式”④。Wells 和 Tigert 则于 1971 年提出生活方式由消费者的活动（activity）、兴趣（interest）和意见（opinion）构成，简称“AIO”⑤。后来 Plummer 于 1974 年将人口统计变量加入“AIO”，认为应该从活动、兴趣、意见和人口统计变量四个维度来衡量消费者的生活方式⑥。除了 AIO 量表外，为了细化对消费者的整群研究，美国斯坦福研究所（SRI）于 1978 年创立了价值观和生活方式量表（Values and Lifes-

---

① AHUVIA A，阳翼．“生活方式”研究综述：一个消费者行为学的视角．商业经济与管理，2005(8)：32-38.

② 王雅林．人类生活方式的前景．北京：中国社会科学出版社，1997.

③ 同①.

④ LAZER W. Lifestyle concepts & marketing，toward scientific marketing. Chicago：American Marketing Assn，1963.

⑤ WELLS W，TIGERT D. Activities，interests and opinion. Journal of Advertising Research，1971(11)：27-35.

⑥ PLUMMER J T. The concept and application of life style segmentation. Journal of Marketing，1974，38(1)：33-37.

tyle，VALS 量表)，此后又花了十余年进行改进，得出了新的量表 VALS2，其仅包括与消费行为有关的项目，因而比 VALS 更接近消费。AIO 量表和 VALS 量表的开发为传统生活方式的研究与营销应用奠定了工具基础。

## 二、数字生活方式研究

随着数字技术的不断进步，人们的生活从原来的物理空间拓展到赛博空间（cyberspace），生活方式也随之发生了翻天覆地的变化。如今，数字化浪潮已经席卷了人们生活的每一个角落，传统生活方式也逐渐升级为数字生活方式（digital lifestyle）。

不难理解，数字生活方式是传统生活方式在数字世界的延伸。尼葛洛庞帝在其经典著作《数字化生存》中认为，数字化生存是人类在虚拟的、数字化的活动空间里从事信息传播、交流等活动，并描绘了信息技术给人们的生活、工作以及教育等方面带来种种冲击的景象[①]。

如今，数字生活方式已成为学界和业界共同关注的一个新的研究领域。阳翼在 AIO 量表的基础上，选取消费者受数字技术影响最深的五个维度——社交方式、媒介接触、休闲娱乐、数字消费以及网络对我的影响——构建数字生活方式量表，然后对消费者进行数字生活方式聚群研究，得到五种不同类型的数字生活方式消费者，即数字依赖型、社交生活型、网络消费型、经济制约型和数字冷淡型[②]。随着互联网对人类传播方式、生活方式等的持续影响，互联网正在构筑一种新型的数字生活空间，互联网时代的“消费者”有了更深层的含义，正逐步被“生活者”所替代。“生活者”既是消费者，又是传播者，同时也是接收者。个人在互联网上超越了“消费者”的角色，成为更具传播性的和生活型的“生活者”[③]。

---

① 尼葛洛庞帝．数字化生存．胡泳，范海燕，译．海口：海南出版社，1997.

② 阳翼．数字营销蓝皮书．广州：暨南大学出版社，2013.

③ 陈刚，王雅娟．超越营销：微博的数字商业逻辑．北京：中信出版集团，2017.

由于处在瞬息万变的市场中，业界对于数字生活方式的研究更为前沿。近年来，埃森哲、尼尔森、麦肯锡等咨询机构一直持续关注着数字消费者的动态，每年都会针对数字消费者进行专题性研究，根据数字消费行为特征划分数字消费者的细分族群，总结数字消费变化趋势，并在新兴消费市场中预测未来走向，挖掘数字消费者的潜在价值。比如埃森哲早在2014年就在其研究报告中指出："数字化的生活方式正在塑造一个崭新的消费时代。消费者的消费行为更加复杂，对新技术的利用和数字生活方式有着更高的期待、更多的权力和选择。只有洞察数字化生存状态下的消费者，并围绕其需求建立差异化的经营模式，企业才有可能取得成功。"[①] 的确，数字时代的企业必须深刻洞察消费者的数字生活方式特征和发展趋势，才能在滚滚向前的数字化浪潮中取得新的突破。

## 第2节　数字技术全面渗入日常生活

近年来，中国人的衣、食、住、行、游、购等行为日趋数字化。埃森哲2018年数字消费者调研发现，中国消费市场高度数字化，无论是市场规模还是消费者的数字化激进程度都领跑全球。数字化在创造新的购买力，形成新的消费[②]。数字化彻底改变了我们的生活方式，尤其是5G时代的到来，将为我们的数字生活创造更多的便利和更大的想象空间。

### 一、数字社交方式

"有空微（微信）我哦!""我会DM(Direct Message，私信）你""快看我的朋友圈"……在日常生活中，我们常常听到这样的对话。社交媒体成为人们日常通信与交流的首选工具，为人们提供了丰富多彩的沟通方式，拉近了人与人之间的距离。

根据中国互联网络信息中心（CNNIC）第47次《中国互联网络发展

① 埃森哲：中国数字消费者洞察．(2014-07-16). http://www.199it.com/archives/255987.html.

② 埃森哲．2018埃森哲中国消费者洞察系列报告：新消费，2018.

状况统计报告》，截至 2020 年 12 月，我国手机即时通信用户规模达 9.78 亿，较 2020 年 3 月增长 8 831 万，占手机网民的 99.3%。国内常见的即时通信软件有个人和企业两种不同的应用场景——个人即时通信软件包括 QQ 和微信等，以钉钉和企业微信为代表的企业即时通信软件也逐渐实现了用户规模的升级；国外即时通信软件包括 WhatsApp 和 Line 等，无界限的网络空间极大地拓宽了用户的交际圈（见图 3-1）。

**图 3-1　社交媒体扩大了人们的交际圈**

至于交往方式，数字空间比物理空间形式更加多样。物理空间的人际交往是最传统的人际传播方式，交流方式单一，包括面对面交流和书信来往等，交往对象通常是空间和心理距离较近的熟人；而数字空间的交往方式除了使用电子设备进行文字短信沟通以外，还有电子邮件来往、音频电话、视频通信等；交往对象除了熟人外，还可以是来自世界各地的陌生人。

社交媒体是消费者使用最广泛的数字应用。微信作为国内典型的社交平台，拥有庞大的用户群体和较高的用户黏度。据腾讯 2020 年第三季度财报显示，微信及 WeChat 月活跃用户已达 12.1 亿。而《2019 微信数据报告》还公布了微信内嵌的多种功能的使用数据，比如微信公众号的阅读，活跃高峰是在每天 21：00；中年女性和年轻女性对小程序的青睐点各有不同，前者偏爱文娱类小程序，后者则偏好电商类小程序；微信游戏受到不同年龄段人群的喜爱，包括聚会桌游、经营农场餐厅以及益智答题等；微信朋友圈除了有旅游城市打卡功能外，还可以用来分享工作、游戏、美食、音乐等；微信运动和搜一搜功能都能展示微信用户的生活状态；朋友圈互动行为的研究结果表明，自我效能、关系维持、自我呈现、消遣娱乐以及社会影响对于用户的微信朋友圈点赞行为具有显著的正向影响①；在微信群中，多数用户是以旁观者的身份出现的，高频率互动仅停留在少数参与者之间，而带有情绪诱导和相关利益引导标题的文章能够唤起更多用户的互动意愿②。此类研究成果可为企业开展社交媒体营销提供重要的参考和依据。

## 二、数字消费方式

除了数字社交外，数字化给生活方式带来的最大变化是消费方式的改变。最为明显的当属电子商务的快速发展，短短20年间，中国成为全球电商行业的领跑者。特别是随着移动支付使用率的大幅提高，数字消费方式也日趋多样化。

麦肯锡2019年发布的《中国数字消费者趋势报告》显示，中国拥有8.55亿数字消费者，在电商平台的消费金额远远大于排在其后的全球十大市场总额，网上零售交易额占比达到全球市场的1/4，且仍有较大的发展空间。另外，普华永道发布的《全球消费者洞察调研2019》显示，相比2018年，中国受访者每周至少网购一次的比例上升7%，达到68%；同时，从不网购的受访者从一年前的7.5%下降到不足1%。

2020年的新冠肺炎疫情使我们的生活方式发生了很大的变化，消费模式也不例外——购物由线下加速向线上转移。国家统计局发布的数据显示，2020年全国网上零售额117 601亿元，比上年增长10.9%。同时，线上消费还衍生出社区电商、直播带货等新的消费模式，有效释放了线上消费潜力。

---

① 胡仙，吴江，刘凯宇，等. 点赞社交互动行为影响因素研究：基于微信朋友圈情境. 情报科学，2020，38(1)：36-41.

② 张大勇，许磊，孔洪新. 社交媒体用户群体互动行为特征研究：以微信用户群分享为例. 情报理论与实践，2019，42(10)：97-101，116.

数字消费方式不仅有实体消费数字化，还包括数字内容的消费。知识付费自 2016 年起在互联网迅速兴起。在信息爆炸的年代，搜索成本越来越高，数字消费者开始愿意为优质的内容买单，各式各样的知识商学院、微学习商城、在线教育平台等风生水起，满足了广大内容消费者的差异化需求。

随着社交应用的商业化，社交平台也成为内容生产者的商业变现平台。一方面，越来越多的用户在社交媒体上获取信息、自主学习以及认识新朋友；另一方面，社交媒体也根据用户的兴趣等标签建立垂直领域的虚拟社群，如微博上的超话功能、Facebook 中的小组功能等，通过集结同类人群形成社区，从而提高用户的归属感和活跃度。数字化的社交方式不仅使社交媒体功能逐渐强大，也使得其他的应用软件（如支付宝等）纷纷走上“泛社交”之路，利用社交平台来拓宽变现渠道。

## 三、数字休闲娱乐

“今晚吃鸡吗?”“一起开黑吧!”“给你看个好玩的视频!”“组队领取阅读卡?”这是当今年轻人的社交对话。排队时、地铁上、饭桌旁总会出现许多低头族，他们目不转睛盯着手机，偶尔嘴角上扬或神情紧绷，甚至热血沸腾。若是横屏玩手机，毫无疑问，当事人要么在玩手游（见图 3-2），要么在看视频；若是竖屏看手机，当事人要么在刷短视频，要么在进行阅读。数字休闲娱乐已经成为广大消费者的生活常态。

**图 3-2　手游成为数字消费者休闲娱乐的选择之一**

2011 年，腾讯集团提出“泛娱乐”概念，泛娱乐主要包括网络视频、网络音乐、虚拟游戏和移动阅读等四大领域；2015 年，泛娱乐发展成为业界公认的“互联网发展八大趋势之一”。随着移动互联网的普及，泛娱乐正在占据消费者越来越多的休闲时间。中国互联网络信息中心（CNNIC）发布的第 47 次《中国互联网络发展状况统计报告》显示，截至 2020 年 12 月，网络视频（含短视频）、网络音乐和网络游戏的用户规模分别为 9.27 亿、6.57 亿和 5.18 亿，使用率分别为 93.7%、66.6%和 52.4%。另据中国新闻出版研究院第十七次全国国民阅读调查结果，国民数字化阅读方式的接触率为 79.3%，其中手机阅读接触率达 76.1%，移动阅读已经成为主流。这些数据都表明泛娱乐已经成为数字消费者的休闲生活常态。

网络视频是最受消费者欢迎的泛娱乐形式。根据中国网络视听节目服务协会发布的《2019 中国网络视听发展研究报告》，视频内容行业分为三大市场：综合视频市场、网络直播市场和短视频市场。网络剧、网络综艺、网络电影等成为综合视频的主流；网络直播作为互动性极强的形式入局社交、电商等领域，形成“直播＋”的产业生态版图；短视频作为网络视频的主力军，占用了绝大部分年轻人大部分的碎片时间，备受泛娱乐消费者喜爱。

网络音乐近年来商业模式更加健康成熟，网络音乐版权环境逐渐改善，营收更加稳健，其主要收入来源包括网络音乐付费收入、数字音乐专辑售卖和广告分成等。此外，音乐直播以极强的变现能力成为在线音乐的重要利润来源，音乐社交化的趋势明显。腾讯音乐娱乐集团 2019 年的财务报告显示，“在线音乐＋社交娱乐”的双驱动发展模式使付费用户加速增长，内容生态持续完善。线上线下联动的跨界营销（如直播演唱会和音乐类综艺节目等）吸引了上百亿的社交媒体话题。由此可见，未来网络音乐的生命力依然蓬勃，可探索的市场空间非常广阔。

虚拟游戏用户近年来的注意力被以短视频为代表的娱乐应用分散，但游戏的时长占比仍然不可小觑（见表 3－1）。易观发布的《中国移动游戏市场年度综合分析2020》指出，女性用户持续增加，超休闲游戏的开拓刺激了银发市场，用户低龄化现象减少。作为营销新媒体的虚拟游戏受到企业欢迎，尤其是腾讯游戏的手游《和平精英》自发布以来，开启了移动游戏的商业化之路，提高了游戏商业的变现能力，也为广告主选择虚拟游戏营销提供了更多机会。

**表3-1　2019—2020年中国泛娱乐App使用总时长占比排名**

| 2019年1月 | | 2020年1月 | |
|---|---|---|---|
| 长视频 | 34.21% | 短视频 | 33.73% |
| 短视频 | 27.39% | 长视频 | 30.45% |
| 游戏 | 15.98% | 游戏 | 14.48% |
| 阅读 | 12.90% | 阅读 | 11.2% |
| 音频 | 5.41% | 音频 | 6.40% |

资料来源：易观．中国移动游戏市场年度综合分析，2020.

移动阅读的商业模式正在进行新一轮的变革。免费模式的崛起，包括赠送阅读卡、限时免费以及看广告换取免费内容等方式为移动阅读行业带来了许多用户增量。此外，艾瑞咨询发布的《2019年中国移动阅读发展趋势研究报告》显示，有声阅读成为移动阅读的新增长点。移动有声阅读相较移动阅读，阅读场景更广且减少了视力下降等健康问题，用耳朵“听”书代替了用眼睛“看”书，为移动阅读创造了更多的可能性。

随着文娱需求稳步提升，泛娱乐产业不断进行内容消费升级，各种娱乐产品的数字消费者必然会越来越多，对消费者数字休闲娱乐行为的深入研究将是泛娱乐营销取得成功的根基所在。

## 四、数字居住方式

数字技术正改变着人们的生产生活方式，在物联网和人工智能技术的驱动下，房地产的发展方式和消费模式也在发生改变。进入5G时代，数字化和智能化将极大推进房地产行业的高质量发展，房地产的智能和互联就是让房子成为“一部没有屏幕的手机”，为消费者提供全景式的生活场景和内容。

近年来，“智能家居”的热度持续上升。根据易观发布的《智能家居市场专题分析2019》，智能家居是指以住宅为平台，基于物联网技术，由硬件（智能家电、智能硬件、安防控制设备、智能家具等）、软件系统、云计算平台构成的一个家居生态圈，并通过收集、分析用户行为数据为用户提供个性化生活服务。该报告显示，智能家居的消费人群以中青年男性为主，主要居住在一线城市，注重生活品质，偏爱电商和娱乐，是典型的数字消费者。

智能家居产业链也日臻完善，除了智能家居厂商外，从前端的设计到房间内部的装修，都逐步实现智能化服务。36氪发布的智能家居行业研究报告显示，我国智能家居市场已形成新的格局：以格力、海尔、美的等为代表的传统电器厂商阵营；以华为、小米等为代表的通信、手机、智能硬件厂商阵营；以BAT（百度、阿里巴巴和腾讯）为代表的互联网平台阵营；还有主推智能家居概念的智能家居系统和智能家居硬件初创公司阵营等。各大阵营的跨界合作促进了智能家居产业的快速发展。

可以预见，随着时间的推移，智能家居将越来越普及，更多消费者的居家数据将被收集，届时，如何在保护消费者隐私的前提下利用好这些数据，将是改进数字居住环境和个性化精准营销的关键。

## 五、数字出行方式

虽然今天人类的科技水平还未能使“任意门”“时光机”等科学幻想成为现实，但“数字出行”在中国已基本实现。“数字出行”并非指“在朋友圈旅行”或“通过数字媒体看世界”，而是利用互联网便可以完成一切出行计划，包括解决“最后一公里”的共享单车、实现“码上坐车”的公共交通、提供市内交通一站式服务的网约车、订购票务及旅游攻略齐全的在线旅游服务等，消费者带一部手机便可以走遍天下（见图3-3）。

**图 3-3　一部手机走天下**

近距离通勤工具包括共享单车、公共交通和市内网约车。共享单车作为新型的绿色环保共享经济，以一种分时租赁的商业模式在近几年火了起来，快速膨胀的市场曾出现供过于求的现象，但不可否认，经过竞争的优胜劣汰，共享单车已然成为市民不可或缺的出行方式之一；利用二维码搭乘地铁和公共汽车已基本在一线城市普及，下载 App 或通过微信小程序和支付宝均可实现“码上坐车”；网约车市场在经过国家规范整顿后步入平稳发展期，智研咨询发布的《2021—2027 年中国网约车行业供需态势分析及投资机会分析报告》显示，截至 2020 年 12 月，中国网约车用户规模达 3.65 亿。网约车使数字消费者的出行十分便利，需要打车时拿起手机便可预约，节省了等待时间，提高了出行效率。

至于长距离旅程，OTA① 通过在线旅游运营平台可解决境内外交通票务以及网络通信等问题。根据 360 旅游发布的《360 旅游用户行为洞察》报告，数字化旅游已成为旅游的未来趋势，“PC＋移动端”融屏定义数字化，两者在出行服务上都起到了重要的作用：PC 端在出行前处于主导地位——关注交通工具决策、游玩路线、自驾路线、酒店预订、车辆租赁、机票/车票购买等；而出行过程中，旅游用户使用移动端的 App 进行票务购买、网约用车和天气查询等，在方便出行的同时，也节省了不少费用。

① OTA：Online Travel Agency，在线旅游代理。

综上所述，消费者的生活方式已经全面数字化，而且随着科技的不断进步，这种数字化进程仍在继续，数字化程度持续提高。对于各行各业的企业营销者而言，只有把握这一趋势，充分运用数字消费者产生的生活方式数据，全面、准确地洞察其特点，才能更好地满足消费者日益增长的数字消费需求，进而在激烈的市场竞争中立于不败之地。

### 例 3-1　直播间的“抗疫生活”

2020 年伊始，新冠肺炎疫情蔓延，全国上下处于严密的防控状态。封城、闭店、限行等措施相继推出，全国人民几乎人人居家不外出。自延迟开学、延迟复工等政策推行以后，人们开启了“云”生活模式，每天靠手机上网打发时间。

疫情影响下，在线娱乐玩出了新花样。2020 年 2 月 21—23 日，抖音直播以“9 小时直播秀，陪你居家抗疫”为主题，推出了“我们的抗疫生活”专题活动（见图 3-4）。这场直播生活秀为期 3 天，每天 9 个小时不间断直播，涵盖健身、美食、剧场和音乐等多种内容，观众足不出户就能在直播间感受多姿多彩的“云生活”。

图 3-4　抖音直播“我们的抗疫生活”

#### 1. 云健身

抖音邀请奥运冠军吴敏霞直播分享身材管理经验，展示如何做平板支撑等健身动作；篮球运动员孙悦在直播中展示了居家如何利用简单的器材——“弹力带”进行拉伸和力量训练（见图 3-5），随时随地进行健身。直播中，孙悦还与某抖音人气主播连麦互动，在线教他投篮技巧；全国女子跳高冠军胡麟鹏、艺术体操世界冠军舒思瑶等人，同样依靠优质的直播内容，收获了不少粉丝和点赞。

图 3-5　运动员孙悦直播展示健身动作

### 2. 美食直播

到了美食直播时间，美食达人纷纷开播（见图 3-6）：主播“麻辣德子”直播做菜，教大家怎么做有仪式感的泡面；主播“贫穷料理”开了一场吃播，吃红油火锅辣出了“腮红”……

图 3-6　抖音美食直播内容

### 3. 云剧场

在云剧场直播专区，脱口秀、京剧等线下剧院表演者纷纷在直播间涌现。抖音直播邀请了德云社相声演员、《波波脱口秀》脱口秀演员、京剧表演艺术家和曲艺博主等进行个人直播，表演脱口秀和经典戏剧曲目。

跟线下不同，在线上剧场，网友可以实时分享自己的所见所感，而不影响艺人的正常演出，网友的有效互动也能够增强艺人的代入感，提升了表演质量。正如网友评论的那样，“当阳春白雪以一种现代化、科技化的形式展现，传统文化的精神内涵也得以传承。”

抖音直播考虑到不同年龄段观众的需求差异，设计了多种直播内容。尽管只持续了三天，但这场抖音直播生活秀非常火爆。官方数据显示，直播生活秀累计观看人数1 720万，累计评论量190万，抖音发起的“我们的抗疫生活”相关话题视频播放量超过1.9亿。

毫无疑问，这场直播生活秀是抖音直播的一次成功尝试，为疫情蔓延下的“宅”时光增添了几分靓丽的色彩。

资料来源：阑夕工作室．抖音直播陪伴，共度抗“疫”生活．(2020-02-25). https://www.sohu.com/a/375824750_116015.

## 讨论题

1. 抖音直播的“我们的抗疫生活”为什么大受欢迎?
2. 除了案例中提到的直播生活秀，还有哪些内容具备直播价值?
3. 新冠肺炎疫情使我们生活中哪些方面的数字化程度提高了?

## 例3-2 “汉堡王×部落冲突×饿了么”跨界营销

来自美国的Burger King（汉堡王）选择与芬兰Supercell旗下的Barbarian King（《部落冲突》野蛮人之王）一起联袂出演一部顶级大片——《餐垫上的部落冲突》（见图3-7），在饿了么骑士的强力加持下，上演了一场美味与福利并存的国王拉票大战。

**图 3-7　餐垫上的部落冲突**

本次跨界营销从用餐体验中寻找切入点，利用吃快餐必备的餐垫玩转数字营销。营销者用《部落冲突》的世界观设计了一款特别的汉堡王餐垫，用户只需要根据说明将皇堡与可乐放到餐垫上的特定位置，即可通过 QQ-AR 扫描出一段野蛮人之王与汉堡、可乐的 AR 动画。主题店内以风格各异的装修还原游戏场景，从不同角度为顾客营造沉浸式的部落体验，创造特别的互动乐趣。

为了能让这款餐垫触达更多的人，用户除了可以在主题门店获得餐垫外，还可以在全国范围内通过饿了么 App 下单汉堡王主题套餐，下单即可随餐获得这款 AR 餐垫（见图 3-8）。门店里的墙贴也可以使用 AR 扫一扫，看看野蛮人之王是如何为你火烤汉堡包肉饼的。而下单成功后，你将进入投票页面，为野蛮人之王或汉堡王投票即可参与抽奖。抽奖的福利包括游戏道具、汉堡王现金券、数码产品、国外观赛机会、游戏周边等等。

图3-8 汉堡王AR餐垫

除此之外，为了增强消费者的体验，游戏中的兵营被搬到了汉堡王主题店旁，让玩家可以在兵营内享用主题套餐，并在兵营内用投影的方式将餐桌变成了网红餐厅才有的“裸眼”3D餐饮，极大地增强了消费者在此次活动中的沉浸式体验（见图3-9）。

图3-9 “裸眼3D”用餐

本次汉堡王的跨界营销非常成功，通过饿了么平台与汉堡王门店实现了线下40多个城市的覆盖；活动期间共送出超过50万份“部落冲突”主题餐垫，三方资源在线上有超过1亿次的曝光。虽然是汉堡王和《部落冲突》中野蛮人之王的“双王”之战，但实际上汉堡王、《部落冲突》、饿了么三方都是赢家。

资料来源：搜狐网．当汉堡王 x 饿了么遇上《部落冲突》．(2019-08-15). https://www.sohu.com/a/333920245_120099889.

## 讨论题

1. 本次跨界营销迎合了消费者哪方面的数字生活需求？
2. 案例中的合作方取得“三赢”的基础是什么？
3. 你认为还可以从哪些方面进行资源整合，以提高跨界营销效果？

PART 3 第3部分

# 数字消费环境

# 第4章
# 数字消费世代差异

**引例**

岚岚家是三代同堂之家，爷爷奶奶与岚岚和爸爸妈妈住在一起，一家其乐融融。平时爷爷出门买菜，奶奶在家做饭，爸爸妈妈工作，00后的岚岚正在上高中。一个周六的早晨，岚岚陪爷爷去买菜，爷爷忘了带零钱，菜贩又不收大额钞票，于是爷爷准备去便利店买点东西兑换零钱，岚岚拦住了爷爷，拿出手机用微信扫菜贩提供的收款二维码付了钱。岚岚劝爷爷学会用微信付款，这样既快捷又方便，也不用带零钱、找零钱那么麻烦，爷爷摆摆手说自己不会用这么复杂的东西。岚岚试图教爷爷怎么使用微信支付，但爷爷总担心银行卡绑定微信号后会有风险。爷爷虽然用智能手机已经三年但也始终只会用来和家人微信视频聊天。吃完晚饭后，爸爸让岚岚帮忙从网上买一本书，准备下星期出差的时候在路上看。岚岚熟练地在购物App上搜到了这本书，但是她觉得这本书太重太厚，不适合出差携带，于是她找到了电子书，跟爸爸说可以带上她的Kindle，轻便省力。但爸爸摇头拒绝，说自己虽然习惯了翻阅公众号文章、网上新闻资讯，但是更愿意看纸质书籍，电子书没有纸墨书香的感觉。岚岚叹了一口气，不太能理解爷爷和爸爸的担心和坚持。

## 第1节　代际数字鸿沟

### 一、数字鸿沟的界定

数字信息技术给我们的生活带来了翻天覆地的变化，许多人也早已习惯和认可了“数字居民”这个身份，当我们提到中国互联网普及率的时候，70.4%[①]是一个很可观的数字，但我们同时必须注意到，依然有近三成的人并没有拿到这个数字世界的身份证，他们或因设备条件不足，或因自身抗拒，或因能力所限，跟不上数字化的时代步伐，游离在数字世界之外。而随着中国数字化进程的推进，人们与数字世界的亲疏远近正导致数字鸿沟的不断扩大。

“数字鸿沟”一词源于美国著名未来学家托夫勒（Toffler）于 1990 年出版的《权力的转移》一书。他认为，数字鸿沟是信息时代的全球问题，它既是一国内部不同人群因对信息、技术在拥有程度、应用程度和创新能力上存在差异而造成的社会分化问题（见图 4－1），也是在全球数字化进程中因不同国家信息产业、信息经济发展程度不同而造成的信息时代南北问题，其实质是信息时代的社会公正问题。1999 年，美国国家远程通信和信息管理局（NTIA）在《在网络中落伍：定义数字鸿沟》中首次对数字鸿沟进行了界定：数字鸿沟（digital divide），又称为“信息鸿沟”，是信息富有者和信息贫困者之间的鸿沟，包括不同国家、人群等层面[②]。

**图 4－1　“数字鸿沟”表现图**

数字鸿沟的影响因素有很多，包括经济发展水平、信息富裕与匮乏差异等；反过来，数字鸿沟也带来了不同人群生活方式和情感表达的差

① 据中国互联网络信息中心（CNNIC）第 47 次《中国互联网络发展状况统计报告》，截至 2020 年 12 月，我国网民规模达 9.89 亿，较 2020 年 3 月增长 8 540 万，互联网普及率达 70.4%。

② 梁晓琳．网络时代的代际数字鸿沟．新媒体研究，2018，4(20)：134-135.

异。在这其中，世代之间的差异所产生的数字鸿沟尤为明显。

## 二、代际数字鸿沟的概念与特征

1994 年 4 月 20 日是中国互联网发展史上“开天辟地”的日子——这一天，一条 64K 的国际专线，将中国接入国际互联网。自那时起，互联网就以不可逆转的力量渗入中国人生活的方方面面。但由于不同世代的消费者在各自的生命历程中形成了不同的生活方式和习惯，互联网所带来的数字化浪潮对他们的影响也深浅不一。

尼葛洛庞帝曾在《数字化生存》一书中指出，真正的鸿沟将会出现在世代之间①。大多数老年人是游离于互联网世界之外的，不接入网络也就意味着远离了绝大部分的数字生活，在朝着数字化飞驰的时代，他们就像是困守在自己的一片“原始天地”的“数字难民”（digital refugees），被各种数字化“领地”所排斥，又很难挣脱出传统的生活空间。与“数字难民”的情况正好相反的是从小生活在数字化世界中的“数字原住民”（digital natives），他们与中国互联网相伴成长，数字化的生活方式已经深入他们的骨髓。“数字难民”与“数字原住民”站在数字鸿沟的两端遥遥相望，而在两者之间，“数字原住民”的父辈在青年时期开始接触互联网，接受能力较强，但曾经的传统生活方式印记也并没有被抹去；他们在数字鸿沟间徘徊前进，并不完全倾向于哪一端；他们接受了数字化的洗礼，却依旧对传统生活方式有所眷恋，他们便是“数字移民”（digital immigrants）。

世代之间的数字鸿沟引起了学界的关注。有学者从代际关系的视角去探讨代与代之间数字鸿沟在伦理方面的主要表现，得出以下两点结论：

第一，体现在网络语言与日常（现实）语言中的代际语言差异，使青年一代与中年一代特别是老年一代在语言创制②、使用和传播上出现了新的代群特点。

---

① 尼葛洛庞帝．数字化生存．胡泳，范海燕，译．海口：海南出版社，1997.

② 创制，意为初次制定（多指法律、文字等）。

第二，网民主体是青年人，由此带来的直接结果之一，就是在对各种道德知识的获取方式和手段上，青年人与他们的上一代也出现了明显的差异，而这种差异又会带来积极和消极两方面的结果①。

这些表现在我们的日常生活中十分常见，身为数字原住民的 90 后与父辈、祖辈在数字化生活方面存在着一定的隔阂，而这种世代之间的差异所造成的数字鸿沟便称为“代际数字鸿沟”。

## 三、代际数字鸿沟的影响

代际数字鸿沟就像是横亘在世代之间的深深的沟壑，在这个沟壑之中填满了“表情包”“网络用语”“网络游戏”“移动支付”等数字产物，它们好似鸿沟之中的荆棘，阻挡着人们从沟壑的一端走向另一端。其中，数字原住民作为最“资深”的数字居民，像是“符号游戏者”，擅长进行网络符号的再生产和再创作，以建构者的身份介入，在网络符号上加入自己的主体意图②。例如，数字原住民之间顺畅的“表情包社交”在世代之间就遇到了沟通问题。长辈常常不能理解年轻人发的表情包的内涵，如“黑人问号脸”这一在年轻人当中极为盛行的表情包，被用来表示疑惑不解，而一些长辈却无法迅速理解这一层意思，在他们眼中，这只是一张普通的黑人照片，甚至会因为对“表情包”的理解差异闹出一些笑话（见图 4－2）。

网络上甚至出现了“父母专用表情包”（见图 4－3）。例如，同样是表示感谢，年轻人可能会发一个龇牙的笑脸，或者脸颊绯红的表情，而中年人可能会发一个“谢谢您”的大动图，风格还是 Windows97 时代的彩色字体，不难想象，这是 20 年前的流行体。而且很多长辈不知道，他们喜欢发的微笑表情，在年轻人眼中是“呵呵”的意思，表示冷笑、嘲讽和不满，这常常让年轻人在和长辈的微信交流过程中感到无奈和不适。

---

① 廖小平．论网络社会的代际数字鸿沟及其伦理表现．湖湘论坛，2004(2)：44-46.

② 严亚，董小玉．青年“符号游戏者”媒介形象的自我建构．南京社会科学，2015(12)：90-97.

**图 4-2 世代之间的“表情包”隔阂**

**图 4-3 风行一时的“父母专用表情包”**

除了“表情包”外，长辈的“中老年朋友圈”也经常被年轻人“吐槽”。长辈由于经历了长期的信息匮乏，对各类能消磨时间的故事津津乐道，对无效信息有着更大的容忍度。而年轻人是自媒体的原创者，会分享自己的照片、文字故事或视频等，而作为“生手”的年长一代则常常转发各种“心灵鸡汤”、各类健康养生文章[①]，甚至“标题党”文章和伪科学信息等（见图 4-4）。这让十分注重朋友圈“印象管理”的年轻人

① 梁晓琳．网络时代的代际数字鸿沟．新媒体研究，2018，4(20)：134-135.

“敬而远之”，不愿意点开长辈的朋友圈进行交流，也抗拒接收长辈们发来的各类链接。在这个重视网络社交的时代，这一情况在无形之中拉开了世代之间的距离，代际数字鸿沟也随之越来越大、越来越深。

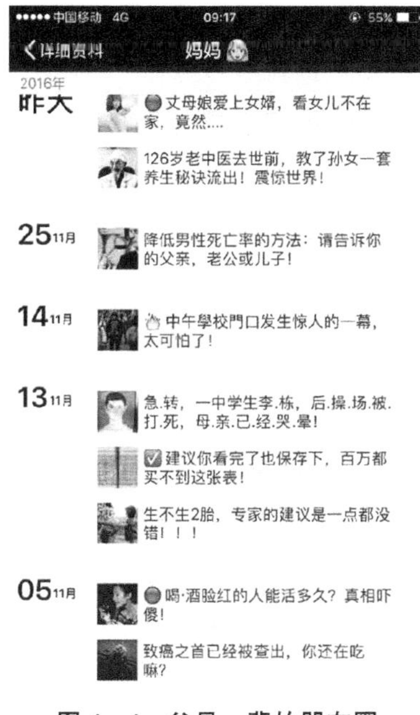


**图 4－4　父母一辈的朋友圈**

哈佛大学法学院贝克曼互联网与社会研究中心执行主任约翰·帕尔弗里（John Palfrey）与其合作者乌尔斯·加塞（Urs Gasser）在其合著的《数字原生代：理解第一代数字原住民》（*Born Digital*：*Understanding the First Generation of Digital Natives*）一书中指出：“被数字革命引发的最持久的改变，不是新的商业模式和新的算法研究，而是数字时代出生者和非数字时代出生者之间的代际鸿沟。”十几年后再来看这本书的论断，现实已经给出了肯定的答案。

### 1. 加深代沟与隔阂，世代之间交流受阻

代际数字鸿沟所带来的最直接的影响便是世代之间的交流障碍。由于年龄的差异和成长环境的不同，世代之间本就存在代沟，跨代交流常

常是不顺畅的。而随着网络时代的到来，代际数字鸿沟进一步将这道“代沟”加深，世代之间的隔阂越来越严重。这种情况不仅仅发生在“表情包”“朋友圈”这些网络社交行为中，更影响到了现实生活中的代际交流。

如今网络文化以不可阻挡之势兴起，各种网络流行语和段子层出不穷。例如，从相声《文玩》里出来的“梗”“盘它（他）”① 就成为2019年非常火的网络流行语，在年轻人群体当中十分受欢迎，对他们来说，“万物皆可盘”，近乎成了口头禅。这句口头禅的背后有着丰富的语意，年轻人总是能够迅速理解并且熟练运用。这类网络用语和段子不仅出现在网络社交上，还渗入年轻人的现实生活中，游离在网络世界之外的老年人无法理解这些流行语和段子所传达的意思，故而在现实生活中很难与年轻人同频。

此外，年轻人还在网络上创造和传播属于自己的亚文化，嘻哈文化、二次元文化等在网络世界中逐渐“主流化”，沉浸于数字世界的年轻人深受其影响，这导致他们所受熏陶的文化与长辈们的大相径庭——他们接收并享用着丰富多彩的数字资源，对新事物的接受和内化能力极强，他们会穿oversize（超大尺寸）的衣服，随口来一段rap（说唱），常说“peace and love”（和平与爱），或是“混饭圈”（混迹在粉丝圈），说着中老年人听不懂的“行话”，在路上总是能听到女生们谈论自己的“爱豆”（idol，偶像）和“嗑的cp”②，穿着洛丽塔（Lolita）服饰③的女生也越来越多……这些在年轻人眼中习以为常的现象，对中老年群体来说却很可能是难以理解的，在双方没有共同话题的情况下，交流受阻更是寻常。这种情况甚至发生在90后和00后之间——曾经说着“火星文”（见图4-5）

① 梗是一个网络流行词，系对“哏”的误用，意思是笑点。盘它（他）是一个网络流行词，来源于综艺节目《相声有新人》里孟鹤堂、周九良的相声《文玩》。“盘”字在文玩圈指通过反复摩擦，使文玩表面更加光滑有质感。后用该词指戏弄、针对某人，进而发展为，对我们在生活中遇到的人或事物，都可以用这个词调侃一下。

② 作为网络语，“嗑”有吃的意思，“cp”是英文coupling的缩写，用来表示人物配对关系，“嗑的cp”就是自己非常喜欢的荧屏或小说中的情侣。

③ Lolita服饰是指以哥特风格、甜美风格和复古风格为基础的小众女性服饰，通常在具有花边、蕾丝、蝴蝶结为特点的服饰基础上进行设计。

的 90 后如今在屏幕前对着“00 后缩写体”（见图 4-6）也是一脸茫然：cqy＝处 Q 友，即在 QQ 上互相加为好友，进行日常聊天；nss＝暖说说，即帮点赞、评论、转发说说，增进彼此的感情；dbq＝对不起；bhs＝不嗨森（不开心）……面对如此独具一格的 00 后网络交流方式，即便是曾经新潮的 90 后也常常表示“接受无能”。

图 4-5　90 后使用的“火星文”

图 4-6　00 后使用的“缩写体”

年轻人在数字世界中如鱼得水，汲取着“数字养分”，他们像是“符号游戏者”，对各种符号进行解构和建构，将原有的符号意义重新进行解读，甚至创造出全新的符号，这些几乎都是在数字世界中完成的，而且具有很强的“本土性”，要对网络文化有所浸淫才能够吸收和理解。对于客居在数字世界之中的数字移民和游离在数字世界之外的数字难民来说，很难理解这些属于数字原住民的网络产物，更不用说产生共鸣了。代际数字鸿沟深深地横亘在世代之间，给他们的交流造成了阻碍。

### 2. 造成观念上的数字鸿沟，产生矛盾与冲突

老年人主要通过自学或者亲友传授来学习使用互联网，社会上帮助老年人使用数字化技术的措施显然不足。在信息化和老龄化叠加的社会中，没有使老年人融入信息科技的有效手段，主流文化反而形成了一种偏向性，呈现“低幼化”的趋势，没有足够适合老年人的信息来吸引他

们进入网络世界。更有甚者，利用老年人缺乏媒介素养而诱导其上当受骗，使他们对数字科技产生困惑甚至抵触的情绪，形成观念上的数字鸿沟[①]。

数字世界对于老年人来说是光怪陆离的，让人眼花缭乱、目不暇接，却又危机四伏。数字产品能够监听自己并推送相关广告，各类推广电话和短信竟然知道自己的信息，各种网络诈骗手段令人防不胜防……在这个被技术裹挟的世界中，几乎没有技术手段达不到的目的，它将触手延伸到了现实生活中，这让习惯于传统生活方式的老年人感到恐慌。对年轻人来说司空见惯的情况，对老年群体来说却是“天方夜谭”，在接受与抵触的“拔河赛”中，世代之间形成了观念上的数字鸿沟，会在一些有关数字和网络的问题上产生矛盾、争执，甚至冲突，进而影响世代间的和谐相处。

**3. 数字难民被孤立，产生“数字排斥”**

信息技术产业的发展已经将数字化融入我们的生活，信息与通信技术的使用无疑是人们在数字时代必须掌握的一项基本技能，但由于自身与外部条件不同，老年人较之中青年更难接触和掌握这些技术。根据中国互联网络信息中心（CNNIC）的统计，截至2020年12月，在中国9.89亿网民中，20～29岁、30～39岁、40～49岁网民占比分别为17.8%、20.5%和18.8%，高于其他年龄段群体；50～59岁网民占比为15.1%，60岁及以上网民占比为11.2%。我国60岁及以上非网民群体占非网民总体的比例为46.0%，较全国60岁及以上人口比例高出27.9个百分点。

中青年在数字世界中拥有绝对的优势力量，是核心人群，数字世界的资源都向他们倾斜，而老年人则处在数字匮乏的状态。数字难民与数字原住民、数字移民之间形成了“数字不平等”，在这种不平等的情况下，处于代际数字鸿沟不利一端的人们不仅很难跨越这个“天堑”，而且还会因为数字鸿沟被排斥在数字世界之外，加剧“数字劣势”，陷入孤

① 梁晓琳．网络时代的代际数字鸿沟．新媒体研究，2018，4(20)：134-135.

立，缺少机会，这便是“数字排斥”①。在“数字排斥”的作用下，数字难民被边缘化，很难融入当下迅速发展的数字化时代。

美国学者蒂莫西·鲁克（Timothy Luke）认为：“所谓数字化就是指，你或者被间接卷入数字化邻里所组成的、占统治地位的互联网，或者被网络所抛弃。对那些拥有足够丰富的信息链条、控制节点、个人知识和娱乐资料的人来说，所有这些都足以使他们的数字星球变成一个或大或小的电子公社；而对于那些生活于网络之外的人来说，数字鸿沟只能使他们的生活继续贫困下去。”② 作为数字难民的老年人，便是生活在网络之外的人，在这个“信息就是财富”的时代，他们是“信息穷人”，被数字力量孤立、排斥，这导致他们很难融入现代社会生活当中，只能困于被数字遗忘的角落生活。

## 第 2 节　数字原住民：消费高度数字化的 80 后、90 后与 00 后

### 一、数字原住民的界定与特征

不少认知心理学家在研究中指出，年龄在很大程度上影响了不同群体的认知能力并造成认知差异，代际数字鸿沟便是不同世代的数字悟性强弱所造成的数字认知差异表现，我们可以根据这一情况将现有的不同世代分为“数字原住民”、“数字移民”和“数字难民”③。

---

① 数字排斥（digital exclusion），是与数字包容相对的概念，是一种数字鸿沟作用下的社会排斥。它不仅是社会排斥的结果，也是社会排斥的原因和构成，数字排斥可能会加剧弱势群体的数字劣势，形成恶性循环。一方面，在现实生活中，种族、性别、年龄、语言等因素都决定着人们对数字技术的使用水平。那些因为贫困、残疾、体弱多病或者其他“排斥性”因素而不能适应信息技术迅速变迁的人，或者那些根本没法获取信息通信技术的人，往往被排斥在日益崛起的数字经济之外，从而形成数字鸿沟。另一方面，如果存在数字鸿沟，部分群体往往无法参与经济和社会活动，陷入孤立，缺乏机会，从而受到社会排斥，失业人员、老年人、残疾人等弱势群体，往往都遭到数字排斥。

② 鲁克．虚拟世界中严峻的物质现实//曹荣湘．解读数字鸿沟：技术殖民与社会分化．上海：三联书店，2003：45-63.

③ 赵宇翔．数字悟性：基于数字原住民和数字移民的概念初探．中国图书馆学报，2014，40(6)：43-54.

著名教育游戏专家马克·普伦斯基（Marc Prensky）于2001年首次提出“数字原住民”和“数字移民”的概念。他认为数字原住民是指那些出生在拥有各种数字技术和设备的时代，且能够本能地精通这些新兴数字技术并富有技巧地使用它们，他们生活在一个被电脑、视频游戏、数字音乐播放器、摄影机、手机等数字科技包围的时代，无时无刻不在使用信息技术进行交流和人际互动①。此外，他们拥有内在技术悟性②。Helsper与Eynon等认为可以用年龄、经历、使用广度等标准对数字原住民群体进行划分，其中互联网的使用年限是界定数字原住民的重要依据③。

在中国，大多数研究者认为，数字原住民即成长于网络时代的一群人，他们的出生时间大致在1980年之后，这个群体在青少年时期就可以接触到计算机和互联网，他们拥有数字化的成长环境④⑤。

20个世纪80年代初在我国掀起了第一次计算机普及高潮。1981年，中央电视台、中国电子学会计算机普及委员会和中央电大联合举办计算机知识普及讲座，面向全国讲授BASIC语言，当年收看人数超过100万；次年起的一段时期年年重播，收看人数超过300万。直至1994年中国接通互联网，中国不再是信息孤岛，这一系列的重要变化便发生在80后的青少年阶段。因此，与中国计算机和互联网行业一同成长起来的80后以及后来出生的90后和00后，便是出生、成长于数字化时代的数字原住民，数字产品嵌入了他们的成长过程，其中更为典型的是目前处于青年和少年时期的90后和00后。

Tilvawala等从泛在信息系统角度总结出区分数字原住民的特点：他们依赖网络连通性，更喜欢根据自己的习惯和偏好使用信息技术；喜欢

---

① 曹培杰，余胜泉．数字原住民的提出、研究现状及未来发展．电化教育研究，2012，33(4)：21-27.

② TAPSCOTT D. Educating the net generation. Educational Leadership，1999，56(5)：6-11.

③ HELSPER E J，EYNON R. Digital natives：where is the evidence. British Education Research Journal，2010，36(3)：503-520.

④ 同①.

⑤ 范哲．基于用户画像的数字原住民社会化媒体采纳意愿的阶段性分析．现代情报，2017，37(6)：99-106.

通过高速交互系统获得迅速实时的反馈；倾向于多任务操作；倾向于与基于文本的系统交流，而在面对面交流方面显得能力不足；娱乐技术和游戏工具时刻围绕着他们；有雄心成为企业家却不喜欢组织里权力的垂直分层，更喜欢弹性工作方式[①]。

## 二、享受数字消费的狂欢

根据中国互联网络信息中心（CNNIC）发布的《2019 年全国未成年人互联网使用情况研究报告》，2019 年我国未成年网民规模达 1.75 亿，未成年人的互联网普及率达到 93.1%，明显高于同期全国人口的互联网普及率（64.5%）。此外，CNNIC 发布的《第 47 次中国互联网络发展状况统计报告》显示，截至 2020 年 12 月，在所有网民中，30～39 岁中青年占比最高，达 20.5%。从这些数据可以看出，数字原住民是网民的主要组成部分，是网络世界中的主力军，享受着数字消费的狂欢。

在飞速发展的信息时代，数字技术已经根植于青少年的生活当中，各类在线学习软件、视频网站、网络游戏、电商平台等满足了他们的各种数字化消费需求。作为第一代数字原住民的 80 后最早融入互联网并获得数字居民的身份，但由于他们是与 PC 互联网一同成长起来的，其数字化生存方式与 90 后、00 后存在一定差异。总体看来，伴随移动互联网一同成长起来的 90 后和 00 后的数字消费行为有如下基本特征：

### 1. “触网”年龄更小

90 后和 00 后成长于数字科技快速发展的时代，相比其他世代的人，他们在更小的年纪接触到手机、拥有手机，移动互联网几乎成为他们生命的一部分。移动互联网较之 PC 互联网更具便捷性，更深地渗透到人们的生活中，“随时在线”成为 90 后和 00 后的一种生活常态。

---

① TILVAWALA K，SUNDARAM D，MYERS M. Design of organizational ubiquitous information systems：digital native and digital immigrant perspectives//Proceedings of the PACIS 2013，Jeju Island，Korea，2013.

### 2. 更具互联网精神

90 后和 00 后拥有更加开放包容的心态，对新事物的接受程度更高，喜欢分享和自我表达，信息搜索能力强，决策迅速；在广泛接触各类信息资源的基础上，他们形成了多元的价值观，拥有趋新破旧、勇于尝试、追求个性、平等协作等特征，这些特征都充分体现了互联网精神。而许多新潮的数字化产品（如 VR 眼镜等），也多以这类年轻消费者为目标群体。

### 3. 娱乐数字化程度更高

90 后和 00 后每天都会在数字世界里花费大量的时间，毫不夸张地说，他们早晨睡醒的第一件事就是刷手机，睡前的最后一件事也是刷手机。网络视频、网络音乐、虚拟游戏等充斥在他们的日常生活当中，构成了他们高度数字化的娱乐生活方式。

### 4. 更热衷于网购

年轻消费者更热衷于网购。《2018 年淘宝数据报告》显示，截至 2019 年 1 月，90 后的成交金额比 80 后高出 1/4，95 后是购买效率最高也是下单最爽快的消费群体，他们在淘宝上用最短的时间买下了最多的宝贝。

### 5. 内容付费观念更强

与习惯接受互联网免费资源的早期信息消费者不同的是，青少年消费者已经逐渐形成了内容付费的观念，他们更愿意为优质的视频、音乐、游戏、教育等资源支付一定的费用。《2018 中国互联网消费生态大数据报告》显示，90 后已经成为线上付费内容的核心用户。以互联网学习平台“沪江”为例，该平台 90 后用户比例超过 70%，平均一年学习两门课程，这一比例远高于 80 后和 70 后。

# 第 3 节　数字移民：理性数字消费的 60 后与 70 后

## 一、数字移民的界定与特征

“数字移民”与“数字原住民”“数字难民”构成了数字时代人类新的三个世界。数字移民徘徊在此岸与彼岸之间，脱离了数字难民传统的生活方式，但也未全然投入数字化的怀抱。他们就像许多生活在纽约的唐人街居民一样，拥抱新生活，同时口音如旧。

根据我国互联网接入和 PC 普及的时间节点来看，那些在网络时代以前成长起来的消费者被称作数字移民，他们是数字原住民的父辈——60 后与 70 后。数字移民出生较早，在面对数字科技和文化时，必须经历一个学习和接受的过程。相较而言，数字移民在某种程度上总是保持着自己的“腔调”，即他们过去的认知方式和行为习惯，包括习惯阅读程序手册而很少直接上手边学边用，习惯把电脑上写的文件打印出来编辑而不是直接在屏幕上编辑，甚至习惯把人拉进办公室分享相关网站信息而不是直接把网址发给他们①。数字移民往往对新技术持部分抵制或迟缓接受的态度，喜欢单进程工作方式更甚于多任务操作，能长时间集中注意力，往往使用正式的、组织批准的沟通渠道，对于娱乐和游戏的需求并不显著，习惯组织的等级制度和权力的垂直分层，工作与生活的界限区分得十分明显……②

2009 年，马克·普伦斯基在《从数字移民和数字原住民到数字智慧》（*From Digital Immigrants and Digital Natives to Digital Wisdom*）一书中模糊了对数字移民和数字原住民的绝对划分，开始侧重于认为每个人都能够通过与科技互动来提高自己的数字化程度，这种能力就是数字

---

① PRENSKY M. Digital natives，digital immigrants. On The Horizon，2001，9(5)：1-6.

② TILVAWALA K，SUNDARAM D，MYERS M. Design of organizational ubiquitous information systems：digital native and digital immigrant perspectives//Proceedings of the PACIS 2013，Jeju Island，Korea，2013.

智慧（digital wisdom）。也就是说，不同于数字原住民的“先天习得”，数字移民能够通过后天的学习来获取数字智慧，开启数字悟性，慢慢习惯数字化生活，以满足自己的需求。

### 二、有选择的理性数字消费

CNNIC的数据显示，截至2020年12月，40～59岁网民占比为33.9%，虽然在网民规模上与年轻人有一定的差距，但中年人有更好的经济基础，消费力更强。从网络消费倾向来看，青年人过于依赖网购，中年人则会理性选择网购商品。调查显示，不同于青年人会使用多种类型的网购平台购物，中年人更倾向于在淘宝、京东等主流网购平台购物；主要原因一是可以节省开销，二是这些平台配送速度快。另外，从中年人网购的商品类型来看，几乎没有人购买奢侈品等贵重物品，购买生活用品、服饰和参与团购的人较多，由此看出中年人的消费注重品质、关注价格，网购时较为谨慎，很少一次性花太多钱①。

理性消费、讲究实惠、注重实用，这些中年人网络消费特点也体现了他们数字移民的生活习性，不同于数字原住民对数字世界规则的了如指掌，也不同于数字难民的游离于外，数字移民对数字生活保持着谨慎的态度，他们徘徊于新旧之间，按需使用数字技术，数字消费也常常是“浅尝辄止”。

## 第4节　数字难民：依赖实体消费的40后与50后

### 一、数字难民的界定与特征

“数字难民”是对那些因经济、社会和文化等原因而远离数字技术的人的比喻。2001年马克·普伦斯基发表《数字原住民，数字移民》一文，

① 罗未琛．“互联网+”时代背景下中年人消费行为分析．中国战略新兴产业，2017(28)：49-50.

受其启发，2006 年卫斯理·弗赖尔（Wesley Fryer）在其《数字难民和桥梁》一书中首次使用了“数字难民”一词（见图 4-7）。

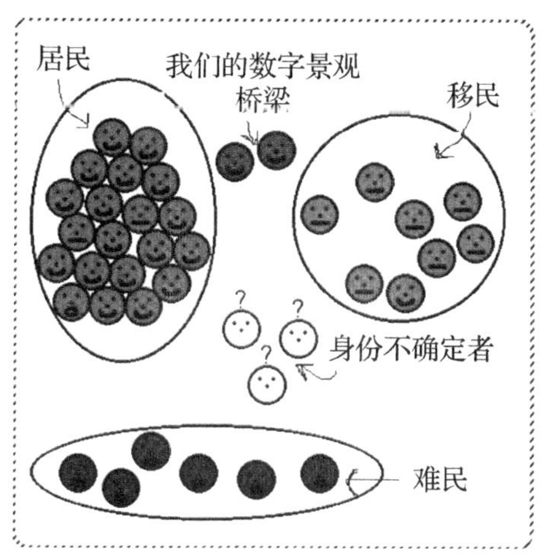


**图 4-7　卫斯理·弗赖尔提出的“数字难民”**

央视纪录片《互联网时代》曾这样描述：在今天，人类被分为三个人群，伴随网络成长的数字原住民，网络生活已是他生命本能的一部分；那些在技术爆炸之前的传统社会中成长起来的数字移民，正在进行着艰难的学习，向网络新大陆迁徙；而数字难民则远离着数字文化，生活在过往经验塑造的旧大陆中。杨建宇（2013）认为数字原住民、数字移民和数字难民这三类人群主要依照“使用数字技术的意愿和能力”来划分，数字原住民是数字时代成长起来的一代人，习惯了数字生活环境，享有广泛的数字惠益；数字移民则在数字时代步履蹒跚，保有前数字时代的“浓重口音”；数字难民更像数字时代的弃民，是由于种种主客观原因，无法或不愿使用数字技术，成为徘徊在数字门槛之外，无法把握数字机会的人群①。

在代际数字鸿沟所分隔的维度上，中国的数字难民指的是数字原住

① 杨建宇．数字难民的数字机遇：创建包容性信息社会的政策重点．青年记者，2013(24)：38-39.

民的祖辈、数字移民的父辈，也就是40后和50后，已经步入花甲和古稀之年的老年群体。

现有研究表明，数字原住民在自身的认知学习能力上，其实并未比数字难民超出多少，造成二者之间日益增大的鸿沟的是所处的信息环境本身。数字难民是鸿沟彼岸的被遗忘者，人们在往数字世界迁徙的过程中没有很好地带领他们前行，老人很难融入现代化、数字化社会生活中。

## 二、“伊托邦”消费的潜力股

“伊托邦”是美国作家威廉·米切尔（William J. Mitchell）在其著作《伊托邦：数字时代的城市生活》中建构的概念。书中提到当前正在全球兴起的数字网络是一种能极大改变城市面貌的基础设施，这一全新的基础设施将产生新型的社会关系，以此为基础，一种更加智能化的新型城市将得以创建，这一数字时代的新型城市便是“伊托邦”。这本于2005年出版的著作中所设想的愿景已然在实现的路上，数字化城市渐渐成型。据统计，2016—2020年，我国智慧城市累计投资额超过1.5万亿元。物联网、大数据、云计算等技术的发展，将未来学家们所畅想的数字生活变成了现实。智能家居让人只需要拥有一部智能手机就相当于拥有了一个管家，无人快递柜、无人快递车的投入使用解放了人力，银行等基础服务行业也在进行业务的数字化转型，更别说已经发展到刷脸即可付款的移动支付了……在我们享受着数字化的便捷，徜徉在“伊托邦”当中的时候，是否注意到并不是所有人都能适应这样的变化呢？他们就是被称为数字难民的40后和50后。由于受到数字排斥，他们更加依赖现实生活中的实体消费，对数字消费常常持怀疑和敬而远之的态度。

中国的老龄化与数字化已经不可逆转，而这两方面也渐渐显现出了一些问题。一方面，我国已经进入老龄化社会，国家统计局数据显示，截至2019年年底，我国60周岁及以上人口达到2.54亿人，占总人口的

18.1%。目前，我国已经是全球老年人口数量最多、老龄化速度最快的国家。另一方面，互联网技术的更新迭代给人们的文化生活、消费习惯带来了前所未有的改变，越来越多的“互联网+”产品和服务走进了人们的日常生活中。然而，大部分老年人却由于各种原因没能顺利搭上数字时代的快车。

数字化适应力低只是老年人被排斥在数字世界之外的一个直接原因，更重要的原因是追赶数字浪潮的人们“遗弃”了老年人，没有给他们提供应有的帮助，偏见常常低估了他们的可数字化程度，其实他们的消费潜力是不容忽视的。

随着 GDP 的不断增长以及我国养老保险制度的日益完善，老年群体开始撕掉以往节俭、保守的固定标签，他们在享受消费、品质消费、健康消费、文化消费等方面的开支不断增加。《康养蓝皮书：中国康养产业发展报告（2019）》显示，老年人的日常消费主要集中于娱乐社交、疾病管理、养生健康及日常生活等四个方面，文化消费需求在不断增长[①]。

但囿于数字鸿沟，40 后和 50 后“银发一族”大部分拥有数字难民的身份，因为数字技术的操作能力低而不能很好地融入数字化生活当中，数字消费水平被限制。为了充分挖掘他们的数字消费能力，我们可以用“文化反哺”的方式来帮助他们摆脱数字难民的身份，进而在数字消费领域激活“银发经济”。

美国人类学家玛格丽特·米德（Margaret Mead）在《文化与承诺：一项有关代沟问题的研究》一书中，根据文化传递方式的不同将整个人类文化划分为前喻文化（晚辈主要向长辈学习）；并喻文化（晚辈和长辈的学习都发生在同辈人之间）；后喻文化（长辈反过来向晚辈学习）[②]。近年来，长辈在数字科技等领域的劣势，随着网络技术的不断更新迭代而日益明显。由于年轻一代对互联网及其信息有绝对的话语权，他们随着

① 何莽．康养蓝皮书：中国康养产业发展报告（2019）．北京：社会科学文献出版社，2020.

② 米德．文化与承诺：一项有关代沟问题的研究．石家庄：河北人民出版社，1987.

网络科技变迁而改变的价值观、生活态度和消费习惯等也潜移默化地影响着他们的长辈。这种由年轻一代将知识文化传递给前辈的过程，可以用“文化反哺”来概括[①]。

智研咨询的相关报告显示，我国目前主要的养老模式是居家养老，占比大约为96%[②]。子女对前辈的文化反哺既可以增强家庭的凝聚力，产生良性的社会效应，同时，通过这种双向信息沟通能让两代人互相理解对方的生活态度和行为方式，从而促进两代甚至三代人的共同成长。

2017年2月13日，中国社科院国情调查与大数据研究中心联合腾讯互联网与社会研究中心发布的《生活在此处：社交网络与赋能研究报告》显示，35.2%的老年人认为在使用微信等社交网络之后，促进了代际交流。因此，作为晚辈的年轻人应当承担起文化反哺的责任，为老年人提供必要的数字技术操作技能的讲解，努力消除代际数字鸿沟。具体包括以下几个方面：

首先是数字产品使用的反哺。如今智能手机、数码相机、平板电脑、智能音箱等新事物不仅是年轻人的“专利”，相当一部分老年人在年轻一代的影响下也开始尝试使用这些数字产品。腾讯数据显示，截至2018年9月，55～70岁微信用户达到6 100万人，老年人微信使用活跃度不断上升，较上年同期增长22%；使用微信聊天、发微信红包、发表情包、读公众号文章、用微信支付，已经成为许多老年人的生活方式。另外腾讯研究院发布的《吾老之域：老年人微信生活与家庭微信反哺》报告显示，晚辈对老年人使用微信更多是工具性的技能指导，如发红包、发语音、视频聊天；而关于内容阅读的指导较少，如选择公众号、转发文章[③]。

其次是网络消费理念的反哺。电商购物等让人们足不出户就可以便捷地满足各种产品和服务的消费需求，在年轻人的影响下，年长一代也

① 周晓虹．文化反哺与媒介影响的代际差异．江苏行政学院学报，2016(2)：63-70.

② 智研咨询．2016—2022年中国养老产业市场深度调研及投资前景分析报告，2019.

③ 腾讯科技．微信老年用户超6 100万，老人也过智慧生活．(2018-10-16). https://tech.qq.com/a/20181016/013129.htm.

开始接触这种原本令他们感到陌生的消费方式。2018 年阿里巴巴的数据显示，中老年人正在加入“剁手”军团，仅淘宝天猫就有近 3 000 万中老年“剁手党”（见图 4－8）。

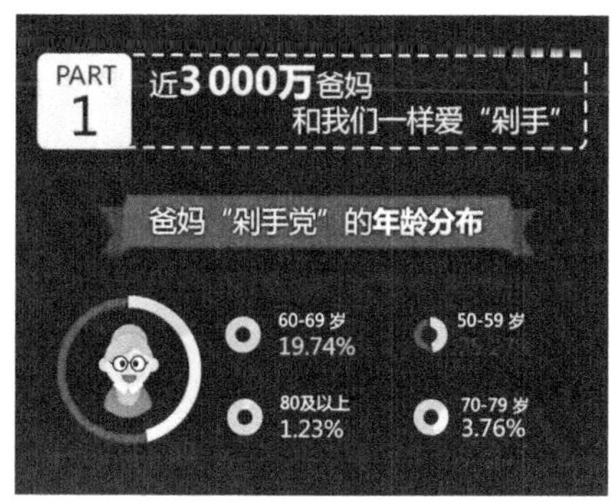


**图 4－8　2018 年阿里巴巴爸妈“剁手党”数据**

最后是数字休闲娱乐方式的反哺。受年轻人的影响，老年群体的娱乐休闲活动也不再局限于传统的聊天、打牌和广场舞了，看网络视频、在线下棋等数字休闲娱乐方式也逐渐成为他们的爱好。

文化反哺已在以上几个方面帮助老年群体提升了数字技术使用技能，但总体而言，老年人在使用数字资源参与公共生活方面与其他年龄段群体仍有较大差距。老年人的社会融合是多维度的，包括社会、心理融合，以及代际文化融合等①。消弭代际数字鸿沟，不仅需要和谐的代际关系，同时也需要社会、政府和企业等多方力量的支持与配合，具体包括如下几个方面：

### 1. 发起积极老龄化运动

早在 1999 年，世界卫生组织就呼吁全球开展一场“积极老龄化全球行动”。健康、参与、保障是积极老龄化的主要方向。其中，增强老年人的参与感需要营造出适合老年人融入的社会环境。政府应倡导老年人融

---

① 悦中山，杜海峰，李树茁，等．当代西方社会融合研究的概念、理论及应用．公共管理学报，2009，6(2)：114-121，128.

入社区，整合多元社会力量为老年人提供上网设施和使用指导，并推动公共机构（如图书馆）、社会机构积极承接老年人数字融入项目，更好地发挥传播文化和提升信息公平的职能。

以丹麦为例。丹麦是老龄化和互联网普及度都非常高的国家，截至2016年年底，由政府和社会机构共同投资的老年电脑室超过100间，60岁以上老年人均可免费上网并接受电脑教育。负责培训这些老年人的既有年轻志愿者也有老年人：一方面年轻人可通过文化反哺让老年人融入数字生活；另一方面已经接受过培训的老年志愿者可再培训其他老年人，这既增强了老年人的社会参与感，也有助于老年群体的自我管理。自2011年起，每年10月丹麦都会举办“老年人上网日”，活动当天全国约400家电脑室、图书馆等提供电脑使用帮助的培训中心全部免费开放。

### 2. 开展老年人数字素养教育

根据腾讯数据统计，微信老年用户中近三成的人经历过网络传销等骗局。目前，我国针对老年人的数字素养教育仍然欠缺，在信息爆炸的时代背景下大部分老年人并不能辨别信息真伪。要培养老年人的数字信息获取能力、保障老年人网络环境安全、打通老年人信息联通的“最后一公里”，当务之急是提升他们的数字素养。

充分发挥老年大学的教育功能是提升老年人数字素养的有效路径。这要求老年大学在以下两个方面进行提升：一是数量提升。国务院颁布的《老年教育发展规划（2016—2020年）》明确指出，到2020年全国县级以上城市原则上至少应有一所老年大学，尤其应当增加老年科技大学、老年数字大学等有针对性的大学，对老年群体进行数字融入教育。二是质量提升。我国大多数地区的老年教育处于“平易化”阶段，未来有必要进一步向高端化发展。

美国老年大学根据老年人的需求不同，将教育方式分为正规教育、非正规教育和非正式教育，既有老年寄宿学校、老年暑期学校，也有正规大学的老年旁听课程。此外，美国老年大学更注重传统与现代相结合，开设“探究 iPad”“数码相机入门”等课程。我国老年大学教育应当在借鉴国外经验的基础上，充分结合我国老年人的实际需求，开设数字素养、网络信息辨别等课程[①]。

### 3. 发展适老化信息技术

当前，中国已经是一个老龄化人口大国。根据全国老龄工作委员会发布的《中国老龄产业发展报告》，2014—2050 年间，我国老年人口的消费潜力将从 4 万亿元增长到 106 万亿元左右，占 GDP 的比例将增至 33%，成为全球老龄产业市场潜力最大的国家。而在数字化产业中，银发经济腾飞的第一步就受阻于适老化信息技术的落后。

由于经济和社会发展等因素，计算机和智能手机等设备在老年人中的普及率远低于年轻人，这是导致代际数字鸿沟的首要原因。在硬件方面，移动设备本身的设计不便于老年人的使用，多数智能设备材质不具备防滑防水、耐摔耐磨特性，不便于触觉敏感度低的老年人使用。专门针对老年人设计的智能设备相对缺乏，智能设备中的小按钮、烦琐的操作过程和复杂的界面对老年人来说是极大的挑战[②]。而在软件方面，为老年群体量身定制的软件也较少，由于老年人的认知能力已衰弱，他们很可能弄不明白页面的切换过程，而这会导致老年用户仅能使用入门级别的软件及其基础功能，无法深入探索网络世界。

“老年科技学”是一个快速发展的将老年人与技术相结合的跨学科领域，旨在通过科技来改善老年人日常生活的能力和质量。老年科技学强调，信息产品需具备图形界面简洁、按钮大、便捷性高和容易操纵等特点，以适应老年人的情况。日本企业提供老年产品支持服务，老年人使用电脑没有后顾之忧，在电脑键盘上设置了大标签或不同颜色，以帮助

① 言之有范．银发族≠数字难民，别让数字文化鸿沟把他们边缘化．(2019-03-22). http://www.sohu.com/a/303118371_182272.

② 何铨，张湘笛．老年人数字鸿沟的影响因素及社会融合策略．浙江工业大学学报（社会科学版），2017，16(4)：437-441.

老年人区分；此外，还配备了适合老年人手掌形状的鼠标等①。

结合老年科技学的观点，企业应根据老年人的需求特点设计出适合他们使用的硬件产品。此外，软件的设计也同样重要。数字设备中的软件应符合老年人的使用习惯，强调操作的简易性和可视度，使其获得良好的用户体验，这也是企业在做银发数字营销时必须特别重视的②。

**例 4-1　B站：二次元文化的数字消费社区**

月均活跃用户数 1.3 亿，80%以上是 90 后、00 后，日均 PV（页面浏览量）已是优酷土豆的 6.7 倍、爱奇艺的 4 倍，这是弹幕视频网站哔哩哔哩（简称 B 站，见图 4-9）的核心运营数据。为了情怀、为了用户体验，它任性地拒绝了所有的视频贴片广告，同时开始探索另类不伤害用户体验的收入模式，从内容页广告、游戏联运、线下漫展、演唱会、定制旅游、周边贩卖、新番承包计划、大会员制度到跨界影业，发展出了一条内容衍生的二次元产业链。

图 4-9　B 站网页版主界面

① 科尔巴赫，赫斯塔特．银发市场现象：老龄化社会营销与创新思维．胡中艳，卢金婷，译．大连：东北财经大学出版社，2016.

② 何铨，张湘笛．老年人数字鸿沟的影响因素及社会融合策略．浙江工业大学学报（社会科学版），2017，16(4)：437-441.

所谓二次元，即二维的次元，通常是指虚拟幻想世界，表现形式主要包括动画、漫画、游戏等，也就是我们常说的 ACG（animation，comic，game）。随着《西游记之大圣归来》《大鱼海棠》《你的名字》等动画电影在国内的火爆热映，二次元文化引起了市场的关注与热议，投资方也纷纷寻求在二次元领域布局。

如今，二次元文化已经逐渐深入人们的生活，尤其是 90 后和 00 后，他们是在国内动漫市场逐渐成熟的环境下成长起来的一代人，而互联网的加入，又进一步加速了二次元文化在这个群体中的传播。要想紧跟年轻人的潮流，不了解二次元文化怎么行？而 B 站正是目前国内最大的二次元文化聚集地。如今 B 站正在各个相关领域积极探索变现之路，包括大会员、游戏联运、线下活动以及电商（衍生周边产品）旅游项目等。

B 站 2019 年财报显示，从主营业务构成来看，B 站的收入来源分为游戏收入、直播与增值服务、广告收入、电商及其他收入四个板块。尽管手游仍然占据该公司收入的首位，但所占比重在逐步下降，到 2019 年第四季度已不足 50%。与此同时，直播和增值服务业务、广告业务在总营收中的占比在迅速上升，电商及其他业务也处于稳步增长状态。

### 1. UCG 社区建立

在带有明显社群和文化属性基础上建立起来的 UCG 社区中，B 站形成了数量庞大、活跃度极高的 UP 主①生态圈。UP 主通过番剧②、鬼畜③、动画等精良制作的内容，获得用户的喜欢，得益于较高的互动和良好的用户体验，其生态圈也在逐步发展。UCG 社区的建立，内容的完善，周边的兴起，迎来了 B 站变现的切入点。

### 2. 视频直播频道上线

视频直播频道于 2014 年正式上线，搭建 ACG 相关的多元化直播，既保证了内容，也稳定了用户。加之对网红偶像的打造，大量潜在的人

① UP 主即 uploader，网络流行词，指在视频网站、论坛、FTP 站点上传音视频文件的人。

② 番剧：外来语词汇，意思是日本连载动画电视剧，属于二次元用户常用语。

③ 鬼畜：日文直译词，指佛教世界里六道中沦落饿鬼道和畜生道并称简略之后所形成的词语，形容做残忍事情的人、鬼畜样的人。

气主播，既有生气又有黏性的社区用情感将主播和粉丝连接起来，使其有了广阔的发展空间。线上线下活动配合豪华物品的奖励，彼此紧密结合，利用二次元粉丝创造经济效益。

### 3. 游戏联运强势变现

游戏联运是B站另一大变现渠道，庞大的社群和用户赢得了游戏厂家的青睐，减少了渠道运营商的分成，利润“不知道翻了多少倍”。这样的联运模式不仅能增加B站在游戏板块的影响力，同时也能通过培育游戏IP来吸引更多具有黏性的用户。

### 4. 从线上走到线下

线下活动中，一年一度的BML（Bilibili Macro Link，见图4－10）演唱会获得了成功。BML是一场邀请B站知名UP主来现场表演，并跟用户面对面互动的盛会。它不仅仅是B站的品牌宣传活动，更像是一场二次元的线下狂欢。如今这个活动的规模已从2013年上海奔驰文化中心一个活动室里的800人，增长到了在上海奔驰文化中心场馆内的上万人，门票价格也从几十元涨到了几百至上千元。而对于不能到现场参加活动的用户，B站会为其提供免费实时观看直播服务，以尽最大可能照顾到所有用户。

**图4－10　BML2019活动页面**

近年来，中国的二次元用户规模在不断增加，2015年为1.58亿人，2019年增至3.32亿人，预计未来还会不断增加。而二次元产品的消费者集中于年轻低收入人群，该部分人群以学生为主。作为二次元文化社区的 B 站，拥有数以亿计的年轻用户群体，其变现潜力不可谓不大。

资料来源：荀慧．B 站的二次元变现之路．(2018-05-17). http://www. p5w. net/xcf/201708/t20170829_1936887. htm；烽火文创．B 站的内容生态的变现过程．(2017-08-29). https://baijiahao. baidu. com/s? id=1600632379871373529&wfr=spider&for=pc.

## 讨论题

1. B 站为什么受到年轻人的欢迎？
2. 在 B 站上有哪些数字消费方式？
3. 你认为 B 站在变现方面有哪些成功与不足之处？

## 例 4-2　直播布局中老年群体，银发经济数字化升级

2020 年伊始，新冠肺炎疫情对线下的巨大冲击似乎让一切都转移到了线上，“云办公”“云教育”“云卖房”“云理财”等层出不穷，直播也成了最热门的营销手段之一，并开始在中老年群体中渗透。比如针对疫情之下备受瞩目的中老年健康问题，阿里健康、京东健康、百度健康等纷纷开设直播课堂。

阿里健康大药房官方针对中老年群体开了一场“换季中老年养生新知”的直播，观看人次超过 5 万。1 月 26 日，京东健康也推出一系列“抗击疫情名医直播”(见图 4-11)，主题包括防疫科学措施、疫情中的心理疏导及情绪管理、心脑血管病预防、糖尿病管理等，累计观看人次超过 1 700 万。

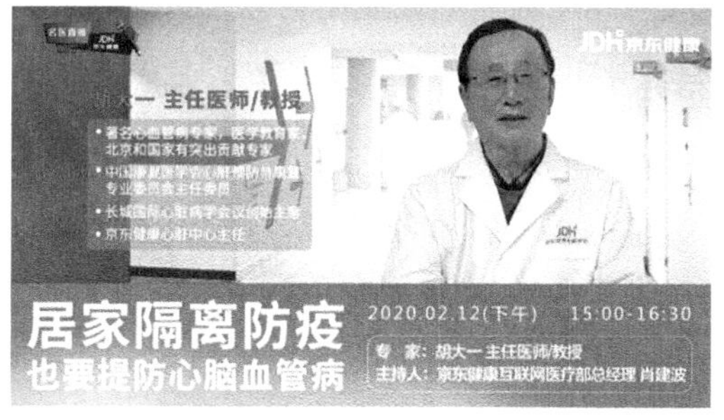


图 4-11　京东健康名医直播

百度健康则组建了“战疫直播间”（见图 4－12）。战疫直播间专辑下有六大类目——科学防护、谣言粉碎、直击一线、心理讲堂、居家指南及儿童防护，涵盖了疫情期间大众最关心的几个领域。直播间里的医生和专家会先进行一场有针对性的科普，并在最后的环节和网友互动。在数十场直播中，有许多针对中老年人的主题，如“糖尿病患者如何做好居家管理?”“经常胸痛胸闷，你的心脏究竟怎么了?”“心血管不好？专家教你中医如何养生调理”等，每场均有几十万人在线观看。

**图 4－12　百度健康战疫直播间**

在直播间里，不少中老年人积极与医生实时在线互动：

出不了门，降糖药吃完了怎么办?

糖尿病人可以少量喝白酒吗?

疫情期间在家需要注意哪些方面来保证血糖不升高?

血压高压 140～150、低压 90～105 应该怎么吃药?

老年人吃饭后感觉头晕乏力，是不是气血不足?

…………

除了各大平台外，一些健康组织也开始了针对老年人的健康直播。比如山东省医学会就在疫情期间开展了战“疫”在线——抗击新型冠状病毒肺炎系列讲座，组织专家通过网络直播的方式普及相关知识，其中针对老年人的专题包括《老年人如何防治骨质疏松》《老年人脑血管疾病的预防及保健》《老年人常见心血管疾病家庭注意事项》《帕金森病，你必须知道的那些事》等。在强烈的需求之下，许多老年人克服各种困难，每天准时观看直播，甚至有老年人为此专门学会了使用智能手机。

随着这类健康直播不断触达中老年群体，他们在被动接受、学习的同时，也直观感受到了网络直播的便捷与高效，新的习惯也随之养成，观看直播逐渐成为其生活中不可或缺的一部分。

资料来源：AgeClub. 趋势洞察：支付宝/抖音/快手布局中老年直播，老年健康/理财/教育/购物直播成为新潮流！.（2020-03-26）. https://www.ageclub.net/all/analysis/4749.html；中国新闻网. 京东健康助力互联网医疗加快“健康中国”行动步伐.（2020-03-24）. https://m.huanqiu.com/article/3xYBFMBjLls.

### 讨论题

1. 你认为还有哪些直播的细分领域适合布局中老年群体？

2. 除了直播，还有哪些数字营销形式适合触达中老年群体？

3. 目标消费者为中老年人的产品或服务在转战线上过程中会面临哪些挑战？

# 第5章
# 数字消费区域差异

## 引例

晨晨是广东人，广州大一新生。“双十一”又到了，晨晨每年都要在这个特殊的时间“剁手”，于是她摩拳擦掌加入了“双十一”的活动当中。今年的活动又被淘宝玩出了新花样：有成为双十一合伙人，赚喵币、组队盖楼赢红包等活动。晨晨与几个朋友组了一支队伍，每天乐此不疲地刷喵币来提升自己的等级，并且拉人为自己的队伍盖楼，战绩颇佳。看着预计分得的红包越来越多，晨晨感觉心满意足。这些红包也许金额并不高，但她享受这个参与的过程，而且“双十一”总是要让钱包“大出血”一次，能省则省。今天，她轻车熟路地把“发红包邀请”的盖楼链接发到了一些微信群。在新生群中，一位同学好奇地问她这是什么，晨晨十分惊喜，因为新人助力盖楼会有50级的奖励，于是她把这位同学加为好友，开始交谈。在介绍了一番“双十一”的游戏规则后，这位同学感到新鲜有趣，她表示，在镇里上学的时候身边很少人会参与“双十一”活动，甚至她也是到广州上学后才开始网购的，之前都是托少数几个经常网购的朋友帮忙购买。而这一次“双十一”活动，她的周围充斥着各种相关信息，几乎所有人都参与了活动，堪称一场“全民盛事”。晨晨感到很意外，因为对她来说，网购是家常便饭，“双十一”是非常熟悉的“节日”。于是，在晨晨的指导下，这位同学也开启了一次属于自己的“双十一之旅”。

# 第 1 节　中外数字消费差异

## 一、中外数字经济与媒体生态

### 1. 全球数字经济发展现状

2020 年 11 月，由中国网络空间研究院编撰的《世界互联网发展报告 2020》发布了 2020 年 48 国的互联网发展指数排名，美国和中国的互联网发展依然领先于其他国家，欧洲各国的互联网实力强劲且较为均衡，拉丁美洲及撒哈拉以南非洲地区的互联网发展进步显著。其中，美国、中国、德国、英国、新加坡分列综合排名前五。

数字经济的发展受到互联网的牵动，与互联网的发展情况相吻合。中国信息通信研究院发布的《全球数字经济新图景（2020 年）》显示，2019 年，测算的 47 个国家数字经济增加值规模达到 31.8 万亿美元，较上年增长 1.6 万亿美元。从不同收入水平来看，高收入国家数字经济规模占全球比重达到 76.9%。从不同经济发展水平来看，发达国家数字经济规模是发展中国家的 2.8 倍多。从具体国家来看，美国数字经济规模排全球第一，达到 13.1 万亿美元；中国位居第二，规模为 5.2 万亿美元；德国、日本、英国居第三至第五位。排名前五的国家数字经济规模占全球总规模的 78.1%。

此外，值得我们关注的是，全球数字经济发展正走向两极分化，发达国家的数字经济发展领先于发展中国家。《全球数字经济新图景（2020 年）》报告显示，2019 年发达国家数字经济在 GDP 中已占据“半壁江山”，占比达到 51.3%，而发展中国家数字经济 GDP 占比仅为 26.8%，发达国家是发展中国家的 1.9 倍。不过发展中国家数字经济增速远超发达国家。2019 年发达国家数字经济同比仅增长 4.5%，而发展中国家数字经济实现了 7.9%的增长，超过发达国家 3.4 个百分点。

### 2. 中美数字媒体生态比较

近些年全球的数字经济活动及其创造的财富增长迅速，但以中国和美国为代表的数字化程度较高的国家与其他地区之间，尤其是与非洲、拉丁美洲等地区的差距越拉越大。全球 70 家最大数字平台公司中，中美两国的 7 个“超级平台”占总市值的 2/3，依规模排序依次是微软、苹果、亚马逊、谷歌、脸书、腾讯和阿里巴巴①。

美国是互联网基础设施领域的领先者，而中国正在快速追赶，部分领域持平甚至超越。在以搜索引擎、电子商务、社交媒体、娱乐媒体等为代表的数字领域，中美均领先全球，但优势领域各不相同。

从搜索引擎来看，美国主要使用谷歌搜索，中国主要使用百度搜索。两大搜索引擎分别是两国的行业翘楚，谷歌搜索引擎以超过 600 亿次月度浏览量位列全球百大网站之首，百度则以超 97 亿次月度浏览量排在第四位②。

电子商务领域，中国多年保持第一。2018 年全球电子商务市场规模约 1.8 万亿美元，中美市场规模分别达到 6 295 亿和 5 010 亿美元，合计占比高达 63%；而中国电子商务的市场规模还将持续扩大，预计在 2022 年达到 1.8 万亿美元③。就 2018 年的电商数据来看，2018 年天猫“双十一”全天交易额为 2 135 亿元（约 308 亿美元），超过美国感恩节全周约 242 亿美元的销售总额④。

社交媒体领域，美国具有领先优势。据统计，按照月活跃用户数进行排名，全球前十位的社交媒体分别是：Facebook、YouTube、WhatsApp、Facebook Messenger、微信、QQ、Instagram、QQ 空间、Tumblr 和新浪微博⑤。

---

① 联合国．2019 数字经济报告，2019.

② 中国网络空间研究院．世界互联网发展报告 2019，2019.

③ Forrester. 中国电子商务：全球最大电子商务市场的趋势和前景，2021.

④ 中国网络空间研究院．世界互联网发展报告 2019，2019.

⑤ 全球受欢迎十大社交平台排行榜新出炉．(2021-01-26). https://www.chinapp.com/shidapinpai/182481.

娱乐媒体领域，美国具有一定优势。2018 年全球娱乐媒体市场收入约 1 417 亿美元，美国以 443 亿美元位列第一，中国排名第二。视频在娱乐媒体行业较为突出，美国的 Youtube、Netflix 用户持续增长，而中国短视频力量快速崛起，抖音、快手等短视频平台拥有大量活跃用户。

迈则和朗标市场研究团队曾做过一项调研①，调查了中国和美国 20～35 岁的 2 000 位消费者，研究他们的数字行为差异。调查发现，中国消费者使用数字社交渠道的热情超过美国。与美国消费者相比，中国消费者更喜欢在社交媒体上结识素未谋面的网友，78.3%的中国消费者完全同意数字渠道丰富了自己的生活，55.3%的中国消费者完全同意可以在网上分享一切事情，而美国消费者这两项的比例分别是 59.2%和 28.3%（见图 5-1）。这种差异可能来源于文化的不同，美国人认为友谊应该在线下建立，并且相较于中国人来说他们更重视自己的隐私。

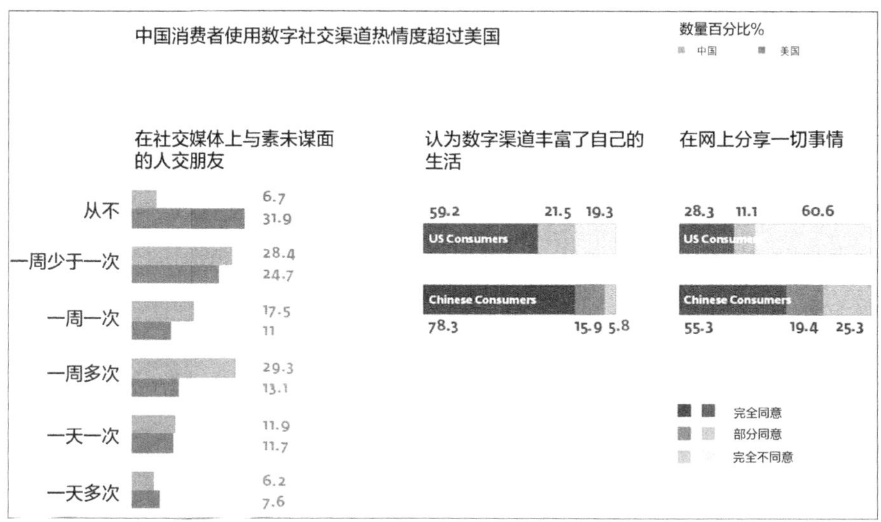


**图 5-1　中美消费者数字社交渠道使用对比**

资料来源：迈则官网.

① 迈则（MADJOR）是著名品牌咨询公司 Labbrand 朗标旗下的数字策略咨询公司，这项调研报告为 2017 年 6 月发布的《中西方消费者在数字行为上的差异》。

## 二、中外数字消费行为差异

### 1. 中外网络购物行为差异

由于数字化程度不同，各国消费者的网络购物行为表现出较为明显的差异。波士顿管理咨询公司发布的《四万亿美元争夺战，谁能赢得新兴市场数字消费者》报告显示，处于数字化觉醒阶段的国家（如肯尼亚），电商零售仅占零售业销售总额的很小一部分（通常低于2%），43%的城市网民在购物时至少有一种品类会参考从互联网上搜集到的消息；处于数字化成形阶段的国家（如巴西），电商零售占整个零售业收入的比重虽高于觉醒阶段国家，但仍很小（3%～5%），66%的城市网民在购物时至少有一种品类会参考从互联网上搜集到的消息；处于数字化成熟阶段的国家（如中国），电商零售占整体零售业收入的10%，98%的中国城市网民在购物时至少有一种品类会参考从互联网上搜集到的消息。

波士顿管理咨询公司的进一步研究认为，一个国家的电商发展规模取决于八大因素，即智能手机成本、职业女性数量、中等收入家庭占比、实体零售店空间成本、物流水平、开立银行账户的人口比例、创业指数排名和初创企业的补贴水平。这些因素很好地解释了中国电商兴起的原因，比如在中国互联网接入成本低廉，基本实现了全覆盖；城市间的快递运输费仅为美国的1/6；中国分散的实体零售业，也为线上卖家提供了发展机会。

### 2. 中美移动支付行为差异

在中国，移动支付日益成为消费者的主要支付方式。根据中国支付清算协会（PCAC）的调查报告，2020年，约74%的中国人每天都在使用移动支付。相比之下，大多数移动支付应用在美国的普及率不到10%，中国移动支付普及率超过美国七倍①。此外，从用户规模来看，支付宝全

---

① 中国移动支付普及率超美国七倍 移动支付为何在美不流行．(2019-09-04). https://www.sohu.com/a/338686701_393779.

球用户已超过 13 亿，微信支付用户超过 9 亿，而美国移动支付第一品牌 PayPal 的用户仅有 3 亿多。

中国在移动支付领域大幅领先美国，主要原因有两个：其一，信用卡的普及是美国移动支付无法起飞的一个关键原因，而中国实际上是跨越了信用卡时代，直接进入到移动支付时代；其二，在移动支付方面，美国消费者拥有苹果支付、谷歌支付、三星支付、PayPal、Venmo、Square Cash、Zelle 等多种选择，但为了适配这些应用，咖啡店和零售店等商家需要合适的硬件，而在信用卡普及的情况下，商家并未普遍支持移动支付。此外，中国移动支付平台成功的营销与竞争在移动支付普及的过程中也功不可没。比如，微信支付和支付宝各种促销活动的展开，推动用户养成了移动支付的习惯；早些年美团和大众点评在团购上的缠斗，同样助推了移动支付在中国的快速发展。

## 第 2 节　城乡数字鸿沟与消费差异

### 一、城乡发展差异下的数字鸿沟

我国在发展中出现的“城乡二元结构”由来已久，它是历史长期发展过程中多种因素造成的，归结起来主要有四点：历史和传统原因、地理和交通原因、思维和决策原因以及制度和管理原因。城乡二元结构的存在，导致城乡差距不断扩大，形成了城乡数字化起点的不平等机制，使城乡数字鸿沟具有了历史必然性。中国城乡数字鸿沟是传统城乡差距在社会转型期不断深化的产物，也是互联网时代贫与富、弱与强、落后与先进的全新表现形式[①]。

数字鸿沟的本质是一种发展不平衡——政治、经济、文化等各方面发展的不平衡造成数字鸿沟，而数字鸿沟也会反过来加剧这种不平衡。有研究表明，城乡数字鸿沟与城乡收入差距同方向变动，城乡数字

① 高小卫．中国城乡数字鸿沟问题研究．南京：南京农业大学，2016.

鸿沟扩大 1%，城乡收入差距就会拉大 0.013%，前者对后者的影响不可小觑[①]。

近年来，我国政府大力推动农村互联网建设，陆续发布了《中共中央国务院关于实施乡村振兴战略的意见》《乡村振兴战略规划（2018—2022 年）》《国家信息化发展战略纲要》等政策文件。2019 年中央 1 号文件提出实施数字乡村战略；2019 年 5 月，中共中央办公厅、国务院办公厅印发《数字乡村发展战略纲要》，强调数字乡村是乡村振兴的战略方向，也是建设数字中国的重要内容，并提出战略目标：到 2020 年，数字乡村建设取得初步进展。全国行政村 4G 覆盖率超过 98%，农村互联网普及率明显提升。到 2035 年，数字乡村建设取得长足进展，城乡数字鸿沟大幅缩小，农民数字化素养显著提升。2019 年 12 月，农业农村部等部委印发了《数字农业农村发展规划（2019—2025 年）》，大力推进数字技术在农业农村应用；2020 年中央 1 号文件提出开展国家数字乡村试点；2021 年中央 1 号文件则提出实施数字乡村建设发展工程，推动农村千兆光网、第五代移动通信（5G）、移动物联网与城市同步规划建设。目前，我国已初步建成融合、泛在、安全、绿色的宽带网络环境，基本实现了“城市光纤到楼入户，农村宽带进乡入村”。

数字乡村是伴随网络化、信息化和数字化在农业农村经济社会发展中的应用，以及农民现代信息技能的提高而内生的农业农村现代化发展和转型进程[②]。2015 年以来，工业和信息化部联合财政部开展了六批电信普遍服务试点，支持全国 13 万个行政村光纤网络建设和 3.7 万个 4G 基站建设，推动全国范围内行政村通光纤和通 4G 比例双双超过 98%，显著提升了农村地区网络覆盖水平，为数字乡村发展打下了坚实的基础。此外，截至 2020 年年底，全国农村宽带用户总数达 1.42 亿户，全年净增 712 万户，比 2019 年年末增长 5.3%。得益于“村村通”和“电信普遍服务试点”两大工程的深入实施以及消费市场的蓬勃发展，我国城乡之间

① 刘骏．城乡数字鸿沟持续拉大城乡收入差距的实证研究．统计与决策，2017(10)：119-121.
② 徐旭初．疫情当前谈加快推进数字乡村建设．中国农民合作社，2020(4)：31-32.

的数字鸿沟不断缩小。

需要指出的是，尽管乡村网络的基础设施建设和普及已经取得初步成效，但与城镇的数字技术发展相比，仍存在不小差距。例如，在一些偏远的农村地区，信息化建设还有些滞后，在 2020 年新冠肺炎疫情严重的那段时间，有些偏远农村地区的孩子上网课甚至要跑到山坡上找信号①。腾讯董事会主席兼首席执行官马化腾在 2020 年 5 月召开的人大会议上提交了《关于在“后脱贫期”促进乡村振兴的建议》，给出了腾讯“为村”平台对超过 2 万名实名注册村民进行问卷调查的数据，调查结果显示，农村普遍存在“空心村”、集体经济缺失、公共服务不完善等问题，“村民文化程度低”“智能手机普及率低”仍是制约互联网在乡村应用的两大主要因素，而在农业农村数字化方面，发展亦总体滞后②。

## 二、城乡数字消费差异

### 1. 城乡网民规模差异

近十年来我国网民总体规模保持稳健增长，互联网普及率稳步提升（见表 5-1）。规模的增长和普及率的提高离不开我国互联网基础设施建设的不断完善，以及网络扶贫战略的开展。第 47 次《中国互联网络发展状况统计报告》显示，截至 2020 年 12 月，我国网民规模达 9.89 亿，互联网普及率达 70.4%，较 2020 年 3 月提升 5.9 个百分点。其中，城镇网民规模为 6.80 亿，占网民整体的 68.7%；农村网民规模为 3.09 亿，占网民整体的 31.3%。城镇互联网普及率为 79.8%，较 2020 年 3 月提升 3.3 个百分点；农村互联网普及率为 55.9%，较 2020 年 3 月提升 9.7 个百分点。城乡互联网普及率差异较 2020 年 3 月缩小了 6.4 个百分点。

① 刘天放．城乡数字鸿沟必须填平．中华工商时报，2020-06-01(3).

② 宋珏遐．马化腾：弥合城乡数字鸿沟发挥“互联网+”作用．(2020-05-28). https://www.financialnews.com.cn/ncjr/focus/202005/t20200528_191993.html.

**表 5-1　2011—2021 年城乡网民规模及占比**

| 年份（次） | 全国 | | 城镇 | | 农村 | |
|---|---|---|---|---|---|---|
| | 普及率（%） | 网民数（亿） | 占比（%） | 网民数（亿） | 占比（%） | 网民数（亿） |
| 2011(28) | 36.2 | 4.85 | 73.0 | 3.54 | 27.0 | 1.31 |
| 2012(30) | 39.9 | 5.38 | 72.9 | 3.92 | 27.1 | 1.46 |
| 2013(32) | 44.1 | 5.91 | 72.1 | 4.26 | 27.9 | 1.65 |
| 2014(34) | 46.9 | 6.32 | 71.8 | 4.54 | 28.2 | 1.78 |
| 2015(36) | 48.8 | 6.68 | 72.1 | 4.82 | 27.9 | 1.86 |
| 2016(38) | 51.7 | 7.10 | 73.1 | 5.19 | 26.9 | 1.91 |
| 2017(40) | 54.3 | 7.51 | 73.3 | 5.50 | 26.7 | 2.01 |
| 2018(42) | 57.7 | 8.02 | 73.7 | 5.91 | 26.3 | 2.11 |
| 2019(44) | 61.2 | 8.54 | 73.7 | 6.30 | 26.3 | 2.25 |
| 2020(46) | 67.0 | 9.40 | 69.6 | 6.54 | 30.4 | 2.85 |
| 2021(47) | 70.4 | 9.89 | 68.7 | 6.80 | 31.3 | 3.09 |

资料来源：本表根据 2011—2020 年《中国互联网络发展状况统计报告》中的数据编成，表中年份后的数据 *n* 为“第 *n* 次中国互联网络发展状况统计报告”，*n* 为奇数时，为截至年底的统计报告。

### 2. 城乡非网民规模差异

第 47 次《中国互联网络发展状况统计报告》显示，截至 2020 年 12 月，我国非网民规模仍有 4.16 亿，较 2020 年 3 月减少 8 073 万。其中，农村地区非网民占比为 62.7%，高于全国农村人口比例 23.3 个百分点。

使用技能缺乏、文化程度限制、年龄因素和设备不足是非网民不上网的主要原因。因为不懂电脑/网络而不上网的非网民占比为 51.5%；因为不懂拼音等文化程度限制而不上网的非网民占比为 21.9%；因为年龄太大/太小而不上网的非网民占比为 15.1%；因为没有电脑等上网设备而不上网的非网民占比为 13.3%；因为没时间上网、不感兴趣等原因不上网的非网民占比均低于 10%。

"非网民"是农村中一个庞大的信息贫困群体[①]。这一群体的长期存在使城乡信息分化现象得不到有效的转变，城乡数字鸿沟持续存在。

### 3. 互联网应用使用的城乡差异

城镇网民依旧是基础应用类应用（如即时通信、搜索引擎、网络新闻、网络支付等）、商务交易类应用（如网上外卖、旅行预订、网约车、在线教育等）和网络娱乐类应用（如网络音乐、网络文学、网络游戏、网络视频、网络直播等）的用户主体，而近年来网络购物和网络视频的农村用户规模增长显著。

随着电商平台渠道、物流服务加速下沉，三线及以下城市和农村地区的网购基础设施和商品供给不断完善，下沉市场成为网购消费增长的核心动力。第 45 次《中国互联网络发展状况统计报告》显示，截至 2020 年 3 月，三线及以下市场网购用户占该地区网民比例较 2018 年年底提升 3.9 个百分点；农村网购用户规模达 1.71 亿，占网购用户比例达 24.1%。

此外，随着农村互联网基础设施的完善、智能终端的普及，简单易用的短视频成为农民的娱乐和生产工具。贫困地区群众通过拍摄家乡自然风光和风土人情的短视频来吸引游客，推动乡村旅游，带动当地经济发展。同时，越来越多的农民转变为视频博主，在短视频的帮助下解决土特产的销售问题。

## 二、农村数字消费潜力巨大

农村数字消费潜力巨大、发展迅猛，已经成为国家经济社会发展的新动能。阿里巴巴集团发布的《2018 年中国数字经济发展报告》显示，得益于数字经济的发展，巨大的农村消费市场也被激活，将成为中国经济增长的新引擎。农村的数字消费增速全面超越了一线、新一线和二线

---

① 谢俊贵．城乡信息分化的新态势及其因应策略：基于 CNNIC 互联网普及率统计数据．学海，2018(1)：169-176.

城市，这得益于互联网平台大力支持的农村电商。据商务部数据，2020年全国农村网络零售额达1.79万亿元，同比增长8.9%[①]。

在2020年5月22日召开的十三届全国人大三次会议上，农村电商也被特别“点名”。这些年，很多地方积极发展农村电商，探索四方联动电商扶贫新机制，带动贫困户家家“网上淘金”、户户“线上脱贫”。在2020年爆发新冠肺炎疫情的背景下，农村电商在农产品销售、解决农民售卖难、助农增收方面发挥了重要作用。可以预见，未来在乡村振兴中农村电商将发挥更加重要的作用。

### 例5-1 拼多多：另辟蹊径的成功之道

2015年4月，黄峥创立的拼好货上线；同年9月，黄峥旗下的公司内部孵化出拼多多。2016年9月，拼多多、拼好货宣布合并，组建成为目前的拼多多公司。正式上线还不满三年，拼多多就从一家普通的拼团购物小程序，发展成为一家GMV过千亿，拥有3.44亿活跃买家，170万商家，总市值高达296亿美元[②]，成功在美股上市的公司。上市的同时，直指假货泛滥、服务低劣的非议也潮涌而来。

#### 1. 主攻下沉市场

可以说，中国有着全球最成熟的电商环境，淘宝、天猫、京东、唯品会、蘑菇街等把C2C、B2C、自营电商、特卖会、购物推荐等模式做到了极致。在电商流量红利逐渐触顶的今天，这些巨头开始去线下布局、找流量，抑或以“消费升级”为口号不断向中高端市场拓展。QuestMobile发布的报告显示，截至2019年3月底，中国移动互联网三线及以下市场的用户规模达6.18亿，存在巨大的人口红利，下沉市场的消费支出在大幅增长。就是这样一个空间巨大的红利市场，却因享受不到便捷的网购而没有被充分发掘出来。拼多多盯上的正是这一市场背后的巨大购买潜力。

---

① 中商情报网.2021年中国农村电商行业发展现状分析：农村网络零售额持续增长.(2021-03-30). https://www.163.com/dy/article/G6C25O5V051481OF.html.

② 截至2021年3月30日，拼多多的市值已达1 697亿美元。

拼多多借助微信这一用户基数最大、下沉最深的渠道，采取“农村包围城市”的战略，以最低的成本获取对价格敏感的三线及以下市场的消费人群，确立了电商领域“第三势力”的地位。据中国产业信息网的数据，在2019年“6·18”期间，拼多多、淘宝、京东的三线及以下城市用户数量占比分别为58.9%、52.4%、48.4%，拼多多稳居第一。

从市场竞争的角度看，拼多多避开了与淘宝、京东等综合电商巨头的正面竞争，挖掘的是渗透率不高、对价格敏感的三线及以下市场。在该市场中，拼多多的用户净增规模大于综合电商整体净增规模，表明在下沉市场的竞争中，拼多多的取代效应非常明显。

### 2. 拼多多的用户画像

QuestMobile提供的数据显示，拼多多近60%的用户分布在三线及以下城市（见图5-2）。很多人没有支付宝，却有微信，这得益于微信的普及。而且由于收入的原因，渠道越下沉，用户对价格越敏感。

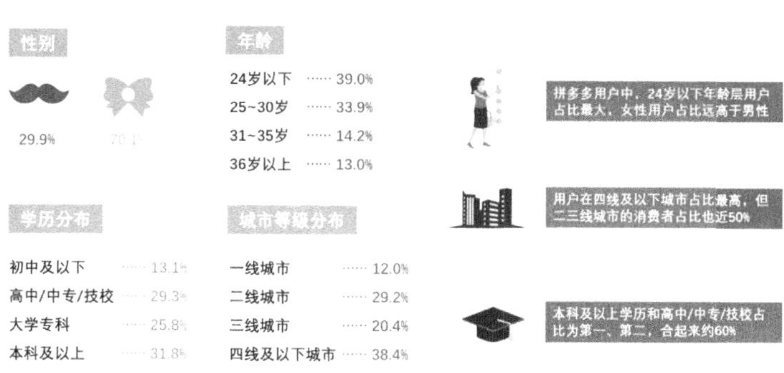


**图5-2　拼多多用户画像**

资料来源：QuestMobile（取数周期：2018.3）.

在性别方面，拼多多的女性用户比例占据绝对优势，达到了70.1%。相比男性，女性在购物方面更细致、更有耐心，对价格尤为敏感，在选择商品的时候更愿意在购物平台上精挑细选，希望能淘到更多低价好货，也更愿意为几块钱的折扣在自己的朋友圈里转发“低价拼团”的信息，跟自己的闺蜜、好友分享。

在学历方面，最多的是本科及以上，这一点与淘宝相同；但与淘宝排名第二的大学专科学历不同，拼多多用户学历第二多的是高中/中专/技校，占比为29.3%，这与拼多多用户分布的城市等级相匹配。

在年龄方面，最多的是24岁以下，占比为39.0%；其次是25～30岁，占比为33.9%；排在第三的是31～35岁，占比为14.2%；36岁以上的仅占比13.0%，可见拼多多的用户以年轻人为主。

### 3. 拼多多的杀手利器——低价＋折扣

在定价策略方面，拼多多的做法有些“简单粗暴”——低价＋折扣，这也成为拼多多吸引客户，打击对手的杀手级利器。拼多多通过拼团打造款款低价，以拼团模式形成的折扣为消费者提供低于市场价格的产品，非常符合下沉市场的消费需求（见图5-3）。

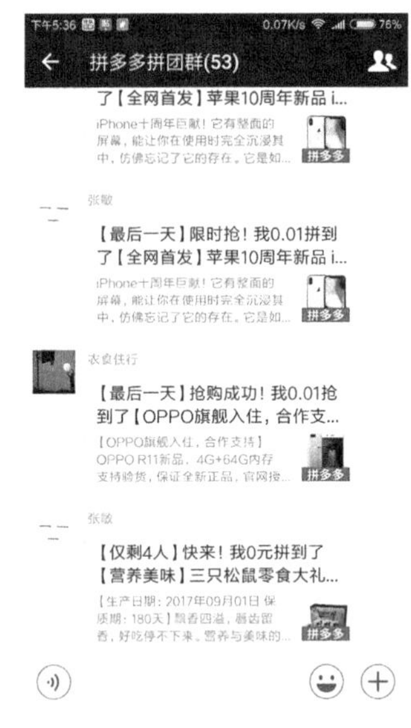

图5-3 拼多多微信拼团群

拼多多平台上不少产品的拼团数量达100万件，甚至200万件，从而形成规模效应，使平台在厂家那里具有极强的议价能力，而超低的价格反过来又能吸引更多消费者购买，进一步增加订购量，从而形成良性循环。

由于每天、每时、每刻都有上千万个订单拼成，刺激了消费者限时抢低价的心理，大大提升了转化效率，形成了拼多多在电商爆款销售中的平台特色。

在2020年出现新冠肺炎疫情的特殊时期，拼多多抓住复工之初的时间节点，上线了“百亿补贴节”，通过更大力度的补贴促销，适应消费者1月以来未满足的消费需求。“百亿补贴节”是在日常的百亿补贴基础上，精选包括抗疫物资在内的全品类在过去两个月最热销的单品，再度进行加码补贴以满足消费者复工需求。这一营销策略效果显著，“百亿补贴节”App首页入口在上线当天的活跃用户数就超过1.1亿，多款历史低价大牌商品“上线即秒光”。由此也可以看出拼多多的“低价＋折扣”策略运用得多么炉火纯青，牢牢抓住了下沉市场的消费者心理。

**4. 社交＋电商：引流并促进用户活跃度**

拼多多的口号是“多实惠，多乐趣”，希望在给用户提供丰富、高性价比商品的同时，也能够在消费者购物的过程中引入更多的快乐元素，给消费者带来更多的乐趣。

拼多多对中国人爱面子的心理有深刻的洞察，借助微信的社交关系链，使熟人碍于情面而相互拼团，在无形之中就完成了拉新、获客和推广。这种以社交关系为媒介来实现商品销售的形式就构成了拼多多的商业基因。

在宣传企业、宣传产品、吸引客户方面，拼多多特别关注客户的参与感和游戏性。通过参与和游戏，既让用户觉得占了便宜，也让廉价变得合理。比如买一赠一、秒杀、折扣、满减、邀请好友得红包等都是在解决廉价合理的问题，屡试不爽。

资料来源：新华网客户端．毁誉参半，一文看透拼多多背后的营销套路．(2018-07-30). https://baijiahao.baidu.com/s?id=1607402559457143092&wfr=spider&for=pc.

## 讨论题

1. 拼多多的出现和成功反映了中国数字消费市场的什么特点？
2. 拼多多采用了什么营销战略？
3. 你认为拼多多存在哪些弊端，会影响它的核心发展力吗？为什么？

## 例 5-2 传音：非洲智能手机之王

传音手机，英文名是 TECNO，主打非洲市场，在国内鲜有耳闻（见图 5-4）。早在十几年前，传音就已出海开垦非洲市场，而没有选择在欧美和国内市场与各大手机厂商厮杀。2008 年，传音在非洲设立了第一个分支机构，仅仅两年后，传音手机的销量就已经位列非洲前三。2019 年，传音手机在非洲出货 1.37 亿，市场占有率 52.5%，成为名副其实的“非洲之王”。

**图 5-4 TECNO 传音手机**

从城市到乡镇，遍布着传音手机的旗舰店、专卖店和加盟店，刷墙广告及品牌广告更是覆盖甚广。卢旺达人使用的也大多是传音手机。而传音手机之所以能在非洲取得如此巨大的成功，是因为其洞察了非洲消费者的需求特征，因地制宜地制定和实施了非洲市场营销策略。

### 1. 功能设计因地制宜

传音手机有四个关键功能设计获得了非洲消费者的青睐，从这些功能设计的独特性也可以窥见非洲数字消费行为特点之一斑：

（1）多卡多待功能。

很多非洲国家不同网络的电话费不同，跨网络的电话费很贵，但 SIM 卡的价格却比较便宜，为了省钱，很多非洲居民的钱包里会放两到三张SIM卡，不同的SIM卡对应不同网络。所以，传音一开始就把中国最擅长的双卡双待带到了非洲，后来发现还不够，于是推出多卡多待，最多可实现四卡多待。

（2）能拍黑人的拍照功能。

在传统的手机拍照设计中，手机是根据面部识别来进行曝光和拍摄的，但是碰到深色皮肤的人这种拍照就会出现问题。对于黑色皮肤人种来说，普通手机基本上就没有办法清晰识别面部了。于是，传音用了中国手机厂商最擅长的技术：美颜。通过一系列专门针对非洲黑色肤色人种的脸部轮廓、曝光补偿和成像效果的分析，传音设计出了专门针对非洲人的美颜功能，真正解决了非洲人的自拍需求（见图5-5）。

图5-5 传音与其他品牌手机自拍效果对比（左为传音手机）

（3）超大音量的音乐外放功能。

非洲基本上都是能歌善舞的民族，对于他们来说，每天工作之后能够跟着音乐围着篝火跳一段舞就是最好的人生享受，于是传音把中国用于广场舞的外放超大声音功能带到了非洲，很快就获得了非洲人民的认同。之后，传音的很多手机都主打音乐功能，随机赠送头戴式防滑耳机，特别适合边听边跳，随歌起舞。

（4）超大容量的电池设计。

非洲的电气化程度很低，要找个充电的地方并不是很方便。传音发现了非洲用户并不需要非常漂亮的手机外观，最需要的是高续航的手机，于是就推出了只要5号电池即可使用的功能，并不需要用线充电，十分适合非洲消费者。

## 2. 营销策略本土化

（1）适应非洲消费力的定价策略。

非洲经济发展较快，也处于社会快速转型升级时期，人们对通信和获取信息的需求越来越高，因此触屏智能手机已经代替了之前的传统手机，成为手机市场的主流。但是像苹果、三星这样的大牌智能手机的价格对于非洲普通消费者来说实在是可望而不可即。传音便抓住这个机会，专门为非洲人打造平民化智能手机。屏幕可能小一点，速度或许慢一点，但智能手机的基本功能一应俱全，价格区间为人民币500～2 000元，可谓价廉物美。

（2）因地制宜的营销传播方式。

在没有成熟广告市场的非洲，想建立和宣传一个手机品牌的难度非常大，但传音花了十年左右的时间做到了。传音自建渠道开拓市场，其广告投放的渠道也非常接地气，比如电视广告、路边广告牌（见图5-6）、刷墙广告（见图5-7）等。

**图5-6 传音手机的路边广告牌**

图 5－7　传音手机的刷墙广告

与其他国产手机品牌花重金请明星代言相比，传音更注重把广告宣传做到民间。小小的蓝色旗帜，上面是白色的 TECNO 字样，可能只占据一个小柜台，只投入一个当地售货员，不是那么醒目，却能做到遍地开花。更有很多当地分销商将 TECNO 手机装在大包里，背到田间地头，直接占据农村市场。诸如此类因地制宜的营销传播方式在传音的非洲市场开拓过程中立下了汗马功劳。

资料来源：电影调查院．传音手机是如何做到“非洲之王”的呢?．(2018-06-16)．https://baijiahao.baidu.com/s?id=1603143067643719062&wfr=spider&for=pc；爱电子．传音手机能在非洲成功的四大要诀．(2018-09-27)．https://mp.ofweek.com/ee/a445673723486.

## 讨论题

1. 从传音的案例来看，非洲的数字消费者有哪些特点？
2. 传音在非洲的营销为什么能取得成功？
3. 你认为传音在非洲的营销还有哪些可以改进的地方？

# 第6章
# 虚拟社群

## 引例

小怡是刚刚进入大学的大一新生。开学前的她非常担心自己初次进入一个陌生的环境、加入一个陌生的群体，会极不适应，害怕自己无法跟将来要共度四年时光的同学快速找到话题。没想到进入学校的第一天，她就和室友打成了一片，有聊不完的共同话题。原因是，她找到了一位和她追同一个明星的“饭圈”女孩①。

高考过后的那段空闲时间，小怡开始在家里追一部韩国的选秀综艺。节目挑选了100位青春活泼的男孩子作为练习生，在经历为期三个月的培训后将挑选其中10位签约娱乐公司。而这10个人，并不由导演和娱乐公司决定，而是由所有观看并参与投票的观众决定。节目组为100名选手设置了人气排名榜单，排名在榜单前10位的练习生，也将最有可能走到最后，成为出道的那10个人。

小怡从六月初高考结束就开始追这档节目，每周四晚上零点一过，便能在国内网站上看到更新的节目资源。因为被其中一个练习生的独特气质吸引，她开始成为他的粉丝；在有节目更新的时候，认真看节目中他的表现；没有节目更新的时候，她会在微博上转发评论一些关于爱豆②的动态。9月刚开学的第一天，她在和同学们聊天的时候偶然提到了自己的爱豆，没想到有同学和她“饭”的是同一个人，于是两人一下子从陌生人转变成亲密的伙伴。更让小怡意外的是，不止她俩喜欢这个练习生，

---

① “饭圈女孩”的“饭”来源于英文单词fan，译为粉丝。饭圈即为粉丝圈的简称，具体是指某个明星艺人或者是团体组合的粉丝群体。

② 粉丝把自己喜欢的明星称为爱豆。爱豆一词源于英文idol，即偶像。

她还找到了其他喜欢看这档综艺节目的同学，她的话匣子一下子打开了："你是从什么时候喜欢爱豆的，最喜欢爱豆的哪一点，为什么喜欢这个练习生不喜欢其他的练习生，平时都为爱豆做了些什么，最近看到了哪些爱豆的图片，有没有去接过机，买了多少张专辑……"一起分享这些共同的话题，让小怡兴奋不已，没想到自己在线上的追星行为让自己刚进入大学就找到了好朋友。对这个原本陌生的城市，不熟悉的学校，她一下子就消除了陌生感。

---

# 第 1 节　虚拟社群缘起

## 一、群体行动及其数字化变迁

最早的群体行动可以追溯到古希腊神话中的公共仪式，为了达到一个共同的目标，人们自发聚集在一起，通过固定的仪式传达共同的信息，并在心理上和精神上得到一定的安慰①。在现代社会中，也存在着各种群体，例如政府、企业、公益组织等。共同的利益、共处的空间、相同的身份、共享的文化等同质性结构基础的存在，组织者的出现与共意动员，个体"搭便车"心理不同程度的克服，使得分散而有差别的个体意识能够统合形成整体对外的共同维护和争取利益的群体行动共意②。亚当·斯密在经济学中提到了一只看不见的手，在群体行动中也有一只看不见的手，它不仅通过集体的力量和影响力促成了某个目标的实现，更推动着社会不断向前发展。例如，女权运动的兴起促进了女性社会地位的提高，带动整个社会朝着更加平等的方向发展。

随着互联网的兴起，群体行动的形式得到了扩展。原本的群体行动主要表现为线下实际的行动（如集会、游行等），受限于参与者的地理位置区隔等因素，群体行动的规模和范围都有一定的限制。如今，群体行

① 范热内普．过渡礼仪．张举文，译．北京：商务印书馆，2010.

② 胡仕林．利益型群体性事件中的共意建构．广西社会科学，2016(9)：169-172.

动的联络开始转向互联网平台，借助互联网不受地域限制的特性，群体的成员可以得到快速发展；凭借互联网平台快速的信息传播速度，群体行动的消息可以在第一时间传递，随着互联网的发展，固定聚集地也从线下转移到了线上平台。

基于兴趣组织化而形成的网络趣缘群体内部具有层级分化和权力运作的科层制特征[①]。从线上虚拟叙事交流到线下拟亲属化的关系建构，从显性管理到隐性管理的管理策略操控，从组织形象建构到再构的文化空间拓展，这一系列的微观实践赋予群体培养自身成员的可能性，帮助个体重塑身份、形塑认同、壮大力量及创造意义，使他们得以实现身份、权力的转换，以及地位的提升，从而改变他们对日常生活的阐释与理解。比如在微博上饭圈女孩会为自己的爱豆专门开设主页，有人负责经营，有人负责更新，有人负责组织，有人负责宣传[②]。就连发布的信息形式也逐渐数字化。互联网普及之前的信息发布，多通过纸质印刷品进行传播，基于互联网平台的信息则主要通过数字化的文章、图片、视频等进行传播。互联网时代的群体行动既包括线上平台的联络及运营，也包括线下的行动。

## 二、虚拟社群的形式及特质

虚拟社群（virtual community）是围绕着共享利益或目的而组织起来，在网络虚拟世界进行共同活动的集体[③]。它与传统社群在形式上的区别主要有两点：其一，不再以物理空间中的地理条件限制成员的加入。传统社群首先在地理位置上要有可接近性，受这个条件的限制，传统社群并不能在短时间内吸引大批成员加入，而虚拟社群跨过了这个门槛，满足了以兴趣或其他需求为目的的快速网络聚集；其二，不再以固定的物理场所作为线下行动的聚集点。虽然虚拟社群并非完全不再进行线下

① 王亮．趣缘群体、微观实践与自我培力．当代青年研究，2018(1)：99-105.

② 吴志远．从“趣缘迷群”到“爱豆政治”：青少年网络民族主义的行动逻辑．当代青年研究，2019(2)：19-25.

③ 卡斯特尔．网络社会的崛起．北京：社会科学文献出版社，2001.

活动，但沟通联络、信息传递分享等日常运营活动基本在线上进行，社群成员只要有一部可以连接网络的智能手机，就可以随时随地查看社群内相关消息，跟其他成员保持联系。

除了和传统社群显著的不同点外，基于其互联网的平台优势，虚拟社群也显示出了虚拟性、公开性和垂直性等三个特征：

（1）虚拟性体现在社群内成员的身份上。不同于传统社群依赖线下地理位置，在某一个传统社群中的身份在现实生活中也会有一定的影响。线上虚拟社群中人们的身份只是一个虚拟标签，在现实生活中的影响力被削弱。因为不是直接面对面交流，所以同一个社群内成员即便在线下相遇，如果没有了解到对方也是处于同一个虚拟社群中这一信息，也和陌生人无异。

（2）公开性体现在社群整体对外的展示上。大部分虚拟社群可以在互联网平台直接检索到，对一些需要扩大影响力的社群来说，无疑是扩展了宣传的路径；但对于想要保持神秘性的小众群体来说，反而有些不友好。

（3）垂直性体现在社群内成员的专一性上。由于不再受地理位置的限制，虚拟社群更偏向于以共同兴趣或需求为目的的聚集。因此，社群内成员与社群外成员的界限也因兴趣或需求的不同而形成区隔。互联网赋予每个人表达自己主张的权利，因此在兴趣或需求方面，也更加细分。基于群体基数的庞大、覆盖范围的扩大，再细分的兴趣爱好也能找到“志同道合”的人。因此，小众虚拟社群逐渐增多，虚拟社群的垂直性也由此体现。

## 第2节 虚拟趣缘群体

### 一、虚拟趣缘群体的定义及发展

随着互联网时代社会化网络应用的升级，人与人的连接成为社会文化的“新常态”。其中，因共同的兴趣而相互连接形成的虚拟趣缘社群尤为引人注目，人们在跨时空、跨阶层的虚拟互动中引领一场无限蔓延的趣缘文化浪潮[①]。虚拟趣缘群体（interest-based virtual community），是指一群对某一特定的人、事或者物有持续兴趣爱好的人，主要借由网络进行信息交流、情感分享和身份认同而构建的“趣缘”共同体。

趣缘群体起源很早，例如：音乐家聚集在一起，形成了以某一类型音乐为共同爱好的音乐圈子；学者聚集在一起，形成了以某一领域研究为共同兴趣的学术圈子；企业家聚集在一起，形成了以商业利益为共同追求的商业圈子。

虚拟趣缘群体相较于一般意义的虚拟群体更强调共同的兴趣这一准入门槛。以粉丝群体为例，媒介中呈现的公众人物便是粉丝共同的兴趣。1956年，美国心理学家唐纳德·霍顿（Donald Horton）和理查德·沃尔（Richard Wohl）最早提出了“准社会交往”和“准社会关系”这两个概念。他们认为，受众会因为大众媒介的影响，将媒介人物视为与自己有密切关系的社会存在。在互联网时代，公众人物可以通过更多的渠道与粉丝进行频繁互动。双向沟通使粉丝更加愿意紧紧依附在明星与公众人物周围，并以其为中心，形成有组织的群体。线上的交往行为打破了地点的束缚，虚拟趣缘群体的扩大不受时空的影响。

虚拟趣缘群体中的成员在这个群体之外，同样具有自身的独特性和多样性。比如，同一个人，可以在上班的时候是位科学家，加入的是科学家的群体；下班后喜欢电竞游戏，加入的是电竞游戏爱好群；周末喜欢背包旅行，加入的是背包客群；偶尔还喜欢收藏手办[②]，加入的是手办爱好群。虚拟趣缘群体一方面扩展着自己的兴趣细分，一方面也帮助其群体内成员不断发现自己的多重身份。未来，虚拟趣缘群体将更深入地发掘人与人之间的共同性，产生更多规模更小，但联系更紧密的小众群体。

---

① 罗自文．新型部落的崛起：网络趣缘群体的跨学科研究．北京：新华出版社，2014.

② 手办：收藏性人物模型的泛称，是日本动漫周边产品的一种。

## 二、虚拟趣缘群体的传播机制

在传统的信息传播时代，知识分享的工具和范围都会受到极大的限制，这甚至导致某一领域的知识无法被传承，知识本身的继承者无法通过沟通进一步了解这一领域发展的最新动态，也无法推动该领域向前发展。但在互联网时代，这样的信息传播方式被彻底颠覆了。阿姆斯特朗和哈格尔（Armstrong and Hagel）早在 1996 年的研究中就指出，网络上的虚拟社区已成为现代社会最主要的知识分享平台①。虚拟趣缘群体的价值选择差异，导致他们行为的转向由“以传者为中心”转向“以受众为中心”；由“线性传播”转向群体成员间的“交互传播”；由“一对一”的交流方式转向“多用户间”的交流；由关注“交互结果”转向“交互过程”②。

互联网在国外发展较快，众多社交平台也应运而生。这些社交平台可以按照其准入门槛及规模分为开放型和半开放型。开放型的如维基百科、Twitter 等，进入这些在线的社群几乎没有门槛，在这里你可以通过共同的任务（如编辑一个词条）找到和你有同样关注点的朋友；或者分享一条动态，获得认识或者不认识的朋友关注。这里的信息传播是不设置门槛的，甚至平台为了帮助你更快地找到和你有共同兴趣爱好的人，会主动帮你在社区生产的内容打上标签。

半开放型虚拟趣缘社群因规模小，常常被称为“小众社群”。这部分群体的共同爱好可能并不广为人知，例如 Lo 娘群体③。由于爱好本身的人数较少，这部分群体在没有互联网的时代几乎不被人关注。但是互联网兴起后，她们可以直接通过在线的虚拟社群发布消息，找到和自己有同样小众爱好的人，并组建起小团体，再通过团体中人脉资源较广的伙伴，找到更大的群体。但同时为了保持自身的“独特性”，普通人在进入

---

① ARMSTRONG A，HAGEL J. The real value of on-line communities. Harvard Business Review，1996(3)：134-141.

② 范士龙，孙莹．青年网络趣缘群体聚众行为研究．当代青年研究，2017(6)：69-74.

③ Lo 娘群体：喜欢洛丽塔风格装扮和洛丽塔服饰的人群。

社群时往往会被设置一定的门槛；其传播信息的方式也不同于开放型社群，他们的信息大多会在小群体内传播，不面向其他群体；其交往等行为也只限制在小众的圈子里，传播的对象也有明确的针对性，而不是一般的互联网用户。

总的来说，虽然不同虚拟趣缘群体的加入门槛和条件有所差别，但相较于传统的社群，虚拟趣缘群体通过线上的形式拓展了社群的规模、数量及信息传播的渠道和对象，其信息传播范围更广、速度更快、时效性更强。

## 三、虚拟趣缘群体的消费特征

### 1. 消费决策过程缩短

虚拟趣缘群体中的粉丝消费与普通消费者间的消费行为差异在于对产品认识的起点不同。普通消费者往往从认识产品开始，到认识品牌、比较价格等信息，再进一步进行消费决策；而虚拟趣缘群体中的粉丝在进行消费时，已经对相关产品和品牌较为熟悉，且对于虚拟趣缘群体来说，出于某一共同兴趣聚集在一起，本身就对这一兴趣细分下的产品品类有共同的消费偏好，因此消费决策过程大大缩短。

### 2. 关键意见领袖（KOL）作用凸显

在虚拟趣缘群体中，成员向其他伙伴推荐购买的商品信息，会增强他人对该品牌商品的认同感，并强化推荐者在社群中的存在感和被需要感，也由此衍生出许多社群内的 KOL。KOL 可通过优质 PGC（专业生产内容）聚集兴趣点相同的小众群体，以认同感为核心，使得具有影响力的核心粉丝产生愉悦和优越感，由此带动黏性消费，进而影响更多粉丝进行消费①。例如，在小红书这一时尚笔记分享社区（见图 6－1），很

---

① 谢辛．被引爆的网红互联网直播平台粉丝文化构建与 KOL 传播营销策略．北京电影学院学报，2017(5)：23-30.

多美妆博主会分享自己使用某一商品的体验，粉丝则会根据博主的消费体验及推荐指数决定是否购买。如果粉丝产生了购买行为，即表示认同博主的分享笔记，在使用过程中也会强化对小红书的依赖心理，并转化为自己的分享行动，向他人推荐小红书这一平台，或者向他人推荐该博主或产品。对于博主来说，粉丝在自己的推荐下产生的购买行为是对自己笔记的认同，并且巩固了自己作为关键意见领袖的地位，会促使其为粉丝生产更多的相关内容。

**图 6-1　小红书官方网站**

### 3. 消费兴趣圈层化

消费者倾向于跟有共同兴趣爱好的人群打交道，从而形成了特定的社交和消费圈子，即所谓圈层。虚拟趣缘群体就是围绕某一相同兴趣爱好聚集起来的“圈层”，这决定了圈层内信息的局限性——主要是与该兴趣爱好相关的话题。例如，你在大众点评上关注了美食，打开首屏，基于平台的算法推送，你会看到大量的美食相关打卡帖；你在小红书上关注了口红，打开 App，随之而来的也是大量的美妆博主分享的笔记。平台运营方会基于个人浏览行为打上标签，再根据标签分发对应的内容给不同的用户，用户可以更加方便快捷地找到自己感兴趣的内容，到达自己的趣缘社群，久而久之，消费也渐渐变得圈层化了。追星圈层、潮玩圈层、运动圈层、国风圈层、二次元圈层成为有代表性的热门圈层，圈层内的消费者有非常高的意愿为自己的爱好买单，可以说，我们已经真正进入了一个“物以类聚、人以群分”的圈层经济时代。

## 第3节　虚拟品牌社群

### 一、虚拟品牌社群的发展与价值

#### 1. 虚拟品牌社群的发展

品牌社群[①]（Brand Community）这一概念由穆尼兹（Muniz）和奥吉恩（O' Guinn）在2001年提出，着眼于购买使用同一品牌或对该品牌深感兴趣的消费者之间的关系，它是指以品牌为核心而形成的消费者与消费者之间的关系群体[②]。消费者通过参与品牌社群不但可以获得优惠、信息等功能性利益，同时还可以收获归属感、社会认同等精神方面的满足。

随着互联网特别是移动互联网的发展和普及，品牌社群开始向线上延伸，形成虚拟品牌社群（virtual brand community）。虚拟品牌社群的成立需要具备三个条件：一是以某一品牌为关系基础，成员之间通过交流互动建立联系；二是以网络媒体为主要沟通渠道，主要在线上；三是成员之间有共同的社群意识、仪式和道德责任感[③]。

虚拟品牌社群与现实中的品牌社群在本质和内涵上并不存在太大差别[④]，但其便利性、匿名性、跨时空性、信息量大、沟通频繁等特点仍会导致其在形成机理和运作过程等方面表现出区别于现实品牌社群的特

---

① Brand Community，也译作“品牌社区”。

② MUNIZ J A M，O' GUINN，THOMAS C. Brand community. Journal of Consumer Research，2001，27(3)：412-432.

③ 周志民，张江乐．在线品牌社群研究：社会网络的视角．天津：南开大学出版社，2019.

④ WELLMAN B，JANET S，DIMITRINA D，et al. Computer networks as social networks：collaborative work，telework，and virtual community. Annual Review of Sociology，1996，22(4)：213-238.

征[①]。虚拟品牌社群的成员会在社群内介绍购物和使用体验，能够在分享的过程中获得被信任和推崇的成就感，从而建立超脱于现实的全新信任关系，产生基于虚拟社群的情感纽带[②]。

### 2. 虚拟品牌社群的价值

虚拟品牌社群有助于培养消费者的品牌忠诚度。跟尽可能多的消费者产生强关系，借助强关系加速消费者从新客到“忠实客户”的转换过程，从而使消费者的消费行为更加持久、更加稳定，是企业努力的目标[③]。通过互联网平台构建虚拟品牌社群，将用户凝聚起来共同创造价值，适当地赋予用户一定的权力，给予用户归属感，深化品牌的含义，使得企业能够用最小的投入成本与潜在目标客户建立直接联系，然后通过互动参与提升顾客的品牌体验，进而形成品牌忠诚，增强消费者的持续购买意愿[④]。

虚拟品牌社群中首先对品牌自有的消费者进行了圈存，如果品牌在该社群内的反馈良好，则将进一步借助社群内的口碑传播提升消费者对品牌的积极认知与喜爱程度。在传统营销时代，已经产生了购买行为的消费者在吸引新的消费者进行首次消费尝试时，影响范围有限，影响力相对较小，但在数字时代的虚拟品牌社群中，已经消费过的人聚集在一起，其积极评价及频繁的互动将为新加入的消费者带来更具影响力的正向刺激和引导[⑤]。

传统的营销通常依靠大量营销人员的运营，通过企业对消费者的单向传播，刺激消费行为的产生。而在数字时代，无论是在人力还是平台

---

① 金立印．虚拟品牌社群的价值维度对成员社群意识、忠诚度及行为倾向的影响．管理科学，2007，20(2)：36-45.

② 柳冰芬，樊传果．虚拟品牌社群的互动仪式链探究．青年记者，2018(18)：38-39.

③ BRAD D C，TRACY A S，TOM J B. Social versus psychological brand community：the role of psychological sense of brand community. Journal of Business Research，2008，61(3)：284-291.

④ 王千，范文芳．价值共创视角下虚拟品牌社群与用户创新．企业经济，2019，38(5)：20-26.

⑤ RICHARD P B，DHOLAKIA U M. Antecedents and purchase consequences of customer participation in small group brand communities. International Journal of Research in Marketing，2006(23)：45-61.

管理方面，虚拟品牌社群的运营成本都极大降低。运营过程中消费者得到的多次肯定强化了自身的复购行为，并加速转化为忠诚客户[①]。

品牌的忠实消费者在虚拟品牌社群中还扮演着KOC[②]的角色，将自己对品牌的良好印象通过社群进行更深入的传播，可以加速非忠诚消费者的转化进程。当然，这建立在社群内传播的内容都是有利于品牌正面形象建设的基础上。也就是说，当传播内容超出了品牌自身的控制且对品牌形象建设不利时，也将为品牌带来极其不利的负面影响。

传播学中沉默的螺旋（the spiral of silence）这一现象不仅体现在线下的大众传播中，在线上的虚拟社群中同样存在。当虚拟品牌社群中负面的评价占据主导地位时，即便存在持正面态度的消费者，他们也会选择保持沉默。同时，无论是初次消费的新顾客还是忠诚消费者，都会或多或少受到社群内负面评论的消极影响，直接的后果就是消费者的流失。这种负面评论如果不加以控制，直接流向更广大的潜在消费群体，会给为品牌带来不可估量的消极后果。

因此，虚拟品牌社群运营的成功与否将决定其能为品牌带来的价值大小。在虚拟品牌社群建设初期，如果社群内已经自发形成了正面的氛围，运营者能做的是保持现状，或者是将影响范围扩大。富有经验的运营管理者，也可以引导社群的内容建设。如果社群内传播内容发生了改变，运营管理者同样要重视，迅速采取恰当的方式进行把控。企业应该重视虚拟品牌社群内的氛围营造，潜移默化地激发用户的创新思维，以顾客的互动参与带动品牌体验，有意识地培养顾客的品牌忠诚度[③]。

## 二、虚拟品牌社群的营销模式

虚拟品牌社群中的营销模式主要包含内容、互动和增值三种。对于

---

① ALGESHEIMER R，DHOLAKIA U M，HEMNANN A. The social influence of brand community：evidence from european car clubs. Journal of Marketing，2005，69(6)：19-34.

② KOC：Key Opinion Consumer，关键意见消费者，相比于关键意见领袖（KOL，Key Opinion Leader）影响范围更小，比如范围仅限身边的同事、朋友，但是传播效果更好。

③ 王千，范文芳．价值共创视角下虚拟品牌社群与用户创新．企业经济，2019，38(5)：20-26.

品牌运营者来说，内容是传播的起点，直接决定了营销传播的质量。

### 1. 优质内容激活核心竞争力

传统功能型商品的内容营销主要是围绕产品本身展开，主要通过挖掘消费者需求，并结合产品自身的特点撰写相关文案等。在数字时代，许多非功能型的虚拟商品应运而生，比如知识付费产品（见图6－2），这些产品本身就是内容，其内容建设是传播的核心竞争力。例如，创立于2012年的“罗辑思维”的核心产品便是优质的内容，其早期产品是展现罗振宇个人能力和魅力的脱口秀，后来随着商业模式的成熟和业务的多元化，为了持续保持其竞争优势，开始引入名人、专家进入社群分享知识，构建分答模式，以实现社群成员之间的服务，通过社群思维解决内容生产持续性的问题①，取得了巨大成功。

**图6－2　2018年中国在线知识付费产业图谱**

资料来源：慧悦财经．在线知识付费模式解析．(2018-06-01). https://www.163.com/dy/article/DJ799B0N0519CC2N.html.

① 吴超，饶佳艺，乔晗，等．基于社群经济的自媒体商业模式创新：“罗辑思维”案例．管理评论，2017，29 (4)：255-263.

### 2. 互动营销提升品牌形象

互动营销与内容营销不同，不以生产内容并扩大传播为主要目的，而是以和消费者之间加强联系为主要目标；通过策划活动等方式，增加与消费者沟通的频率。传统时代消费者和品牌之间主要通过会员制建立联系，活动由品牌方发起，消费者被动响应；节假日营销一般选择在线下开展活动，成本较大，传播范围有限。在数字时代，品牌和消费者之间的沟通趋于日常化，可利用更多的线上低成本渠道与消费者进行互动①。例如，虚拟品牌社群有人负责粉丝日常留言管理和回复，他们的服务态度和沟通技巧直接决定了消费者对品牌的印象和好感度。以“完美日记”为例，作为一个美妆国货品牌，在2019—2020年间利用虚拟品牌社群运营，先圈定种子消费者，再通过上百个私人美妆顾问“小完子”个人号与他们进行频繁的良性互动，提高顾客的复购率，扩大二次传播，成功从一个小众美妆品牌进入大众消费视野（见图6-3）。

**图6-3　完美日记新浪微博、抖音、小红书官方账号详情页（从左向右）**

① 杜玮．移动电子商务应用模式分析：基于互动营销视角．商业经济研究，2019(9)：76-79.

### 3. 增值服务实现品牌溢价

变现是虚拟品牌社群运营的重要目的之一。运营方可以提高核心成员的入群门槛，若要获得增值服务需额外支付费用。比如罗辑思维早在 2013 年就推出了付费会员制：5 000 个普通会员，每个 200 元；500 个铁杆会员，每个 1 200 元。当时不少人觉得这样的收费很无理，等着看笑话，结果却让人大跌眼镜——5 500 个会员名额只用了半天就告售罄，收入 160 万元，轰动一时。作为比普通会员门槛更高的铁杆会员，可优先参与限量版活动，获得更多的产品折扣以及赞助商的免费服务等。可见，运营方通过为虚拟品牌社群的核心成员提供增值服务，可以提升品牌的溢价能力。

**例 6-1　你今天给杰伦做数据了吗?**

2019 年 7 月的一个周末，不同于往常，许多人放弃了娱乐活动或者陪家人的时间，一起完成了一次线上的群体行动——为周杰伦“做数据”[①]。

在人们的日常生活逐渐数字化的背景下，明星的热度也不再以发行多少张专辑、办过多少场演唱会、拿过多少奖作为评判的主要标准，而是依靠在各个虚拟平台上的人气，简单来说就是以在各个网络平台上的关注度作为衡量的指标。在明星进驻的网络平台上都会设置类似的排行榜，比如微博的超话、贴吧的排行、视频平台的热度/人气排行等等。这次为周杰伦做数据的主战场在微博超话。微博超话类似于百度贴吧，是粉丝们战斗的阵地。各个明星的粉丝会聚集在这里，通过发帖、回帖等进行交流，通过自己领任务，如签到、转发、评论等领取积分，再将积分贡献给明星，使其在榜单上的排名上升。

此次群体行动的来龙去脉也很简单，起因是豆瓣上的一个提问。有

---

① “做数据”是饭圈的专有名词，指的是为自己的爱豆刷数据，通过贡献点击率、浏览量等让自己的爱豆在排名榜单中获得高票数、高排名。

位网友发帖问为何周杰伦的微博转发评论都没有上万（数据差的一个表现），演唱会门票还是那么难买。这让追星方式还停留在 80 后那个时代的群体一下子慌了，自己追的明星明明没过气，数据差做起来就是了。于是，为了一个共同的目的——“证明周杰伦没过气”，一群不熟悉饭圈游戏规则的人迅速加入进来，组建了一个虚拟社群，希望通过一次群体行动——“给周杰伦做数据”来实现。这次群体行动的主要目的就是让周杰伦的超话排名登顶。而参与此次群体行动的人也由原来的 90 后，扩大到了 80 后和 70 后。这次群体行动持续了 24 小时，以周杰伦超话排名登顶而告终（见图 6-4），虚拟社群的影响力让人震惊。之后更有人扒出整件事情背后的策划者疑似是某银行机构，因为发行了明星联名银行卡，为了吸引粉丝的关注，才策划了这次群体行动。

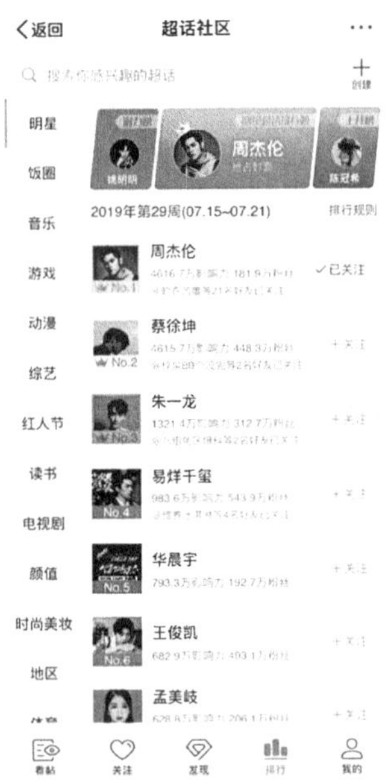


**图 6-4　周杰伦登顶微博话题榜**

这如果是一场策划，从结果来看，可以说是一个典型的营销案例；如果不是，那就提供了一个做社群营销的机会入口——虚拟社群显示的强大影响力和迅速的组织行动力，如果和品牌运营结合，可以为品牌带来巨大的曝光量，同时对品牌的形象塑造产生积极的影响。

资料来源：胡广欣．周杰伦超话登顶，动了谁的奶酪？．(2019-07-24). http://media. people. com. cn/n1/2019/0724/c40606-31252522. html.

**讨论题**

1. 这个案例反映了虚拟社群的哪些特点？

2. 如果你是某银行机构的营销策划人员，会如何借助这次活动提升自己的品牌知名度？

3. 还有哪些产品或品牌可以借助周杰伦的粉丝社群进行营销推广？

## 例6-2 小米虚拟品牌社群的强大生产力

如果10年前你随便问一个人：小米是什么？那人可能回答说："小米？不就是我们吃的粮食的一种吗？"10年后的今天，你再随便问街上的一个年轻人，他可能会回答："小米是手机啊，我用的就是。"正如小米的创始团队成员之一黎万强在《参与感》一书中写到的："小米，已经从一穷二白的'小米十步枪'，变成了现在家喻户晓的另一个代名词。"

小米，全称为"小米科技有限责任公司"，是一家2010年开始在国内创业的互联网公司，主打产品分为硬件和软件两部分，硬件有手机、路由器、电视及盒子等，软件有MIUI操作系统和应用软件。从创办起，小米就一直保持着令人惊讶的成长速度，从2012年全年售出219万台手机，到2017年第四季度全球手机销量排名第四，再到2019年7月跻身世界500强。小米，成了许多创业者奋斗的标杆和坚持的动力。

作为一个创业公司，小米是如何一步步走到今天的，是许多营销学者研究的课题。在《参与感》这本书里，提到最多的就是用户、参与，以用户为中心，鼓励用户参与，引导用户由被动变为主动。雷军的互联网七字法则"专注、极致、口碑、快"也是在讲该如何对待自己的产品，如何对待自己的用户。而让用户参与进来，则是利用了粉丝社群的力量。

小米在起步的时候，便决定了要做社群，也就是后来的系统MIUI的谐音“米友”。雷军知道，光靠自己和团队，满足不了互联网对“快”的要求。于是，他开始寻找一群“玩机发烧友”组建“为发烧而生”的小米社区。社区的规模一开始很小，却都是在用心给出使用体验和建议的米粉。而公司团队的工作，便是在每周的固定时间就收集到的问题进行系统迭代。公司利用社群的优势，节省了测试成本和宣传成本。

这一批小米的忠实粉丝给小米带来了丰厚的回馈。社群中的核心玩家会提出有价值的问题，并且免费充当系统的测试员，这解决了创业公司初期团队成员少的问题①。2016 年，在小米社区对外开放 6 周年之际，就有数据显示，社群内的荣誉开发组②成员给 MIUI 提出的建议、反馈问题达 8 万余个。在系统的问题解决后，因为个人参与获得的满足感，促使社群中的粉丝向现实生活中的朋友、家人推介小米手机，进一步扩大了小米的知名度，并通过口碑传播帮助小米建立起良好的品牌形象。

在传统的消费时代，品牌常用产品的高品质和服务的细致周到打动消费者，使之成为忠诚顾客。互联网时代的消费者能够更便捷地参与品牌建设，自己成为品牌的主人。品牌社群中的粉丝是和品牌有着强关联的用户，他们会源源不断地吸引新的成员加入，规模扩大无疑有利于帮助企业产生更大的影响力。小米社区把所有喜欢小米、热爱小米的用户连接起来，在这个虚拟品牌社群中，他们有天然的共同话题——小米。因为有了共同的话题，他们可以由此衍生出更多的联系，找到自己的归属空间。

小米的粉丝还会走出虚拟空间，组织线下的活动。以小米爆米花为例，它是小米集团官方组织的大型线下米粉活动。自 2012 起，已先后在国内 60 多个城市以及新加坡、印度、印度尼西亚等国家举办过超百场爆米花活动，深受广大米粉喜爱（见图 6－5）。爆米花活动成为小米和米粉深入互动不可或缺的桥梁。每场爆米花活动规模在 300 人左右，有表演、

---

① 崔鑫鑫．互联网时代下粉丝经济运营模式分析：以“小米社群”研究为例．经济研究导刊，2019(30)：141-142.

② MIUI 荣誉开发组是通过用户申请和管理员审批的方式产生的，也是论坛创建最早、资格最老的资深核心用户组；其职责是参与和见证 MIUI 的开发和测试工作；荣誉开发组有权第一时间拿到和开发组同步的内测版本，参与最新版本的测试和问题反馈工作。

游戏、抽奖、才艺、互动等多个环节，雷军等小米集团高管也会亲临现场与米粉一起狂欢。这些线下活动让粉丝和品牌之间产生了强关系，也是促进产品或品牌相关信息二次传播的高回报场合。

**图6-5 小米爆米花现场图**

资料来源：黎万强．参与感：小米口碑营销内部手册．北京：中信出版社，2014.

## 讨论题

1. 米粉在小米的成长过程中扮演着什么角色？
2. 小米的社群运营有哪些成功与不足之处？
3. 小米在海外市场运营社群时应该注意哪些问题？

PART 4 第4部分

# 数字消费决策

# 第7章
# 消费前的评估与体验

## 引例

从2014年到2016年，小红书的口号从“国外的好东西”变为“全世界的好东西”“全世界的好生活”，后又变为现在的“标记我的生活”。如今的小红书，内容涵盖衣食住行各个方面，成为一个“种草”[①] 力极强的平台。

小红书由原先的海淘逐渐转型为生活方式分享平台（见图7－1）。现在的年轻一代消费者更加重视个性化的传播，也更愿意关注与自己兴趣相投的人，因此在小红书上，口碑发布者可以和消费者进行高效的互动。平台上的UGC[②] 成为人们搜索、评估信息的依据，平台也由此成为重要的消费决策入口。

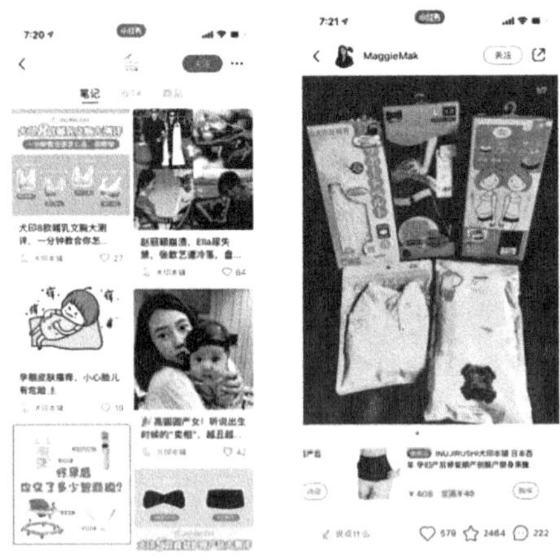


图7－1 小红书页面图

① 种草：网络流行语，指把某一商品分享推荐给其他人，以激发其购买欲望的行为。

② UGC：互联网术语，指用户生成内容，即用户原创内容。

互联网的高速发展，手机应用的不断增多，改变了人们信息搜索和评估的方式，口碑传播也从以往的线下为主转移到了线上。“24款洗面奶功课!”“手把手教你挑选×××”，各式各样的安利帖[①]潜移默化地影响着人们的消费决策……

---

数字时代的消费决策影响因素有很多。从理性角度出发，消费者会搜集足够的信息和备选方案，然后进行全面的比较和评估（evaluation），以从中做出最佳选择；从感性角度出发，消费者可以在线上和线下对产品进行全方位体验，体验的效果将直接影响消费者的购买决策。本章将分别探讨影响这两个消费决策的重要因素。

## 第1节　数字时代的消费前评估

### 一、数字时代消费者行为模式的转变

随着互联网的迅猛发展及其技术水平的不断提高，互联网已经成为消费者获取信息的主要渠道，成为企业营销的主战场。对于商家而言，数字技术为新的商业模式提供了生存空间；而对于消费者来说，数字时代的消费决策路径与传统时代大相径庭。数字技术打通了消费决策过程中各个环节的信息流通渠道，提高了消费者的决策效率。

消费者行为模式是消费者行为过程的模型化表达，反映了消费者的行为过程和行为习惯[②]。1898年美国广告学家埃尔莫·刘易斯（E. St. Elmo Lewis）提出AIDA模型，后期被修正为AIDMA模型，该模型认为消费者购买决策过程主要有5个阶段：A(attention)—I(interest)—D(desire)—M(memory)—A(action)。此模型适用于传统媒体环

---

① 安利是一个常见的网络用语，本是一个中性名词，后来发展为中性动词，意思类似推销，最后引申为带有一定感情色彩的动词，意为强烈推荐。安利贴指的是用来安利的帖子。

② SCHIFFMAN L G, KANUK L, HANSEN H. Consumer behaviour. London: Financial Times/Prentice Hall, 2013.

境，卖方占据主导地位，受众作为信息的被动接受者，没有便捷的反馈渠道。企业利用大众媒体，引起消费者的注意，激起消费者的兴趣和购买欲望，强化消费者记忆，最终促成购买。

随着互联网的快速发展，传统消费模式开始走向“数字化”。2005 年，日本电通集团提出了基于互联网消费行为的 AISAS 模型，包括注意（attention)—兴趣（interest)—搜索（search)—行动（action)—分享（share)。该模型是对 AIDMA 的发展，认为在互联网时代，搜索（search）和分享（share）对消费者决策有着重要的影响[①]。

移动互联网阶段，由于消费变得更加场景化和智能化，企业可以为消费者量身定制他们感兴趣的信息，并将这些信息自动推送到消费者面前，大大提高了商品信息的转化率，消费者之间的互动性进一步增强。2011 年，中国互联网数据中心（DCCI）发布 SICAS 理论模型，构建了一个非线性、多点双向的模型，包括 sense（品牌与用户相互感知)—interest & interactive（产生兴趣并形成互动)—connect&communicate（建立联系并交互沟通)—action（产生购买行为)—share（体验与分享)，此模型强调的更多是互动。不同于 AISAS 的主动搜索，消费者可以根据企业的个性化推荐信息选择商品，消费者购买后分享的使用心得和体验也能为其他消费者的购买决策提供重要参考。

从消费者行为模式的发展历程中可以看出，从传统媒体时代，到互联网时代，再到移动互联网时代的发展，数字化不断推进，消费者也从原来的被动接受者变成了主动搜索和分享的积极个体。因此，数字时代的消费者如何从海量的信息中搜索到商品信息，如何根据口碑传播或经验分享做出评估，是消费者购买决策过程中的重要环节。

然而，消费者不都是理性的，也并非时刻都很清楚自己想要什么。正如诺贝尔经济学奖获得者西蒙（Simon）教授提出的“有限理性”理论所说，消费者在购买决策过程中不可能收集到所有的信息，而且加工信

① 袁海霞，陈俊，白琳．电商平台商品标题优化的有效性及其杠杆机制．北京理工大学学报，2019，21(2)：117-121.

息的能力是有限的。同时，消费者的购买决策会受到一系列内外部因素的制约和影响，所以，消费者的购买决策不可能是完全理性的，在决策中也无法遵循效用最大化原则，仅能做出相对满意的决策①。所以在面对海量的商品信息时，消费者需要借助外部力量帮助其筛选和决策。互联网正是为消费者打通了沟通渠道，使得随时随地搜索、分享和互动成为现实。

## 二、数字时代消费评估的主要影响因素

由以上分析可以得知，对于数字时代的消费者而言，搜索引擎排名、数字广告与电子口碑将对他们的消费评估产生重要影响，进而影响他们的购买决策。因此，作为营销者，应当注重从这几个方面去影响消费者。

### 1. 搜索引擎排名

第 47 次《中国互联网发展状况统计报告》显示，截至 2020 年 12 月，我国搜索引擎用户规模达 7.70 亿，占网民整体的 77.8%，手机搜索引擎用户规模达 7.68 亿，占手机网民规模的 77.9%。

搜索引擎自然排名是指不通过竞价的形式，根据搜索引擎算法得出的网站自然排名。所有的网站页面，只要是被搜索引擎收录的，都会给出一个综合排名。消费者通过搜索引擎搜索到的信息页，其实已经是搜索引擎排名计算后呈现的结果。在流量为王的时代，排名靠前的网站，也意味着能获得更高的点击率。企业可以通过搜索引擎优化（search engine optimization，SEO）使网站的自然排名靠前，也可以通过点击付费广告（pay per click，PPC）的方式使网站排名靠前，从而为网站带来更多的流量。

消费者在网购时，为了锁定目标商品，通常有两种渠道：一种是系统的智能推荐；另一种则是通过搜索引擎快速定位到想要的商品。电商

① 王东山．消费者购买决策理论评述与展望．商业经济研究，2017(21)：43-46.

平台的搜索方式大多是通过搜索框直接进行文字搜索，或者是根据商品类目进行搜索。搜索引擎的排名可以为消费者提供参考，帮助消费者在海量信息中缩小目标，更快速地选择自己想要的商品。

以小红书为例。小红书是一个生活方式平台和消费决策入口，内容涵盖美妆、美食、旅游、穿搭技巧等方方面面，消费者主动生成内容（UGC），以笔记和攻略的形式进行口碑传播，真实度较高。打开小红书，首页是系统根据用户的浏览记录个性化推荐的内容；在首页的搜索框中，用户可以输入关键词，搜索框中的"大家都在搜""大家都在买"等信息，系统通过利用消费者的从众心理有效激起其购买欲望。消费者可以通过不同的笔记和使用评价对产品进行评估，并最终确定是否购买。在日常的消费过程中，搜索引擎已成为消费者获得有效商品信息的重要渠道。

**2. 数字广告**

商业广告也是消费者获取品牌信息最直接的方式之一。数字时代的广告重视与消费者的沟通，淡化刻意宣传的痕迹，采用更有吸引力的表现形式将品牌信息传达给消费者，让消费者自己成为品牌或产品的宣传者。

户外广告以其视觉冲击力、场景化等优点为广告主所青睐。数字时代，户外广告已经突破传统广告的局限，实现品效合一①。例如，高德地图在全国各个主要城市地标上线了"打车难"主题巨幅 LED 广告，广告内容用 emoji② 的 3D 形象，生动地表现出都市青年等车 5 分钟、10 分钟、30 分钟的情绪变化——焦虑、生气和崩溃，从而告诉那些排队打不到车的人：打车难吗？用高德地图，一键全网叫车，就是快（见图 7－2）。这些广告投放的打车难地点是中国社会科学院社会学研究所联合高德地图发布的全国百大打车难地点。而针对全国百大打车难地点，高德地图推出了"打车难补贴券"，用户只要在打车难地点打开高德地图，使用高德

① 品效合一：指企业在做营销的时候，既要看到品牌的声量，又要看到效果的销量。

② emoji：表情符号。

打车，就能享受立减5元优惠。高德地图的这一系列户外广告，一是巧妙地利用了用户在这些地点打车难的痛点，强化了高德打车“一键全网叫车，就是快”的特点；二是利用了自身专业的LBS技术发放打车券，使得整个广告既精准又有效，摆脱了传统户外广告的思维模式。显然，这种形式在吸引用户关注的同时，让消费者参与，将线下场景和线上营销相结合，使品牌与用户建立了良好的互动关系。

**图7-2　高德地图emoji主题巨幅LED广告**

信息流广告（news feed ads）以其高嵌入性和投放精准性等优势，成为吸引消费者注意力的有效方式之一。作为一种新兴原生广告模式，信息流广告穿插在用户日常浏览的资讯、社交动态或视频流中，通过大数据算法实现用户与广告的精准匹配，并通过用户的刷新不断展现①。在我国，微信是目前最普及的即时通信软件，微信朋友圈的信息流广告能够触达海量用户并实现精准投放，它如同朋友圈的好友动态，文案、图片、视频、链接等灵活自由配置，提供多样的展示形式，满足个性化的创意表达。作为广告代言人的明星偶像如同熟悉的朋友一样出现在朋友圈，用户可以参与留言、评论，还有机会得到回复，拉近了品牌与用户的距离。例如，“大表姐”刘雯代言的vivo X30 Pro、易烊千玺代言的华为手机、王一博代言的植村秀美妆，都以信息流广告的形式出现在朋友圈，引发众多用户参与评论互动。用户点击广告中王一博的滑板路线，还可

① 黄玉波，杨金莲．美国信息流广告的规制框架及其借鉴意义．现代传播，2020，42(1)：133-137.

以观看广告精美的互动效果。形式不一的信息流广告生动有趣，能有效调动消费者的参与积极性及购买热情，同时给消费者留下较为深刻的品牌印象。

### 3. 电子口碑

口碑传播是指一个具有感知信息的非商业传者和接收者关于一个产品、品牌、组织和服务的非正式的人际传播。大多数研究文献认为，口碑传播是市场中最强大的控制力之一①。口碑被重视的原因有三：一是熟人的可信赖度高；二是口碑推荐的方式双向；三是口碑传播方式一般比较生动②。

互联网的高速发展，再加上手机、平板电脑等移动终端的普及，社会化媒体的使用越来越广泛，它改变了人们沟通交流的方式。新的口碑形式以互联网为载体能够有形地展现出来，各种测评、攻略、网红直播带货都是新口碑形式的产物，甚至成为一种新的商业模式。以电子口碑（electronic Word-of-Mouth，eWOM）为主的社会交互，通过消除或降低消费者的感知风险达到协助制定购买决策的目的。随着各式各样电子口碑网站数量的增多，消费者能够发布及获取产品口碑信息的渠道也越来越丰富。

数字时代企业可以通过电子口碑传播提高品牌的知名度，提高自身在相关商品和服务上的专业性，帮助消费者做出理性判断。对于消费者来说，对未使用过的产品，消费者往往只能从产品使用者那里获得间接经验，所以大量电子口碑信息的参考价值很高。为了规避风险和提高对于产品和品牌的认知程度，电子口碑传播成为影响消费者购买决策的重要一环。

作为口碑营销的典型，小红书结合“网红联动霸屏”“红人种草测评”等口碑营销方式，为产品引流，增加曝光度。小红书用户发布的

---

① 黄孝俊，徐伟青．口碑传播的基本研究取向．浙江大学学报，2004，34(1)：125-130.

② 柴琦．社区跨境电商的口碑营销研究：以小红书为例．杭州：浙江传媒学院，2018.

UGC 多为使用体验或者是各种“打卡攻略”，如“新手化妆教程”“××美食打卡”“口红涂法分享”，使用笔记都记录了使用者的心得体会，成为可供参考的一手资料。此类电子口碑信息能让用户在浏览时产生购买欲望，促成下单购买，而用户购买完又会发布新的内容，以此形成“内容＋社区＋电商”的商业闭环。

## 第 2 节　数字体验

网络时代的每一次技术变革都伴随着新的商机，互联网的创新推动了新商业模式的不断涌现。在消费升级的大背景下，随着社会经济的稳定发展，人们生活水平也在不断提高，人类社会进入了体验经济时代。人们通过消费来彰显个性、塑造形象，消费体验成为消费者价值来源。技术的不断发展使得消费前在线上或线下体验商品成为可能。

### 一、线上数字体验

#### 1. 虚拟试衣与试妆

虚拟试衣是基于增强现实（augmented reality）而产生一种新的用户体验技术，主要是通过计算机识别技术、图形学及相关软件让消费者提前感知服装试穿的效果，从而降低消费者购物的时间成本，提高服装的合体性和购物的满意度①。如今，电子商务已经成为国内服装消费的重要方式，然而由于虚拟购物不能让消费者亲身试穿，只能通过提供尺码来挑选，消费者购买后常常因为尺寸不合适而退换，耗时费力。随着技术的不断发展，增强现实、虚拟现实等技术为线上试衣创造了可能。

虚拟试衣技术始于 20 世纪 80 年代后期对面料进行的简单模拟。1990 年卡里南（Carignan）等开发出第一个能够真正模拟服装的系统“Flashback”，实现了对简单服装二维版片的虚拟缝合，并增加了人体建模、动

① 安妮．线上店铺虚拟试衣技术的实现方式对比分析．丝绸，2014，51(2)：40-45.

态模拟、碰撞检测和响应等考虑因素[①]。随着增强现实技术的不断完善，虚拟试衣技术开始应用于服装营销和博物馆的服饰文化展示，让观众有真实的观感和体验。国内也出现过虚拟试衣网站，如优衣库、淘宝、京东等都曾推出过虚拟试衣间，阿里巴巴服装网上也出现过虚拟的 3D 云试衣镜。国外方面，韩国的三维虚拟试衣软件 CLO 3D 不仅可以利用鼠标直接在虚拟模特上调整尺寸，导出修改后的纸样版片，具有一定的人机互动性，而且可以导入面料的属性来表达悬垂感和质感，为样衣的试制提供了很好的表达效果，同时为服装 CAD 样板设计提供了参考和修改意见[②]。目前的虚拟试衣软件大都具备人体工程学舒适性检测功能，比如 CLO 3D 软件模拟着装时人体不同部位所受应力、应变和合体程度的分布图，其中颜色的深浅代表了数值大小的不同，越接近红色，受力或变形越大（见图 7－3，本图为黑白图）。这就为服装结构细节的修正及面料的选择提供了依据[③]。

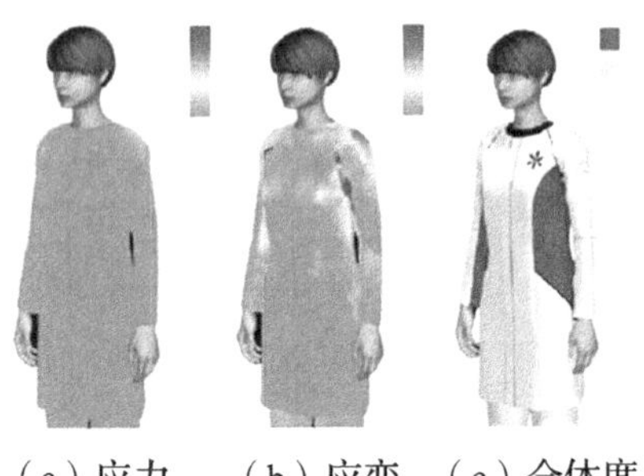

（a）应力　（b）应变　（c）合体度

**图 7－3　CLO 3D 软件模拟着装**

目前虚拟试衣网站发展还不成熟，存在精确度不高、互动性不足、面料仿真效不好等问题，三维虚拟试衣软件还有很大的提升空间。比如用户可以自己输入三围、身高等数据自动生成个性化的数据库，对自己

① 何海洋，刘红．虚拟试衣技术在服装设计中的应用实践．纺织导报，2020(1)：80-83.

② 胡婉月，李艳梅，王迎梅，等．虚拟试衣的发展现状及展望．上海工程技术大学学报，2014(2)：162-165.

③ 同①.

的身体进行仿真；或者用户可以通过扫描技术，将人体模型直接导入数据库中，呈现最接近真人的效果；或者增强面料的仿真效果，让消费者有更加逼真的购物前体验。

不仅在试衣中，美妆网店也可以借 AR 技术让消费者更直观地挑选适合自己的商品。例如，淘宝店铺“花西子”旗舰店，在眉笔购买界面推出 AR 试妆功能，消费者可以看到不同颜色和型号的眉笔涂在眉毛上的效果，非常方便（见图 7－4）。

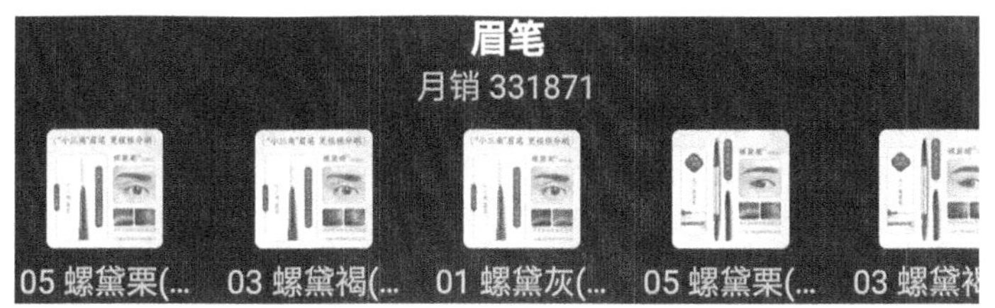


**图 7－4　“花西子”淘宝旗舰店眉笔试妆操作页面**

线上虚拟试衣让消费者足不出户就可以试遍心仪的衣服，AR 试妆则让消费者不需要亲自试用也能看到化妆的效果，这令网购更加方便快捷，减少了消费者的评估时间，大大提高了消费决策效率。

### 2. 美妆直播

美妆直播为消费者提供了间接的化妆体验和效果展示。2015 年美妆直播进入大众视野以后，各类平台纷纷开始占领美妆直播市场，淘宝、聚美优品、京东商城、蘑菇街等平台使用直播间进行促销活动，电视美妆节目《我是大美人》等也已经将直播作为自己的一个新兴发展形态。与短视频相比，美妆直播可以使观众更直观地看到化妆的过程，并且主播可与观众进行实时互动，直接激发消费者的购买欲望，尤其是当有网红、明星和电商平台助推时，效果更加显著。

2019 年当红“口红一哥”李佳琦在淘宝、抖音、小红书、微博、微信等平台都设有官方账号，综合运用直播、图片、文字等不同形式，打造传播矩阵。李佳琦在直播中为粉丝推荐的产品数量较多，通过亲自试妆，直观地让粉丝感受到每一款口红的特点和上色效果。其标志性的口头禅“oh my god”“买它”也圈粉无数，成为标志性的网络流行语（见图 7－5）。

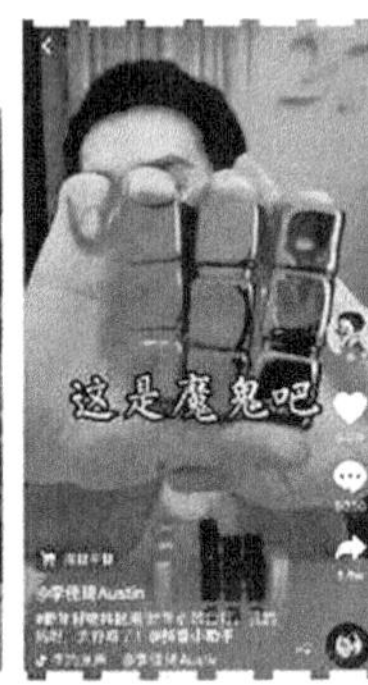

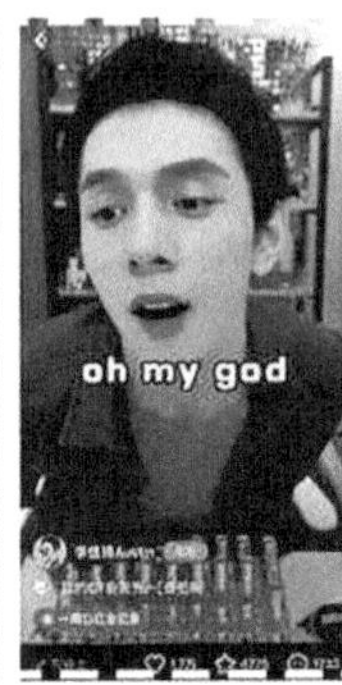

**图 7－5　李佳琦美妆直播**

### 3. 虚拟旅游

对于旅游行业来说，虚拟科技的运用，能够促进传统旅游向智慧旅游的方向转变，通过构建一个现代化的数据信息处理平台，更好地满足人们的需求，提升旅游消费体验。

例如，体验空中交通工具服务——戴上虚拟眼镜，坐在虚拟太空飞行器内，体验在太空中旅游的感觉；提升历史文化景点旅游知识服务——点击线上任何一个城市的景点，进入官方网站，可以向四面八方行走游历山川美景；不出国门游遍世界——足不出户便可以到英国伦敦、美国纽约、澳大利亚悉尼、日本东京、德国法兰克福等地虚拟旅游。

浙江开奇科技有限公司研发了心天游全球线上实景互动旅游平台。平台采用三维仿真场景的连贯漫游专利技术，结合景区 360 度全景视频，推出线上虚拟旅游体验。用户下载心天游 App 后，能够在平台上看到景区的全景视频并参与其中，选择角色，通过控制摇杆，调整角色在景区中游览的角度和方向，身临其境地感受景区环境，做到足不出户游天下；还可以在农优商城购买到所游览的景区当地的特色农产品和手工艺品，品质溯源更有保障，避免买到假货次品。

#### 4. 虚拟家装设计

家装行业消费体验的提升也和 VR、AR 技术的发展密不可分。用户戴上 VR 眼镜，手持手柄，即可 360 度体验到新房设计的方方面面。大到一套沙发，小到一个门把手，你都可以切实感受到这些细节的设计元素。相关产品基于虚拟现实技术，将传统的平面呈现方式转变为立体全景式，带来沉浸式视觉体验，真正做到"所想即所见，所见即所得"，一键预知未来家。业主基于自己的真实户型和需求，用真实材料、真实尺寸来做设计，装修过程更可控，消费更透明。依据最新交互式设计模式，业主可随心更换材质、花色、款式等设计元素，提前体验新家。例如，"建 E 全景" App 可以帮助用户在线体验房屋装修好之后的效果，真实感受到未来房间的空间布局和各个家具的颜色尺寸搭配，用户只要跟随屏幕上的箭头"前进"，就仿佛置身于真实空间中，可 360 度全方位感受家装效果。

大到房屋设计，小到家具布置，消费者都可以在线上完成。作为家居用品巨头的宜家，在产品体验方面一直做得很好。2017 年，宜家公司推出了"IKEA Place"—— 一款增强现实应用。消费者可以在"IKEA Place"搜索宜家的产品，通过手机摄像头拍摄周围环境，将虚拟产品拖到自己的拍摄地。在应用中，这些物品呈现出 3D 效果，会自动放大缩小，以适应用户拍摄的空间（见图 7－6）。

**图 7－6　"IKEA Place"应用界面**

虚拟家装设计可以更直观地让消费者体验到家装设计、家具摆放的效果，这也是家居行业在“互联网+”时代推陈出新、做好体验营销的有力武器。

## 二、线下数字体验

### 1. 新零售

自2016年阿里研究院提出“新零售”的未来设想，新零售这个概念开始走进大众视线。所谓新零售，是以消费者体验为中心，打造智能数据平台，并通过流通构建多种零售业态的一种新方式[①]。互联网技术的发展让零售行业经历着巨大的转变，在传统零售商进行数字化转变的同时，线上零售商也开始打造线下体验店，提升消费者满意度，增强其购买意愿。由于传统零售店空间和品类有限，无法满足消费者多样化的需求，而线上零售店无法给消费者提供最真实的体验，因此将线上和线下零售结合起来，既满足了消费者多样化的需求，又能给消费者提供最直观的感受。

线下体验店能够从布局、色彩、气味及商品展示等各方面有效刺激消费者的情感反应，最终推动消费者的购买行为。随着AR、VR等技术的普及，企业的体验营销活动日益丰富多彩，零售商会从消费者的角度出发，满足不同年龄、不同学历背景、不同性别、不同思维方式消费者的个性化需求。同时，体验营销能够触动消费者的内心情感，使消费者与企业品牌之间产生情感共鸣，拉近彼此之间的心理距离，从而增强消费者的购买意愿。

### 2. 快闪店

快闪店是一种品牌游击店，一种限时、在多个地区轮流出现、临时搭建的消费体验专区，常采用异业合作形式创造趣味性强、互动性强、个性鲜明

---

① 陈茜．新零售背景下体验营销对消费者购买意愿的影响．智库时代，2019(24)：250-251.

的消费体验，打造贴近社交用户的公共空间①。如知乎“不知道诊所”，QQ音乐“不断电能量站”，天猫“回忆超市”等，雨后春笋般出现在各大品牌的营销活动中。快闪店的一个特征是淡化了销售的直接目的，营造出以时尚潮流、趣味为主要诉求的社交互动空间，增强消费者的参与感。消费者可以在这一空间里感受趣味性强的现场设施带来的乐趣，进行自拍和交流，品牌可以潜移默化地让消费者在快闪店提供的场景中感知品牌的文化属性。

快闪店相比传统店铺，经营成本更低，传播效果更好。快闪店独特的售卖方式，带给消费者的不仅仅是购物体验，还满足了消费者的参与感。首先，通过新鲜有趣的话题，在社交媒体上预热，吸引一批用户主动参与其中。其次，快闪店的个性化场景引导消费者自发传播，使话题发酵。比如 2017 年饿了么联合网易新闻开的“丧茶”快闪店，门店装修风格主打黑色，饮品文案充满负能量——“你的人生就是个乌龙”，“你不是一无所有你还有病啊乌龙茶”，这些元素非常契合当代年轻人的生活现状，使消费者与品牌之间产生了共鸣。最后，可以通过新鲜有趣的活动，将线下顾客流转化为线上流量和订单，也可以将线上顾客吸引到线下，参与主题活动，实现精准营销。

社交平台搭建了消费者之间的沟通桥梁，消费者个体对于快闪店的消费体验、品牌感知及身份认同，在品牌社群中能够得到及时的分享。新颖有趣的快闪店可以激发消费者的传播热情，品牌也能够在社交平台的传播中进一步曝光，吸引更多的消费者前来“打卡”。

参与式文化最初由美国传播学者亨利·詹金斯（Henry Jenkins）在 1992 年提出，他发现电视节目的观众已成为主动的消费者与熟练的参与者。随着互联网和社交平台的兴起，传播过程中传受双方的界限逐渐模糊，受众不再是传统意义上信息和文化的被动接收者和消费者，而是变成了生产者和传播者。比起品牌向消费者传达自己独特的品牌价值，快闪店的特殊之处在于消费者能够在此空间尽情体验该品牌，尽情发挥自

① 张依．简析品牌快闪店的消费者策略：以香奈儿游戏厅为例．新闻研究导刊，2018，9(11)：81-82.

己的创造性，并成为信息的传播者。

例如，2018 年 9 月，3 CONCEPT EYES（第三眼）品牌在北京开设了一个 PINK HOUSE（粉红屋），充满少女心的装饰和互动令消费者自发地在社交媒体上晒起了美图，让 3 CONCEPT EYES 在短时间内吸引了大量消费者前来一探究竟（见图 7－7）。夹娃娃机、波波池、美甲区、自拍区，快闪店将当下女生最喜欢的元素一网打尽，消费者在玩乐和享受中体验产品和品牌文化。

**图 7－7　3 CONCEPT EYES 品牌的 PINK HOUSE 快闪店**

快闪店是品牌走近消费者，与消费者进行趣味互动和贴近沟通的有效形式。消费者在快闪店内能够全面体验到该品牌的一系列产品，并形成自发传播，因此，快闪店在传递品牌价值、增添品牌活力、扩大品牌声量上发挥着重要的作用。

消费前的评估和体验都是消费者决策的重要环节。营销者只有把控好商品信息渠道，完善商品信息内容，提升线上和线下的消费体验，才能吸引消费者购买，完成转化。

**例 7－1　京东 6 · 18 快闪店，为品牌赋能**

2019 年 6 · 18 期间，京东与品牌商联手制造的“JOY SPACE 京东无界零售快闪店”旋风横扫中国 292 个城市，举办 13 000 场活动，涵盖

1 400 多个品牌，覆盖了京东站内全部品类。快闪店成为各地潮流地标，为消费者营造了愉悦的购物氛围和极致的消费体验，不仅得到了消费者的认可，也获得了品牌商的青睐，为京东和品牌商的合作打开了新思路。“无人超市”新颖的购物模式，定制化品牌商店通过特色主题以及各种黑科技，打造出完美的“购物盛宴”。京东快闪店在无界营销时代成为零售业新宠，通过打通场景、融合数据，为消费者提供了极致的线上线下购物体验。

**1. 黑科技空降快闪店，打造零售新亮点**

为了最大限度吸引消费者进入快闪店体验，快闪店选址大多在核心商圈或商务区周边，保证了目标消费者的精准度。另外，为切中年轻消费者对“时尚、新奇、好玩”的需求，每个快闪店都布满了当下最前沿的“黑科技”。

京东“无人超市”，利用物联网、人工智能、生物识别、移动仓等多项技术，打造全程自助无人购物的场景（见图 7－8）。超市内每件商品都有独一无二的身份识别芯片，顾客购物时走过结算通道就能自动“刷脸”付款，享受无感知的购物体验。另外，在美妆快闪店中，品牌商除了请专业美妆老师做现场分享，增加与顾客的互动外，还增设了 AR 试妆镜，使消费者不用化妆就能直接体验变换妆容的效果，并有智能音箱全程导购答疑。新奇、有趣的购物和互动形式为快闪店带来了可观的人流量和销量。

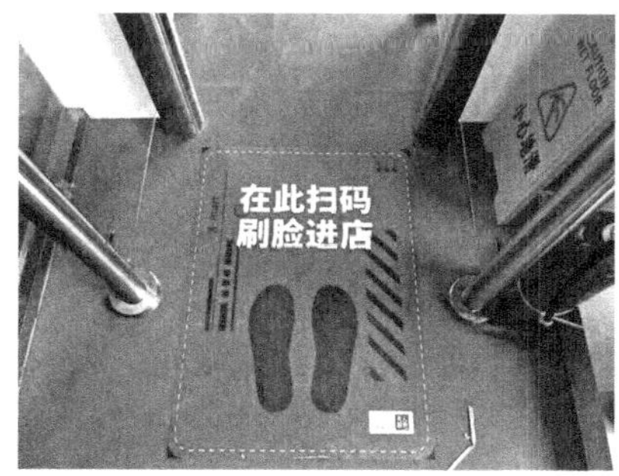

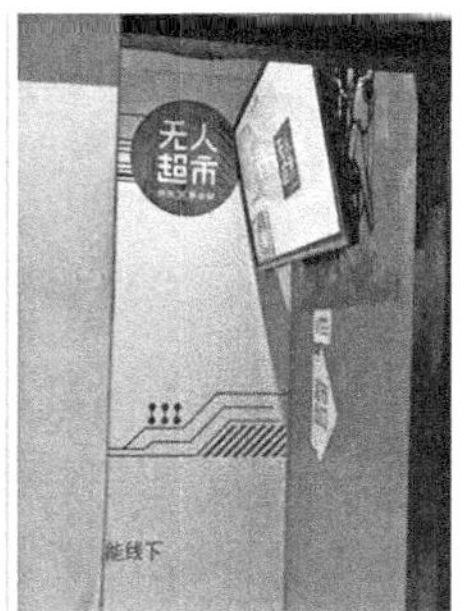


**图 7－8　京东无人超市**

### 2. 数据赋能品牌，拓展零售入口

为了帮助品牌更加深入地了解消费者，快闪店入口都设有“京东慧眼”系统，它不但可以记录消费者的购物行为，还能精确判断消费者在店内各个区域的停留时长。将这些线下数据与消费者在京东平台上的数据打通后，京东就可以得出完整的用户画像。利用这些大数据，京东联合品牌商针对附近消费者需求量身打造商品，在无界零售快闪店内上架售卖，实现精准营销。

京东快闪店在无界营销时代成为零售业新宠，同时得到品牌商和消费者的青睐。这也说明通过打通消费场景、运用大数据为消费者提供极致的线上线下购物体验的重要性。京东通过为品牌商提供更加个性化、更加新奇有趣的推广方案，实现了与品牌商、消费者的多方共赢。

资料来源：6·18 快闪店　无界零售新打法赋能品牌．声屏世界·广告人，2018(8)：37.

### 讨论题

1. 京东快闪店有哪些吸引消费者光顾的亮点？

2. 为什么京东将京东平台上的数据和快闪店数据打通以后可以实现更精准的营销？

3. 你认为京东快闪店还可以在哪些方面进一步改善消费者体验？

## 例 7-2　Keep Store：未来运动消费体验的无限可能

2019 年 10 月，Keep 在上海凯德·星贸开设了全球首家线下体验店 Keep Store，用 100 天的时间，为用户打造一间囊括 Keep 科技运动品牌旗下“吃、穿、用、练”全品类产品，并结合 Keep 线上运动内容及 AI 科技特色的“未来智能运动生活体验馆”，以专业产品和创新体验承载用户的运动生活（见图 7-9）。

**图7-9　Keep未来智能运动生活体验馆**

### 1. 打造Keep专属的"产品-内容-服务"闭环

Keep"未来智能运动生活体验馆"门口有Keep标志性的广告语"自律给我自由"，馆内的颜色和装饰都彰显着Keep独有的气质，鲜明的品牌形象使它在众多运动店中脱颖而出。

得益于Keep精准洞察用户的运动行为习惯及个性化需求，Keep Store在货架陈列中打破以产品功能分区为指导的惯有思维，而是从每一位运动健身爱好者的视角出发，将店面划分为"室内训练""户外运动""瑜伽舒展"等多种主题区，每个主题区的货架都可以满足用户对各项运动从服装、器械到装备的全线需求。

针对同一类目下的细分商品，Keep Store还根据不同功能和人群需求特点将产品进行区分，并搭配了配套的课程展示，将"Keep商品＝内容＋服务＋产品"的创新模式加以展现，也让用户在体验后购买到真正适合自己的产品，为用户提供轻松便捷的一站式运动服务。

### 2. 数字科技创造运动体验的无限可能

作为"未来智能运动生活体验馆"，数字科技在Keep Store店内随处可见。为了帮助用户解决在家运动时动作精准度把控难等痛点，Keep Store特地在店内为用户准备了一台AI动作识别打分设备：用户只需跟随打分系统做出指定的动作，系统就能智能判断动作的标准度。未来，这项技术可以帮助用户解决在家运动时动作精准度的把控问题，让运动更有效果（见图7-10）。

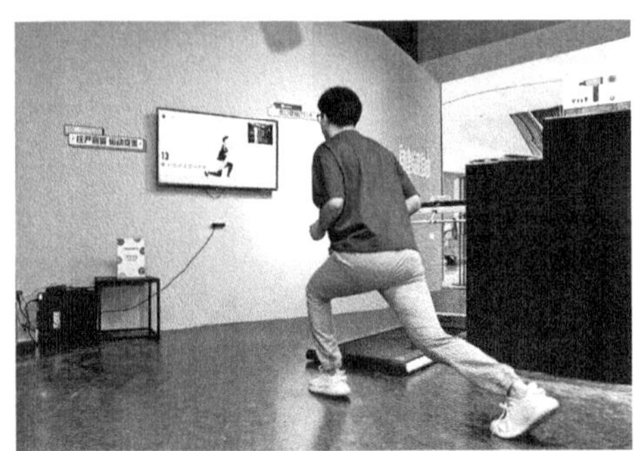

**图 7－10 Keep Store 内 AI 动作识别设备**

随着在运动消费领域的不断深耕，Keep 已从最初的运动周边产品逐渐发展成为覆盖用户“吃、穿、用、练”全场景的科技运动品牌。Keep Store 打造的线上内容与线下产品相结合的创新运动消费场景，让更多人感受到科技赋能运动所带来的美好体验。未来，Keep 还将持续为用户提供美好、简单有效、轻松购买的运动消费品，并通过更多元、更有趣的体验形式，将运动延伸至生活的方方面面，让更多人感受到运动带来的快乐。

资料来源：徐晓倩．Keep 全球首家实体店开业 打造一站式运动消费新场景．(2019-10-18.) http://www. it-times. com. cn/a/company/2019/1018/30451. html.

## 讨论题

1. 数字科技在 Keep 的“未来智能运动生活体验馆”中起了哪些作用？

2. 你认为 Keep 还可以为消费者提供哪些新奇的线下数字体验？

3. Keep 应该如何进一步做到线上线下融合？

# 第8章
# 移动支付推进数字消费

**引例**

张萍与赵宁是从小一起长大的朋友，各自成家立业后快十年未见，这次两人约好在万达广场见面一起看电影。由于工作没有完成，张萍加了会儿班，眼看时间迫近，担心迟到，于是用手机打车软件打车，赶在约定时间之前到达了约定地点；赵宁则不一样，她担心打车会遇上堵车高峰，于是在街边选了一辆共享单车，扫码开锁-骑行-关锁-支付，一气呵成。两人几乎同时到达约定地点。

见面后两位发小开始感叹科技带来出行方式的日新月异的变化。过去，她们的父辈骑的还是永久牌自行车，可珍惜了，而现在走在路上，各式各样的共享单车随处可见，只要一部智能手机，通过微信或者支付宝支付就可以随意骑行；在她们小时候想要吃上一顿大餐多难啊，而现在足不出户就可点外卖享用各种美食。两人聊着聊着，快到电影开始的时间了，于是用手机扫码取了票，一同走进了电影院……

## 第1节　移动支付概述

### 一、什么是移动支付？

走在大街上，如果随便问一个人什么是移动支付，他可能说不出准确定义来，但他一定知道微信支付、支付宝转账等具体应用。因为在中国，这已经成为人们日常生活的一部分，就连街边摆摊卖水果的摊主，也要将自己的收款二维码放在车头，方便顾客扫码支付。可以说移动支付贯穿我们一整天的日常生活：早晨起来跑到早餐店购买豆浆油条，用的是微信支付；买完早餐刚好公交车到站，立马打开手机，用公交车乘车码进行支付；工作间隙，打开手机淘宝，看到海淘名牌衣服，可以下单后用支付宝付款；突然想起家里的水电费不足，于是打开手机点击充值；充值完毕后页面弹出自己最喜欢的明星的个人巡回演唱会广告，于是点击进入购买了一张演唱会门票……这些在过去根本无法想象的生活场景全都变成了现实。

移动支付区别于现金交易等传统方式，属于一种新型的支付方式，也是信息技术下的产物。信息技术推动经济朝着高质量发展，通过与实体经济深度融合，不仅提升了服务质量，还降低了交易成本，促进了经济的快速发展。那么，移动支付到底是什么呢？移动支付指的是利用蓝牙、红外线、短信、移动互联网、近距离无线通信技术（NFC）等无线及其他通信技术，允许用户使用手机、平板电脑、家用掌上型游戏机（PSP）等移动终端，为货物、服务、账单等进行支付[①]。

## 二、移动支付的类型

随着移动支付在全世界范围内普及率的提高，我国移动支付市场呈现出较为成熟的形态。对于移动支付的类型，主要有如下几种划分方法：

### 1. 根据支付金额划分

移动支付按支付金额可以分为大额支付和小额支付。通常来讲，交易金额大于 10 美元的称为大额支付；反之，小于 10 美元的被视为小额支付[②]。

① DAHLBERGT，MALLATN，ONDRUS J，et al. Past，present and future of mobile payments research：a literature review. Electronic Commerce Research and Applications，2008，7(2)：165-181.

② 宋颖 . 移动支付之综述篇 全球移动支付发展现状 . 通信世界，2008(1)：25-26.

### 2. 根据支付账户划分

根据支付账户移动支付主要可以分为手机账户支付、手机绑定银行卡支付、第三方账户（如支付宝账户）支付等[①]。

### 3. 根据支付地点划分

移动支付根据支付地点的距离划分则可以分为远程支付和近场支付。远程支付是指通过发送支付指令（如电话银行、手机银行等）或借助支付工具（如转账、汇款等方式）进行支付；近场支付，顾名思义就是近距离的支付，主要以红外技术与 NFC 两种技术作为实现方式。其中，NFC 支付是通过短距离的高频无线通信技术，允许电子设备之间在 10 厘米内进行非接触式点对点数据传输交换，在支付过程中不需要使用移动网络。例如，利用带有 NFC 的手机只需要对准公交、地铁的扫描仪便可轻松实现手机支付（见图 8－1）

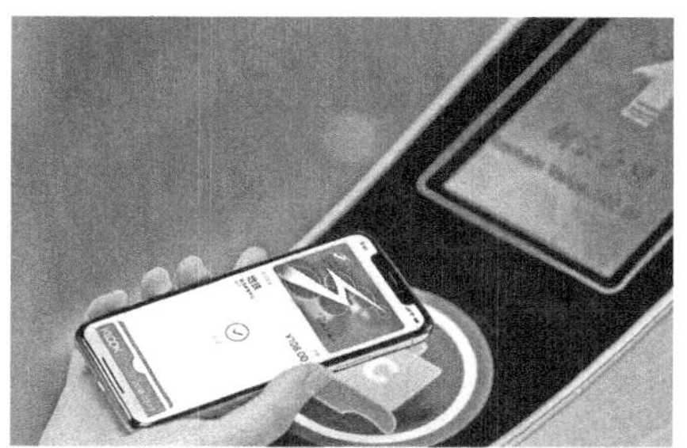

**图 8　1　使用 NFC 支付地铁交通费**

## 第 2 节　移动支付开启消费新途径

经过多年的发展，我国的移动支付已经实现全球领先[②]。据第 47 次

---

① 杨永清，张金隆，李楠，等．近距离移动支付用户接受行为研究：基于消费者视角．图书情报工作，2012，56(2)：142-148.

② 黄奇帆．数字化重塑全球金融生态．探索与争鸣，2019(11)：5-8.

CNNIC《中国互联网络发展状况统计报告》，截至 2020 年 12 月，我国网络支付用户规模达 8.54 亿，较 2020 年 3 月增长 8 636 万，占网民整体的 86.4%；手机网络支付用户规模达 8.53 亿，较 2020 年 3 月增长 8 744 万，占手机网民的 86.5%。另据国际市场研究公司益普索（Ipsos）对 23 个国家和地区的 18 000 名消费者的一项调查，77%的中国人使用移动支付服务，在全球排名第一[①]。显然，中国已经成为全球移动支付第一大市场，其用户规模、交易规模、渗透率等均处于绝对领先地位[②]。

## 一、我国移动支付现状

### 1. 移动支付用户规模逐年上升

iiMedia Research（艾媒咨询）数据显示，中国移动支付用户规模呈逐年上升趋势，2020 年增至 7.90 亿人。随着移动支付产品对更多生活场景实现覆盖，其触达人群有望进一步延伸，覆盖更多老人及儿童用户，未来移动支付用户规模将继续贴近网民规模天花板[③]。

### 2. 移动支付交易规模稳步增长

从交易规模来看，中国人民银行发布的《2020 年支付体系运行总体情况》报告显示，2020 年银行共处理电子支付业务 2 352.25 亿笔，金额 2 711.81 万亿元。其中，移动支付业务 1 232.2 亿笔，金额 432.16 万亿元，同比分别增长 21.48%和 24.50%。移动支付的规模如此之大，得益于用户支付习惯的养成，同时随着移动支付场景覆盖率的提高，我国移动支付交易规模进入了稳步增长的阶段。

由国家信息中心、中国经济信息社、蚂蚁金服三方联合发布的《中国移动支付发展报告（2019）》首次提出了“移动支付指数”这一概念，其中包括信息化基础指数、商业消费支付指数和政务民生支付指数。其

---

① 艾媒金融科技产业研究中心．2019Q1 中国移动支付市场研究报告，2019.

② 国家信息中心，中国经济信息社，蚂蚁金服．中国移动支付发展报告（2019），2019.

③ 艾媒金融科技产业研究中心．2019 上半年中国移动支付行业研究报告，2019.

中，信息化基础指数主要反映城市移动支付发展的基础条件；商业消费支付指数用以体现居民通过移动支付进行线上或线下商业消费的发展情况；政务民生支付指数则反映居民通过移动支付使用政务和民生服务的发展现状。该报告显示，2018 年年末，中国移动支付发展指数（CMPI）为 197.84，上海、杭州、北京位列前三强，大城市优势明显。同时，报告还显示，我国移动支付发展水平呈现东高西低的阶梯状分布。华东、华南最高，西北、东北最低，体现出与经济发展水平的正相关性。其次，一线、新一线[①]、二线、三线、四线城市的移动支付指数均呈阶梯状分布，移动支付的发展与地区经济发展水平有紧密联系。

### 3. 支付宝和微信双寡头主导

易观发布的《中国第三方支付移动支付市场季度监测报告（2020 年第 3 季度）》报告显示，支付宝、微信分居行业第一和第二，二者占据了 90%以上的市场份额。可以说，支付宝和微信双寡头主导了中国第三方移动支付市场，也正是这两大巨头便捷的支付方式进一步刺激了消费。随着各大第三方支付平台不断扩展延伸其业务应用场景，目前移动支付已经渗透至用户主要生活场景。从学校到社会，从出行到购物，从餐饮到公共服务，从卫生保健到交通罚款，移动支付交易频次和总体交易规模均呈增长态势。

### 4. 海外业务的拓展脚步加快

我国在移动支付领域目前处于领先地位，也始终没有停下海外业务拓展的脚步。该业务的拓展主要依托于与购物、景点等相关企业进行合作，提供底层支付技术和智慧生态解决方案。现阶段，移动支付出海主要在于解决出境的中国消费者的移动支付问题。2020 年 1 月，尼尔森和支付宝联合发布的《2019 年境外旅游市场中国移动支付发展与趋势白皮

---

① 新一线城市是第一财经・新一线城市研究所依据品牌商业数据、互联网公司的用户行为数据及数据机构的城市大数据对中国 337 个地级以上城市排名而选出。2019 年 15 座新一线城市依次为成都、杭州、重庆、武汉、西安、苏州、天津、南京、长沙、郑州、东莞、青岛、沈阳、宁波、昆明。

书》显示，中国游客海外移动支付使用活跃度持续提升，境外商家加速拥抱中国移动支付，积极探索数字化运营。中国游客国外旅行平均每10笔消费中，就有3.4笔通过移动支付实现，相比2018年提升了6个百分点。新加坡、韩国、日本、澳大利亚、法国、泰国、新西兰、加拿大、英国和美国入围中国游客出国旅行最爱用移动支付的十大国家。数据表明中国游客境外消费移动支付使用活跃度（移动支付笔数在所有支付方式中占比）与使用深度（使用者的移动支付金额）持续提升，中国移动支付在全球范围内呈纵深化发展。

移动支付走出国门的脚步是紧跟着国民出国的步伐的。为了方便国民在国外的商场、餐馆、酒店等场所进行消费，中国移动支付机构正在积极探索与拓展移动支付的使用场景和范围。“人民币收款，向境外商家结算外币”是支付宝为方便用户在境外直接购买外币标价商品而给出的对策，使跨境支付不再烦琐。

移动支付是中国的，更是世界的。只有走出去，才能让移动支付展现更强大的生命力。境外商户对接入中国移动支付系统的意愿也呈现上升趋势。以受访的新马泰①商户为例，60%已接入中国移动支付系统的商户表示有较大意愿向同行推荐中国移动支付；而在未接入的商家中，55%表示未来有较大可能接入中国移动支付产品②。

移动支付对消费的影响是全球性的，任何一个国家都躲不过移动支付的浪潮，就连在非洲这样的欠发达地区，许多国家移动支付的普及率也超过了银行卡，为非洲民众的消费提供了更多的便利③。

## 二、移动支付的优势

### 1. 操作简单，便于使用

我国民众如今已经告别外出钱包兜里揣的时代，只需要一部手机，

① 新马泰，即新加坡、马来西亚和泰国。

② 尼尔森，支付宝．2018年中国移动支付境外旅游市场发展与趋势白皮书，2018.

③ 王战，刘若云．非洲消费市场正在苏醒．中国投资，2019(10)：46-47.

便可“走遍天下都不怕”——没有钱包，有微信支付；预算不够，有“花呗”帮忙……移动支付没有烦琐的程序，操作简单、支付便利，即使是远程操作，也只需选择支付方式、确认支付金额、输入支付密码即可完成支付。这不仅减少了消费者的时间成本、经济成本，更将消费者从随身携带现金的不便中解放出来。值得一提的是，相比传统现金支付中容易丢失、损坏的“收据”“欠条”等纸质凭证，移动支付的支付记录具有永久保存的优势，即使更换支付设备，消费者只需要翻阅支付记录，就能找回支付凭证。对于消费者而言，这种“感知易用性”是他们选择使用移动支付的重要原因。

### 2. 减少支付“疼痛感”

消费者在消费过程中往往存在两种心理体验，一种是商品消费带来的积极效应，即消费的愉悦感；另一种是支付的负面效应，即支付疼痛感，这就是佩雷勒克（Prelec）等提出的双通道心理账户理论①。在使用现金支付的时候，消费与支付两者是紧密衔接的，消费者在支付时产生的疼痛感明显大于愉悦感；而使用移动支付的方式结算时，支付的疼痛感存在一定的滞后性，而愉悦感则在得到商品之后大大增强，于是消费者对前者的感知弱于后者。自己所支付的费用不再是沉甸甸的钞票，而是一串虚拟化的数字，因而也造成了消费的“无感化”，甚至有人在总结自己的消费金额时指出，支付的时候一点也不心疼，就好像只是数字由大变小而已，并不是余额由多变少。换言之，支付疼痛感往往受到支付透明度的影响。所谓支付透明度，指的是其他支付手段较之现金支付的明显性，如数额明显性、形式明显性等。消费者进行现金支付时，能够直接看到消费金额（数额明显性）的减少，直接感受到钱包中货币的流出（形式明显性），其支付透明度高，支付疼痛感强；而消费者在进行移动支付时，无法直观感受到货币的流出，较之现金支付，移动支付的透

---

① PRELEC D，LOEWENSTEIN G. The red and the black：mental accounting of savings and debt. Marketing Science，1998，17(1)：4-28.

明度低，支付疼痛感小，这也在一定程度上刺激了消费①。

### 3. 降低交易成本

移动支付可以代替现金执行流通职能，大大方便了消费者的支付。消费者在进行支付时不必将资产转换为现金，而是直接使用手机、平板电脑等移动终端进行支付，这直接减少了消费者为了持有现金往返银行的交通时间及费用、跨行取款手续费、在银行柜台的等待时间、等待商家找零钱的时间，以及持有现金被抢劫偷盗的风险和为防范这些风险而付出的成本等，因而大大降低了交易成本。

### 4. 促进消费升级

20 世纪 70 年代末，赫希曼（Hirschman）等通过研究某连锁超市及消费者发现，支付方式的变革影响着消费习惯的改变，不同支付方式对消费者购买意愿的影响差别非常大②。如今，移动支付以其全方位的优势推动着数字消费向前发展③。

2017 年 12 月 25 日，央行发布《条码支付业务规范（试行）》，规定自 2018 年 4 月 1 日起，全面实行条码支付限额。一方面，大额支付可能会存在安全隐患；另一方面，这种“虚拟”的支付方式会缓解流动性约束，促进当期消费的增加④。西南财经大学中国家庭金融调查与研究中心（CHFS）通过最新数据分析发现，移动支付可促进中国家庭消费增长 16%。这种促进效应主要体现在三个方面：

首先，移动支付有助于提升消费意愿。各类移动支付工具的便捷性有助于提升居民消费倾向，同时，移动支付给消费者带来更好的消费体

---

① RAGHUBIR P，SRVASTAVA J. Monopoly money：the effect of payment coupling and form on spending behavior. Journal of Experimental Psychology Applied，2008，14(3)：213-225.

② HIRSCHMAN E C. Differences in consumer purchase behavior by credit card payment system. Journal of Consumer Research，1979(1)：58-66.

③ 裴辉儒，胡月．移动支付对我国居民消费影响的实证研究．西安财经学院学报，2020，33(1)：37-44.

④ 同③.

验，“心理账户”效应降低支付的心理损失，加速消费决策过程。其次，移动支付扩大消费范围。传统支付局限于线下的面对面消费，而移动支付打破时空约束，消费者可以随时随地进行消费，消费范围大大拓宽。最后，移动支付有助于提高消费能力。部分移动支付工具还有消费信贷功能，可以缓解消费资金约束，提前释放消费需求，增强消费者的提前消费能力。

此外，值得注意的是，移动支付还有助于消费市场进一步下沉。从城乡差异来看，在农村地区，移动支付使消费增长 22.1%，在城市地区，这一数字为 12.79%；在农村地区，移动支付使恩格尔系数降低 2.28%，在城市地区，这一数字为 1.2%。相对于城市家庭，移动支付对农村家庭消费水平的提升和消费结构的改善作用更为明显①。

## 第 3 节　移动支付的发展趋势

移动支付是现阶段中国消费者支付效率提高的关键环节。随着巨头企业对金融生态布局的完善以及政府重视程度的提高，未来移动支付产品将持续优化。据国家信息中心、中国经济信息社、蚂蚁金服联合发布的《中国移动支付发展报告（2019）》，移动支付在未来的发展可大致分为三个阶段：初级阶段表现为实现便捷的支付功能，改善支付效率；中级阶段表现为依托账户体系、资金连接和风控体系，建立起丰富的综合应用体系；到了高级阶段，移动支付综合应用体系的数据配合物联网，采用大数据和人工智能技术，构建起智慧城市生态②。

### 一、拓展支付场景，创新服务类型

站在消费者自身体验的角度，目前移动支付的应用场景包括购物、

---

① 人民网．聚焦移动支付与消费升级：让新技术成提质增效“助推器”．（2019-10-12）．http://consume.people.com.cn/n1/2019/1012/c425454-31396849.html.

② 国家信息中心，中国经济信息社，蚂议金服．中国移动支付发展报告（2019），2019.

旅游、公共交通、公用事业缴费等。未来移动支付发展的方向在于不断拓展支付场景，让移动支付进一步渗透到消费者的日常生活中。

目前单一方式的生物识别技术（如刷脸支付）日渐兴起。在未来，这种单一的生物识别技术将无法满足消费者需求，多重校验的生物识别技术，特别是交互式、带有逻辑判断的生物识别是发展的新方向。需要注意的是，目前的支付平台，例如微信支付、支付宝都是一个闭环的生态，并没有建立统一的技术标准，在支付上无法跳转、互通，所以场景的开拓和深度融合将是未来的另一个趋势。也就是说，未来的移动支付不仅可以实现交易，还可以联通上游及下游服务。以餐饮行业为例，移动支付将实现点餐、支付、排队、评价等多种功能①。

“移动支付＋政务”是未来发展的重要方向之一。随着政务服务水平的提升，传统的社会治理模式也需要在不断的迭代中进步、提升。以移动支付作为入口，实现一网通办，身份识别、业务办理、资金流转、问题反馈等形成一个完整的业务闭环，而且能形成政府、企业与民众的良性互动，实现高效运转。老百姓可以足不出户完成在线申请、人脸识别、移动转账等业务需求，十分便捷；而且通过网络可以查看所有政务情况，更好地实现监督。

“移动支付＋医疗”也是未来发展的趋势。过去，“看病难”是病人及家属的一句口头禅，也透露出一种深深的无奈，因此医疗行业的数字化转型升级势在必行。将医疗服务接入移动支付应用，可以节约医患两端的时间。未来还可以通过移动支付打造智慧版的医疗大健康服务，将挂号诊疗、缴费流程全部转移到线上，预约、叫号、看病、支付全部在线上解决。目前，阿里巴巴、腾讯等巨头企业均已涉足医疗费用支付环节，智慧医疗迅速成为移动支付的一个典型应用场景。

“移动支付＋金融科技”也将成为移动支付产业链延伸的一个重要触角。移动支付在金融领域的影响力将不断扩大，比如区块链、云计算、

① 宁迪．移动支付的未来与生物识别相连．中国青年报，2019-07-09(10)．

大数据、人工智能衍生出智能账户、智能支付、智能清算、智能监管等多种产品，极大提升了第三方移动支付的便捷程度。

在未来的发展过程中，移动支付将进一步打破时空的限制，简化消费环节。我们知道，移动支付背后的数据含有其逻辑，数据背后是信息，是价值，因此，有必要研究移动支付数据背后蕴藏的新的价值，并有针对性地提供其他增值服务①。移动支付平台未来竞争将更多聚焦在金融闭环服务生态的构建，拓展支付业务外的其他金融服务②。同时，借助支付产生的数据，支付机构还能够帮助企业实现信息化，以便对企业的资金、产品等进行综合管理。

## 二、加速海外布局，发展跨境业务

目前支付宝、微信支付、苏宁支付等移动支付平台都开始着力布局跨境支付市场，该领域受到的关注也在不断增加，跨境支付的发展是必然趋势。随着人们生活水平的提高，出境游人群逐年扩大，而已养成移动支付习惯的这部分消费者具有巨大市场潜力可挖。尼尔森《2019 年境外旅游市场中国移动支付发展与趋势白皮书》数据显示，为了刺激与满足中国消费者的消费需求，61%的英国商家已经采用了中国移动支付解决方案，中国游客移动支付使用量也有所增长，中国人在境外也可以非常方便地使用移动支付工具完成交易。2019 年，在英、法两国使用移动支付的中国游客增长 65%，平均每个游客使用移动支付的支出增长 10%，英国也因此成为采用中国移动支付最快的国家之一。移动支付在海外的落地发展，也有利于教育当地市场，扩大发展规模。对于移动支付平台而言，跨境支付业务除了服务费率外，在货币汇率变化中赚取差价，也是可以拓展的盈利模式③。

---

① 刘越，徐超，张榆新．移动支付的发展前景与风险监管．社会科学研究，2017(3)：35-41.

② 艾媒报告中心．2019 上半年中国移动支付行业研究报告，2019.

③ 同②.

## 三、填补安全缺口，实现安心支付

移动支付发展到再高的水平，对于安全性的考量始终是不能忽视的课题。安全问题可能造成移动支付风险，如果不加以重视将演化成为灾难性事件。换句话说，未来的移动支付领域必然要在安全性这一缺口上下狠功夫，一是为了解决广大用户支付的后顾之忧；二是保证金融机构、运营商以及支付机构等业务平稳运行。

如何让移动支付更加安全？用户和银行服务器加入一个基于身份的密码系统，利用基于身份的密码算法配套短信验证码的移动安全支付方案是未来保证移动支付安全的趋势之一①。此外，针对“黑客”利用技术漏洞对移动支付市场的秩序造成严重破坏，相关法律将对这一违法行为进行法律认定并上升至刑事惩罚的高度，用法律扼制这一现象的发生②。

## 四、平台竞争加剧，B端商家成焦点

移动支付业务在中国消费市场的发展日趋成熟，其覆盖的人群和场景非常广泛。除C端消费者市场外，移动支付平台对B端商家的服务成为竞争的新焦点，对商家经营效率的提升、收款安全度的提高，以及业务运营的金融赋能，都将有利于移动支付产品在B端商户中快速推广。

### 例8-1 支付宝：安全保护好奇心

移动支付的安全性已经成为该领域最为关键也最为基础的问题。支付宝作为移动支付的代表性巨头，一直将安全问题放在重点关注的位置上。2015年9月，支付宝正式上线“安全，让好奇心走得更远”宣传片。为了消除在支付过程中可能遇到的种种风险，支付宝投入了大量的资源

① 刘亚强，李晓宇．利用基于身份的密码算法＋短信验证码的移动安全支付方案．计算机科学，2020，47(1)：293-301.

② 王勇，王学辉．移动支付中安全问题的法律思考．人民论坛，2020(1)：40-41.

和技术进入安全领域，然而安全是无形的，怎样才能让用户切身感受和体验到支付宝背后的努力，并借此提升品牌安全形象和提高平台声量，支付宝选择了“好奇心”作为新一波广告战役的创意切入点。

### 1. 广告视频

在支付宝的宣传视频中，好奇心驱动我们观察、思考、行动并寻找解决问题的答案，正是因为有好奇心的驱使，科技和艺术才会不断发展，但在开拓进取的道路上，好奇心也可能会造成危险，而安全则是为好奇心保驾护航的重要力量。如此看来，安全始终是最为重要的问题，特别是涉及金融、民生等领域，更加不可忽视。广告片主打“安全，让好奇心走得更远”的主题，通过人类对科技、艺术的探索，在展现人类永不言弃精神的同时，也体现出“安全”这一精神内核。

### 2. H5 助力

H5 以仿真、复古的风格将用户带到十几年前的 Windows 系统面前，扫描进入后，每位用户将拥有 3 分钟的时间操作系统，用以浏览好奇心的真实历史。在这个系统中，还隐藏着一些机密档案和神秘流出视频，讲述古今中外各位“更名换姓”的名人、伟人——李四针、加力虐、哥冷不、莱忑兄弟、巨绿夫人、腐兰克林在好奇心驱使下开辟出未知的疆土和意外收获的领域。同时，用户在有限的时间内还能够解锁薛定愣、不鲁斯力、马梨莲·梦露等的好奇心历程，暗含着“安全”对于历史人物开拓新疆土、新领域的重要性（见图 8-2）。

### 3. 好奇心海报

除了以上两种主要传播形式外，“好奇心”海报在社交平台的传播也为支付宝对安全问题的关注造了势（见图 8-3）。海报上列举了一些你会好奇的日常危险，例如避孕的危险、登山的危险、女性走夜路被尾随的危险、地铁遭遇咸猪手的危险、冬天穿短裙被冻伤的危险等，但真相远不止这么简单。在海报内容中，同样对如何保护做出了解答。因此，这些海报最特别之处在于，将“风险”与“安全”两个对立的概念统一起来，意在强化消费者对支付宝的安全感及信赖感。

图 8-2 好奇心 H5

图 8-3 好奇心海报

总的来说，支付宝具有前瞻性地将“安全”作为主题，不仅契合移动支付领域最根本的诉求，也在重塑用户对于支付宝、对于移动支付的安全信念。

资料来源：支付宝：#安全保护好奇心#整合营销．(2015-09-01)．https://www.digitaling.com/projects/15577.html.

## 讨论题

1. 支付宝是如何传达“安全”理念的？

2. 你认为还可以从哪些方面着手推广移动支付的安全性？

3. 在使用移动支付时，安全性是你考虑的首要因素吗？为什么？

## 例8-2 云闪付：突出重围的后起之秀

云闪付作为一种非现金收付款移动交易结算工具，是在中国人民银行的指导下，由中国银联携手各商业银行、支付机构等产业各方共同开发建设、共同维护运营的移动支付App，于2017年12月11日正式发布①。在发布不到两年的时间里，2019年9月5日，中国银联宣布云闪付App用户数突破2亿。

云闪付App具有收付款、享优惠、卡管理三大核心功能②。云闪付App与银联手机闪付、银联二维码支付同为银联三大移动支付产品。云闪付的应用场景覆盖了中国人的衣食住行——全国近70万家超市便利店、260余个城市的企事业单位食堂、800余个城市的菜场已开通云闪付扫码付款，全国300余个城市已开通云闪付扫码乘车。用户通过“云闪付”App即可绑定和管理各类银行账户，并使用各家银行的移动支付服务及优惠权益。

### 1. 初出茅庐

中国银联2017年12月底推出云闪付，这在支付宝、微信支付已经占据大半江山的移动支付市场来说，无疑是有些“下手太晚”了。如何在激烈的竞争环境下站稳脚跟，是云闪付首先要考虑的问题。于是，云闪付开始蓄力，通过强曝光和高额的补贴描绘它在移动支付市场的蓝图。虽然还未起步，但它的优势是显而易见的。首先，云闪付以银联为依托，让其在实现卡管理、跨行操作与支付场景方面具有天然优势。多卡用户的痛点得以轻松解决，转账方便无忧。其次，用户可以在App里使用所有信用卡优惠，光是这一点，就具有了其他支付不可比拟的优势。再次，云闪付还具有对用户最为友好的“福利”——多个服务费免费，例如信用卡还款免费，商业银行跨行转账0手续费等。最后，云闪付还手握全

---

① 刘长忠．中国正式发布银行业统一App“云闪付”．(2017-12-11)．http://www.chinanews.com/fortune/2017/12-11/8397682.shtml.

② 新华网．中国邮政储蓄银行携手中国银联共推云闪付App助力移动支付便民示范工程建设．(2018-11-16)．https://baijiahao.baidu.com/s?id=1617284308799231534&wfr=spider&for=pc.

国成千上万家商城百货合作方和各大手机厂商资源。此外，云闪付还拥有丰富的海外资源，银联在境外48个国家和地区总计发行银联卡达1亿张，截至2019年5月，“一带一路”沿线100多个国家和地区已经开通了银联业务。

2. **后起之秀**

2018年“双十二”期间，“携手40万商户，双十二银联为你付一半”活动一经开启，就为消费者缔造了一场“真金白银”的半价补贴狂潮。从美食餐饮、商超百货、时尚便利到出行旅游、生活服务……本次补贴狂潮覆盖了消费者的日常生活场景。后来，银联又邀请艺人毛不易作为代言人，以“一毛钱都不容易”作为宣传语（见图8-4）。

**图8-4　银联补贴大使毛不易**

银联紧紧跟随热点，邀请2019年热播剧《都挺好》中争议性很大的人物苏大强，这个人物的突出特点就是精明，这也与“银联62节（5.31-6.2），三天62折”精打细算的活动主题相呼应，“三天62折，比啥都强”（见图8-5）。活动期间，银联二维码日均交易笔数达2018年银联62节的近3倍，云闪付App日均交易笔数达2018年银联62节的2倍，创历史新高。

云闪付的高明之处在于，利用自己背靠银联这座“大山”的不可比拟的优势，通过高额的补贴获取了众多下沉市场的用户。在云闪付活跃用户中，来自二三四线城市的用户几乎占总用户的八成，其中，二线城市的用户为31.8%，三线城市的用户为20.6%，四线城市的用户为28.8%。月薪在 1 万元以下的用户占了 91.4%，职业则以企业白领（46.8%）、在读学生（12.6%）、政府及事业单位员工（10.4%）为主。

**图 8-5　银联 62 节联手“苏大强”**

作为后起之秀，云闪付还有一些瓶颈需要突破。我们知道，基于淘宝、闲鱼的“电商生态圈”是支付宝生存的关键力量；微信的“社交生态圈”给微信支付提供了源源不断的高额收入来源，虽然云闪付以中国银联为根基，但仍然存在三大瓶颈：

瓶颈一：囿于技术上的不完备与终端使用等上游产业链受限，云闪付仍需投入一大笔资金。这主要表现为 NFC 支付方式需要手机厂商、POS 机设备商的同步配合；而当前支持云闪付的手机品牌和型号相对有限，POS 机也需要升级换代。

瓶颈二：下游产业的合作与消费意愿不强。由于各银行基本上都已有相关应用，再加上推广成本较高，推广力度和意愿不强；云闪付虽然补贴了消费者，让消费者真正受益，但对商家的补贴非常少，商家的积极性不高；同时升级 POS 机的设备硬件成本与长结算周期，较之于二维码都缺乏竞争力。

瓶颈三：用户体验欠佳，评价不高。这是针对整个产品而言，Bug[①]

① Bug 是计算机领域专业术语，其原意是“臭虫”，现在用来指代计算机上存在的漏洞。

较多且产品优化速度较慢，客服回应迟缓，用户的问题无法及时解决，等等。

总的来说，云闪付的生存背景、发展模式都有着其他移动支付的影子，却又有着自己独特的发展特征。虽然发展瓶颈依然存在，但云闪付的未来之路值得期待。

资料来源：数英 DIGITALING. 银联 62 节，感受一下苏大强的生活哲学 .（2019-05-01）. https://www. digitaling. com/projects/69271. html；无忧支付网 . 银联支付产品闪付和云闪付的优势与不足 .（2019-10-10）. http://www. wyzhifu. com/pos/2119. html.

## 讨论题

1. 云闪付“突出重围”的生存之道是什么？
2. 以云闪付为例，你认为移动支付存在哪些共性？
2. 云闪付的未来发展方向有哪些？结合本章内容谈谈你的看法。

# 第9章
# 数字分享行为

**引例**

小徐是一名“网购少女”，这个头衔可不是她自封的，而是她的室友封的——无论是平时的休闲时间，还是工作间隙，甚至是吃饭、睡觉时间，她总抱着个手机参与美妆博主直播间的互动，领取优惠券，享受买买买的快乐。她说许多美妆博主卖的产品都是通过自己测评之后再推荐的，可信度比较高，再加上自己选择的博主都是肤质与自己相近的，所以在购买产品时几乎不会“踩雷”。一位室友并不赞成她的这种看法，认为美妆博主是“为了带货而带货”，有些产品只是当时看起来好，但实际使用效果却不好，她们通过网络直播这种形式推荐产品只是为了赚更多钱，没有真正为有需要的美妆人群推荐好用的产品。而小徐始终认为，美妆博主通过直播化妆或者测评推荐产品能够为自己节省很多时间，毕竟通过别人推荐总比自己盲目都去尝试要省事得多，而且还免去了花钱被“坑”的烦恼，她认为非常值得。

## 第1节　新旧对比下的数字分享

### 一、何为数字分享？

本章将要讨论的是 AISAS 模型中的“share”环节，也就是数字分享。那么到底什么是数字分享呢？这就要提到口碑与网络口碑，我们对数字分享的解读，将从这两个概念开始。

#### 1. 口碑

关于口碑的定义，最早可以追溯到阿恩特（Arndt）1967年的相关研究，他将口碑设定在非商业意图的场景之下，认为口碑是传者与受者之间的私人的口头交流，交流内容可以是产品、品牌、服务和使用感受，也可以是日常生活中对某件事情的评论分享[①]。以日常生活中的场景为例，当你从小区的小卖部购买了一瓶酸奶，虽然价格比其他超市便宜了一些，但是老板态度冷漠，没有服务意识，你对此并不满意。此时家人想要去买酸奶时，你会对这个小卖部做出评价，并将你的观点分享给你的家人：虽然价钱便宜，但是服务不到位，建议跑远一点去其他地方买。家人听了你的观点之后会有两种行为：一是无动于衷，认为我买的是产品本身，只要酸奶没有质量问题，服务差一点也无所谓，更何况价格还便宜；二是追求整体的服务体验，花钱就是买快乐，如果消费过程中体验不佳，那我宁愿花更多时间或金钱来满足自己。

在过去，口碑就是存在于人与人之间的面对面交流，特别是农村地区，“交流基本靠吼”真实地反映了农村交流的主要途径——口头语言。农村社会结构相对单一、人际关系相对简单，大多数消费者都是靠口碑传播来获取信息的。而如今，口碑是一种影响顾客决策和购买行为的重要营销工具，同时也是顾客知晓关键信息的途径。口碑的好坏直接影响到企业的知名度及美誉度，在移动互联网时代的今天更是如此。随之而产生的营销方式——口碑营销是由生产者、销售者以外的个人，通过明示或暗示的方式，不经过第三方处理加工，传递关于某一特定产品、品牌、厂商、销售者以及能够使人联想到上述对象的任何组织或个人信息，从而使被推荐人获得信息、改变态度甚至改变购买行为的一种传播行为。

---

① ARNDT J. Role of product-related conversations in the diffusion of a new product. Journal of Marketing Research，1967，4(3)：291.

### 2. 网络口碑

关于网络口碑（internet word-of-mouth，IWOM），国外对此称呼不一，有在线口碑（online word-of-mouth）、鼠碑（word-of-mouse）、电子口碑（electronic word-of-mouth）、虚拟口碑（virtual word-of-mouth）等，但重点在于网络口碑是区别于传统口碑的。在学界，不少学者聚焦于网络口碑与传统口碑的比较研究，有人认为主要差别在于传播的渠道从线下转到了线上，沟通的媒体以及来源、数量与形式不同，在本质上与传统口碑并没有太多差异①。金和李（Kim and Lee）认为，从传受双方的角度看，网络口碑往往是经验丰富的消费者向经验不足的消费者进行信息传播的过程，其中包括正面及负面的口碑评价，经验不足的消费者通过网络平台接收信息，补全信息不对称的缺口②。

### 3. 数字分享

数字分享与传统口碑传播最大的不同是，数字分享是利用互联网技术进行信息沟通与交换③，也更加强调信息交流的双方都是消费者的角色④。因此，总体而言，数字分享主要有三个特点：第一，数字分享以互联网技术作为支撑；第二，数字分享的内容是产品和服务的消费体验，可以有文字、图片和视频等多种形式；第三，数字分享双方的身份均为消费者⑤。综合以上观点，我们认为，所谓数字分享，就是消费者之间借助互联网技术进行的全渠道、多形式的关于消费体验的信息交流。

---

① HOFFMAN D L，NOVAK T P. Marketing in hypermedia computer-mediated environments：conceptual foundations. Journal of Marketing，1996，60(3)：50-68.

② KIM E，LEE B. E-CRM and digitization of word-of-mouth. International Journal of Management Science，2005，11(3)：47-60.

③ GELB B，JOHNSON M. Word-of-mouth communication：causes and consequences. Journal of Health Care Marketing，15(3)，1995：54-58.

④ LITVIN S W，GOLDSMITH R E，PAN B. Electronic word-of-mouth in hospitality and tourism management. Tourism Management，2008，29(3)：458-468.

⑤ 郭国庆，杨学成．互联网时代的口碑营销及应用策略．财贸经济，2006（9）：56-59，97.

值得一提的是，关于数字分享的分类是多样化的，按照数字分享内容的性质可以分为主观评论和客观评论。网络消费者评论提供了大量以消费者为导向的信息和以体验为基础的产品属性，因此主观信息所造成的影响比客观信息带来的影响要大，主观信息的影响因消费者对产品的认知水平不同而存在差异[①]。在网络环境下卖家提供了大量的以产品为导向的信息，比如产品属性、技术标准和性能等，因此网络评论内容又可以分为以属性为中心（attribute-centric）的评论和以收益为中心（benefit-centric）的评论，有专业知识的消费者偏好以属性为中心的网络评论，而缺乏专业知识的消费者则偏好以收益为中心的网络评论[②]。

数字口碑可以按照信息类别概括为解释性口碑和总结性口碑，前者主要是以文本分享为主，其中印象管理动机与情绪调控动机是主要的影响因素；后者则更多表现为评分、星级等级。当前，可以将解释性口碑分为认知性口碑与情感性口碑[③]。所谓认知性口碑，顾名思义，就是针对消费者意识层面的一种口碑，主要包括对产品或服务的品牌、形象、基本服务内容等客观特征的描述，例如，消费者获得产品后，对该产品的品牌、价格、材质等的介绍及分享；情感性口碑则与消费者自身体验和经历密切相关，更强调主观性，例如，喜爱或者厌恶某一产品，使用感受良好或者差劲等都属于情感性口碑[④]。

许多平台都为消费者的数字分享提供了条件。早在 20 世纪 90 年代，美国知名电子商务网站亚马逊就上线了商品评论的功能，为消费者提供数字分享的渠道。渐渐地，数字分享的评论系统被认为是网络口碑营销

---

① 余航，王战平．网络口碑影响的研究综述．情报杂志，2013，32(6)：100-106.

② PARK D，KIM S. The effects of consumer knowledge on message processing of electronic word-of-mouth via online consumer reviews. Electronic Commerce Research and Applications，2008，7(4)：399-410.

③ PENNEBAKER J W，IRELAND M E. Using literature to understand authors：the case for computerized text analysis. Scientific Study of Literature，2011，1(1)：34-48.

④ 罗彪，丛日飞．留、传、搜、用：消费者行为视角下的电子口碑研究综述与展望．外国经济与管理，2015，37(8)：54-64.

的有效渠道①。较之于过去口碑信息的接受者为身边的亲戚朋友，如今口碑传播的对象则不受社会关系和空间地域的限制，网络上的任何一位消费者都可能是口碑信息的接受者。

小红书是一个生活方式平台和消费决策入口，如今消费者想要了解一样商品的好坏优劣或者旅行目的地的攻略，往往会选择在小红书上查找，看分享达人对产品的评价与旅游指南。最开始它并不是一个电商平台，而是从社区入手搭建，用户可以在社区内分享海外购物经验，主要集中于个护美妆领域。随着社区影响力的扩大及业务范围的拓展，运动、旅游、家居、酒店、餐馆等领域也有涉及，并逐渐与个护美妆平分秋色，涉及消费体验与生活的方方面面。小红书的运作原理十分简单，用户通过文字、图片、视频笔记的分享，打造个人分享空间，记录美好生活（见图 9-1）。

图 9-1 小红书的“关注”与“发现”界面

① CHRYSANTHOS D. The digitization of word-of-mouth: promise and challenges of online feedback mechanisms. Management Science, 2003, 49(10): 1407-1424.

## 二、数字分享的特点及优势

网络世界中几乎所有人都是匿名的，表现出相互间的“弱关系”（weak ties），但弱关系也有着强大的力量。早在20世纪70年代，Granovetter由求职者在找工作时的作用差异，发现弱关系于求职者而言发挥的效用更大。这是因为强关系意味着彼此知根知底，其思维模式、知识结构、经验背景等多方面有重合之处，不利于进一步的信息及资源置换，许多资源都是冗余、无意义的①。显然，存在弱关系的消费者由于在生活环境、消费习惯、知识结构等方面差异较大，更利于资源间的共享、置换，也是获得全新资源的渠道②。因此，拥有庞大弱关系的人群是进行数字分享的最佳人选。

### 1. 数字分享的特点

数字分享的特点有：

（1）传播速度快、效率高。

网络作为一种高效、高速、高频的传输技术，其信息传播速度非常快，用户通过网络途径进行观点的表达、体验后的分享途径均十分便捷。在网络世界，无论是好事还是坏事，只要按下Enter键，均可“秒传千里”。国外的部分产品为何能在国内拥有众多“铁粉”？除了产品质量、广告等原因外，数字分享为产品的渗透及引入搭建了一座桥。

众所周知，韩国的综艺节目为国内许多综艺提供了灵感，其精选主持、嘉宾以增加看点，在节目内容与形式上集娱乐性、挑战性、悬念性和创新性多种特质于一体，在国内赢得了不少粉丝。之所以如此，除节目本身有过人之处以外，数字分享的作用也是有目共睹的。例如，韩国的《Running Man》这一综艺节目的“忠粉”通过剪辑综艺片段，在微

① GRANOVETTER M. The strength of weak ties. American Journal of Sociology，1973，78(6)：1360-1380.

② 姚小涛，张田，席酉民．强关系与弱关系：企业成长的社会关系依赖研究．管理科学学报，2008(1)：143-152.

博、哔哩哔哩等平台播放，并在知乎引导讨论，其中“有哪些期《Running Man》是值得推荐给别人看的?”这一个问题有超过200万人次的浏览；同时在贴吧、豆瓣等分享社区建立互动平台，引发观众的二次传播。

依托互联网络，人与人之间的交流分享不再仅仅依靠面对面这一种形式，身处异地的两人甚至多人均能够实现口碑分享，传播效率大大提高。不仅如此，数字分享还突破了传统口碑传播的社会边界，世界各地的人通过互联网都能接收到数字分享信息，物理边界被打破，传播范围全球化；而且互联网可以将信息同时传递给多人，口碑传播的群体规模成倍扩大①，传播速度呈指数级增长。

（2）传播方式多样。

传统的口碑传播以一对一、面对面为主，常见的有朋友之间、家人之间关于某个产品的购后体验分享。而在网络传播中，可以通过互联网与好友进行一对一的分享，也可以进行一对多的传播，比如通过微信公众号、直播平台、电子公告栏等渠道进行传播，甚至还可以通过聊天室、讨论区、论坛等形式进行多对多的传播。与此同时，传播方式多样还表现在分享的形式包括文本、图片、音频、视频等，分享的内容也更为丰富多彩。

（3）匿名性。

在网络世界里，“没有人知道你是一条狗”。也就是说，在虚拟的网络世界中，人与人之间的沟通趋于平等化、匿名性，人与人之间的地位、财富、知识等差异消失了。此外，数字分享的匿名性还能够使消费者的隐私得到保护，从而减少分享者的心理戒备，分享的内容更加真实，而信息接收者获得的信息也更为可靠。不过，从另一个角度来说，由于匿名带来的安全感，消费者可以在网络世界随意发表评论，故而口碑信息的可信度也有所降低②。

---

① VILPPONEN A，WINTER S，SUNDQVIST S. Electronic word-of-mouth in online environments：exploring referral network structure and adoption behavior. Journal of Interactive Advertising，2006，6(2)：71-86.

② 赖胜强，朱敏．网络口碑研究述评．财贸经济，2009(6)：127-131.

### 2. 数字分享的优势

数字分享文本的标题、内容、体裁、情感等不同层面都影响着分享评论的有效性。具体而言，评论的标题越能够展现正面积极的态度，评论越可能被评为有用；同时当评价中既存在正面评价又包含负面评价，也就是说评论更加客观时，其他消费者会加大对这类评论的关注权重[①]。相反，在过去的研究中，较之评价的好坏，真正影响电影票房高低的是在线评论的数量多少[②]，这就不难解释为何当前的网络购物平台“刷单”[③]风气盛行，当评论数量的分母足够大时，中差评数量这一分子对整体的影响就会变小。据此，数字分享的重要性可见一斑。

（1）降低潜在消费者的感知风险。

数字分享虽然从本质上而言是一种“事后行为”，但其实它的作用是形成一个购买决策与行为的闭环。它直接或间接地影响着其他消费者的购买决策，同时也在降低潜在购买者的感知与购买风险。默里（Murray）在研究中发现，口碑是减少风险的最重要的信息来源，并且对消费者行为产生了很重要的影响，因为口碑能拥有更多澄清和反馈的机会[④]。尼尔森发布的《2015 年全球广告信任度调查报告》显示，83％的消费者完全或非常信任朋友及家人的口碑推荐；另外，接近 2/3 的消费者选择信任其他消费者发布的网络评论与分享。可见，当消费者无法亲身体验产品时，他人的推荐实际上就是影响消费者购买决策的第一要素。

（2）有效降低企业营销成本。

对于企业而言，如何降低成本、提高收入始终是一门必修课。如何

---

① 郝媛媛，叶强，李一军．基于影评数据的在线评论有用性影响因素研究．管理科学学报，2010，13(8)：78-88，96.

② DUAN W，GU B，WHINSTON A B. The dynamics of online word-of-mouth and product sales：an empirical investigation of the movie industry. Journal of Retailing，2008，84(2)：233-242.

③ 刷单：一般是由卖家提供购买费用，帮指定的网店卖家购买商品以提高销量、排名和信用度，并填写虚假好评的行为。

④ MURRAY K B. A test of service marketing theory：consumer information acquisition activities. Journal of Marketing，1991，55(1)：10-25.

在注意力泛滥的时代获得消费者的关注与青睐是其中极为关键的一环。较之于投放大量的广告、需要更多人力成本的人员推销，让消费者发挥更多自主性的数字分享能更有效地降低营销成本。对于企业而言，只需要搭建一个线上的分享平台，或者借助已有的分享社区，就能实现近乎零成本的传播，大大提高营销的效率和效果。

（3）促进拉新与留存。

有研究显示，口碑推荐对获得新客户有非常大的影响，良好的口碑能够为企业吸引更多的新粉丝。长期的口碑推荐效果大约是媒体曝光的 30 倍；短期效果则更为明显，甚至达到 80 倍之多[①]。也就是说，当消费者被“种草”之后，其对产品或品牌的认知程度更加深刻，好感度更为持久，故而数字分享在拉新促活及顾客留存等方面有着传统营销方式无可比拟的优势。

## 第 2 节　动机驱动下的数字分享需要

所谓动机，起源于拉丁文“movere”，最初指的是推动或引向行动。随着行为研究的复杂性提高，动机越来越多地被用来解释行为发生的前置因素。简单来说，就是指刺激人们做出一系列反应的内在动力[②]，用来解释行为存在的原因。

从宏观角度来看，动机可以分为三个层面：一是以需要、驱力为主的内在动因；一是以目标或奖惩为引诱的外在诱因；此外，还有以期待、自我效能、意志和反馈为主的中介调节作用[③]。而具体到数字分享的动机，其也受到了内外因的交互作用，而不仅仅是某一个具体方面的影响，可以理解为消费者基于实现某一目的，以网络作为媒介进行口碑传播的

---

① TRUSOV M，BUCKLIN R E，PAUWELS K. Effects of word-of-mouth versus traditional marketing：findings from an internet social networking site. Journal of Marketing，2008，73(5)：90-102.

② HARMER J. The practice of English language teaching. London：Longman，1983.

③ 张爱卿．论人类行为的动机．华东师范大学学报，1996(1)：16-19.

活动[①]。总的来说，数字分享动机主要包括报酬与代价、印象管理、情绪调控、社交联结、认知公平等。

## 一、报酬与代价的权衡结果

社会交换理论（social exchange theory，SET）认为，人的行为是一种交换，是为了取得某些报酬而与其他人进行的交往行为。这一理论也成为数字分享动机相关研究的理论基础。

在消费者决定是否要进行数字分享之前，会有一个关于该行为的报酬与代价的心理权衡过程。如果该行为带来的代价远大于报酬，则实施该行为的概率将大大减小；反之，则更可能采取分享行为[②]。毫无疑问，消费者往往希望能获得尽可能多的报酬。然而，消费者在进行分享时需要付出一系列的代价，例如，需要花时间进行评论的构思，还需要承担来自网络世界其他消费者的审视和怀疑。鉴于此，不少消费者选择"默默窥屏"，而不主动去评论、分享[③]。要实现从"潜水窥屏者"到"评论分享者"的转变，消费者感知的报酬须大于其所付出的代价。

报酬一是来源于产品本身，当产品或服务物有所值甚至物超所值时，会引发消费者主动进行分享传播。产品能够带来惊喜是消费者谈论该产品的重要原因，因为这将使消费者产生正面情绪，进而引发主动传播。二是来源于评论行为本身的回报，也就是说，通过发表评论、进行数字分享能够为消费者带来收益。例如，消费者主动评论分享能为自己的账户积分，或者通过分享评论证明自己是某一领域的专家，从而获得尊重，提高个人的社会地位。

---

① 蒋音播．消费者网络口碑传播的动机研究．武汉：华中科技大学，2009.

② 张梦，杨颖，叶作亮，等．口碑传播动机的心理学影响机理研究综述．西南民族大学学报（人文社科版），2010，31(6)：227-231.

③ THOMPSON S A，LOVELAND J M. Thematic discrepancy analysis：a method to gain insights into lurkers and test for non-response bias. Journal of Interactive Marketing，2014，28(1)：55-67.

## 二、印象管理之下的身份证明

印象管理（impression management）动机指的是发表评论的消费者旨在通过数字化的口碑互动给其他消费者留下积极正面的印象[①]。印象管理可以通过自我提升（self-enhancement）和身份信号（identity-signaling）两种方式实现。

自我提升是消费者进行分享的内在动力，也就是说，评论分享者自我能力、自我形象的提升，能够帮助其在其他消费者心目中树立良好形象，同时也会促使评论分享者在这个过程中表现得更专业，进而获得更高的声望[②]。正因为如此，积极的电子口碑不仅能够展现分享者的专业水平，而且能够展现其乐观开朗的性格，获得更多人的认同，因此，部分研究者认为评论者更倾向于发表正面的电子口碑[③]。

身份信号动机指消费者愿意在其所擅长的领域进行评论，从而让受众将自己视为该领域的专家[④]。以大众点评网为例，用户可以在这一分享社区建立个人账号，主要用于解答某一领域（如美食）的相关问题，分享探店后的感受，并进行等级认证，建立"美食达人"的个人标签，从而构建起自己的身份信号，让其他消费者将自己视为美食领域的专家和意见领袖。

## 三、消费体验后的情绪调控

迪希特（Dichter）在研究传统口碑分享动机时曾经提出这样一种观点，即人们在购物的过程中会产生正面或负面的情绪，评论就是释放情

① ESCALAS J E，BETTMAN J R. You are what they eat：the influence of reference groups on consumers' connections to brands. Journal of Consumer Psychology，2003，13(3)：339-348.

② ANGELIS M D，et al. On braggarts and gossips：a self-enhancement account of word-of-mouth generation and transmission. Journal of Marketing Research，2011，49(4)：1-13.

③ CHEVALIER J A，MAYZLIN D. The effect of word of mouth on sales：online book reviews. Journal of Marketing Research，2006，43(3)：345-354.

④ PACKARD G，SCHUFF D B. Compensatory knowledge signaling in consumer word-of-mouth. Journal of Consumer Psychology，2013，23(4)：434-450.

绪的一种途径①，从而达到情绪调控（emotion regulation）的目的。因此，在后续的研究当中，Sundaram 等人认为消费者的情感分享成为重要的内在传播动力②。

可以确定的是，当消费者在某些购物网站购买产品时，从产品详情的介绍页、店内优惠折扣活动，到下单界面；从物流服务、产品体验，到售后服务，每一个环节都无时无刻不在影响着消费者的情绪。当在以上环节获得良好的体验时，“五星好评”就成为消费者表达这一情感的最佳途径；相反，当消费者对其中的某个环节不满意时，他们很有可能会借评价这一行为来撒气，以此来宣泄自己的不满，在情感上得到释放，心理上得到满足。可见，与他人分享自己的购买经历、使用效果及感受，能够实现情绪的调节。

## 四、出于社会联结的目的

澳大利亚社会学家理查德·艾克斯利（Richard Eckersley）曾说：“身处在互惠的关系网络中，让我们的生命有意义，孤立要付出的代价极高。”进行数字分享的消费者能够在分享、互动的过程中与他人产生共鸣、达成共识，如此便可建立自己与社会的关系，形成社会联结（social bond），获得群体归属感与认同感。举例来说，许多企业都会建立自己的品牌社群，消费者之所以愿意加入这个社群，除了能够获得一些经济上的回报（如内部折扣、会员优惠等）外，还有一部分原因是能够在社群中与其他消费者进行即时的分享与互动，建立社会联结。

## 五、消费者的认知公平

认知公平（perceived justicc）是个体对他人对待自己的方式是否合理

① DICHTER E. How word-of-mouth advertising works. Harvard Business Review，1966（44）：147-166.

② SUNDARAM D S，MITRA K，WEBSTER C. Word-of-mouth communication：a motivational analysis. Advances in Consumer Research，1998，25(1)：527-531.

的评估与判断[①]。认知公平可以细分为分配公平（distributive justice）、程序公平（procedural justice）、人际公平（interactional justice）三种。其中分配公平指的是消费者对企业所提供的物质方面补偿的评估及判断，如再购折扣、优惠券等是否合理；程序公平主要包括消费者对企业处理投诉的程序机制是否合理的评估与判断，多强调程序上的合理性；人际公平则指的是消费者对在投诉过程中企业相关人员的态度是否礼貌和有诚意的评估与判断，更强调人与人之间的互动，是否能感受到被尊重、被重视[②]。金还在此基础上构建了消费者认知公平模型[③]（见图9－2）：

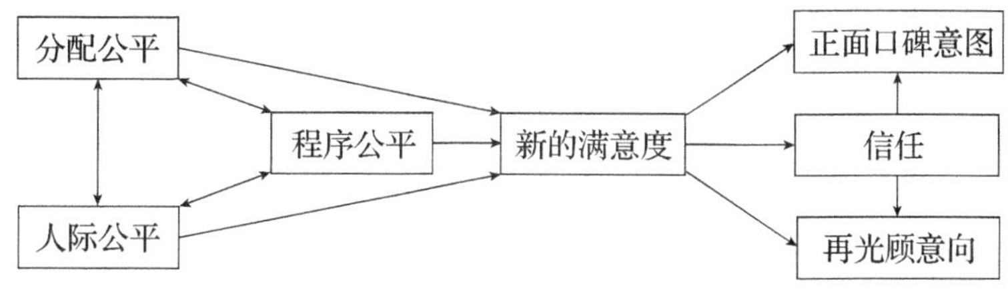


**图9－2 消费者认知公平模型**

当消费者认知到自己的合理权益并没有得到保护，也就是认知到不公平时，更容易产生负面的数字分享。也就是说，当消费者获得了尚未达到预期的产品或服务时，并不会立即产生负面口碑的传播行为，而是会选择一个较为折中的解决方式——向企业方寻求解决办法，只有消费者感觉到不公平才会选择进行数字分享。以消费者在网购平台购买商品为例，收到商品后，如果发现产品有破损，此时消费者一般并不会直接在评价栏给出负面评价，而是会选择与商家协商该如何处理，只有当企业的处理方式不合理时，例如，认错态度不够真诚，或者售后的程序过

① MOWEN J C，PARK S，ZABLAH A. Toward a theory of motivation and personality with application to word-of-mouth communications. Journal of Business Research，2007，60(6)：590-596.

② BLODGETT J G，WAKEFIELD K L，BARNES J H. The effects of customer service on consumer complaining behavior. Journal of Services Marketing，1995，9(4)：31-42.

③ KIM T，KIM W G，KIM H B. The effects of perceived justice on recovery satisfaction，trust，word-of-mouth，and revisit intention in upscale hotels. Tourism Management，2009，30(1)：51-62.

于复杂，或者没有在经济上给予补偿时，消费者才会选择给“差评”。

## 第 3 节　数字分享的价值

数字分享是依托互联网逐渐发展起来的全新的分享形式，其本质上与传统分享并无二致，但由于技术的发展、渠道的多元、形式的丰富而显得更加具有现实价值与发展前景。不可否认的是，许多商家已经将其作为营销及运营之道，通过互联网上的分享达到病毒式营销的目的。由此可知，数字分享无论是对于消费体验的满足、情绪的表达来说还是对保持顾客品牌忠诚与实现经济效益来说都具有重要意义。

### 一、个人价值——节约成本、消遣娱乐与社交需要

当今社会将是一个信息共享的社会，真正有价值、对人们有益的信息会在海量信息中占有一席之地。数字分享作为一种有效信息，它在节约其他消费者的时间、距离等多种成本上起着举足轻重的作用。对于分享者个人而言，信息分享不仅可以使自己的社会地位得到提高，自身的价值得到体现，而且信息分享也是一种交流和互动，在这个过程中，观点与意见的碰撞可以给自己带来更多看待事物的新视角，更利于对产品和服务的全面了解。

对于信息接收者而言，以他人的间接经验作为指向标，一方面节约了成本，另一方面也大大减少了不必要的风险。我们知道，在这个信息爆炸的时代，如何在海量的信息中抓取我们需要且真正有价值的信息并不是一件容易的事情，但分享平台的出现大大降低了信息搜集的成本，提升了购买的准确度和满意度，这也是不少人看游戏直播、美妆直播的原因，通过关键意见领袖对某个产品的试玩、试用，直观感受该产品的使用场景和方式，免去了东问西找的麻烦。

此外，查看他人的分享也是一种消遣娱乐的方式。工作之余，翻看他人对产品的分享是一件颇有乐趣的事情，它带给消费者情绪释放的快

乐，也能促进消费者与消费者之间、消费者与商家之间的互动，为做出最优消费决策提供信息保障，同时，据此购买的高性价比的产品和服务也能给消费者带来额外的愉悦感。

通过分享满足社交的需要也是其存在的重要价值之一。随着网络的兴起，人们不再拘泥于现实生活中面对面的交流，也会将友谊之手伸向网络虚拟世界，通过分享可以找到与自己志同道合的趣缘群体，找到与自己有着相同际遇的倾诉对象，还能够跟与自己有着相似的审美标准的网友进行“云交流”，在自己获得满足感的同时，也进一步扩大了自己的朋友圈。

雅诗兰黛是全球最大的护肤、化妆品和香水公司之一，该品牌长期以来推崇优雅和内涵两大理念，在产品的迭代中一直都诉说着女性美的回归——年轻、自信，极富女性魅力，传承着创始人“每一个女人都可以永远拥有美丽和时尚”的美好愿景。为了给国内使用该产品的女性消费者一个共同交流、分享的空间，百度贴吧“雅诗兰黛吧”应运而生。该贴吧关注人数逾 28 万人次，讨论的帖子数量超 100 万，云集了产品用后体验分享、产品真假鉴别求助、价格判定求助、购买途径搜集等多种形式的帖子，成为消费者互相帮助解答问题、美妆知识普及、用后体验分享、售后服务评价的多重讨论空间。该帖吧不仅为雅诗兰黛提升了品牌影响力，还为消费者交流互动、解决问题提供了平台和机会。

## 二、营销价值——品牌忠诚、口碑效应转化为经济效益

数字分享的影响力是具体而强大的。因为数字分享往往借助评价系统进行文本、图片、视频等形式的传播，同时由于时空不受限、传播速度快等优势，网络上的消费者都能够接收到此类分享。研究表明，负面口碑比正面口碑的影响更为突出[①]。同样地，图书市场的实证结果表明，

① BASUROY S，CHATTERJEE S，RAVID S A. How critical are critical reviews? The box office effects of film critics，star power，and budgets. Journal of Marketing，2003，67(4)：103-117.

负面口碑对销量的损害远大于正面口碑对销售的促进，口碑对销量的影响主要来自评论数量增加所引发的知晓效应①。也就是说，口碑并不一定会直接让消费者产生购买行为，而是通过评论的数量影响消费者的注意力，通过高的评分星级提高其对产品的认知度，影响其态度，进而对消费意愿与行为产生影响。

可以知道的是，一个企业的营业收入受产品、服务质量以及流程体验等多种因素的影响，最后这些感受与体验都体现在整体评价及口碑分享中。以大众点评网中对在线餐馆的点评为例，餐馆的营业收入与评分、负面点评率以及数字分享的数量均有显著的关系②。也就是说，数字分享对企业营业收入的影响是不容忽视的。如何提高消费者主动进行数字分享的欲望，增大分享数量的“分母”，并且降低负面点评的“分子”，对于商家而言，是关乎生存和发展的重要课题。

## 第 4 节　数字分享如何影响消费者和企业

从心理学的角度来看，人们在对某一事物进行评价时，如果同时收到有关该对象的负面信息和正面信息，个人往往会赋予负面信息更高的权重，这是因为人们对这两类信息的反应程度与强度是不一致的③，人们往往对负面信息更敏感。这很好理解，消费者在网购下单之前，常常会查看其他消费者对该产品的评价，由于好评的内容总是千篇一律的，所以消费者不再倾向于查看好评的内容。直接点击“差评”查看其他消费者关于购物体验的评论成为许多消费者下单前的习惯，究竟是产品的质量出现了问题，还是店家服务态度不佳的问题，抑或是在物流环节不尽如人意，消费者可以此作为参考。一旦有多条“差评”出现，消费者对

---

① 龚诗阳，刘霞，刘洋，等．网络口碑决定产品命运吗：对线上图书评论的实证分析．南开管理评论，2012，15(4)：118-128.

② 卢向华，冯越．网络口碑的价值：基于在线餐馆点评的实证研究．管理界，2009(7)：126-132，171.

③ SKOWRONSKI J J，D E CALSTON. Negativity and extremity in impression formation：a review of explanations. Psychological Bulletin，1989，105(1)：131-142.

这个产品的印象将大打折扣，甚至放弃购买。

不难看出，在营销领域，消费者更加依赖负面信息来做出判断[①]，相关研究也验证了“负面网络口碑比正面网络口碑对消费者的购买决策具有更大的影响力”这一假设[②]。

## 一、数字分享对消费者购买决策的影响

有研究发现，数字分享对于冲动购买具有显著的刺激效应[③]，特别是对于年轻消费者来说，当看到KOL强烈推荐某产品时，不管自己是否需要，仅仅因为是博主“私藏”“吐血整理推荐”，就会下单购买。数字分享是如何影响消费者的购买决策的呢？

首先，数字分享对消费者购买决策的影响是直接的。消费者购买决策过程的第一步是注意到某产品，然后对其产生兴趣，接着通过信息搜索进一步了解产品，然后通过评估做出选择并达成交易。无论产品的使用效果如何，消费者都可以通过分享来告知其他消费者需要注意的事项，由此形成了一个循环往复的影响闭环。

其次，消费者在购买卷入度高的产品时，数字分享会成为其参考的重要来源。而对于卷入度低的产品，消费者则不愿意花更多的时间和精力去比较和选择，更倾向于较快地做出决定。

最后，数字分享对消费者的影响主要体现在信息性及规范性两个方面[④]，前者指的是在网络上其他消费者提供了产品信息、评价，这些会成为消费决策的重要信息基础。举例来说，在2020年新冠肺炎疫情席卷全球之际，口罩成为人们出门的必需品，究竟哪种类型的口罩防护效果

---

① AHLUWALIA R，ROBERT E B，UNNAVA H R. Consumer response to negative publicity：the moderating role of commitment. Journal of Marketing Research，2000，37（2）：97-108.

② 金立印．网络口碑信息对消费者购买决策的影响：一个实验研究．经济管理，2007（22）：36-42.

③ 周星，雷俊杰，邹俊毅．网络环境下促销及口碑对冲动购买的影响：基于情景模拟法的因子探析．经济管理，2011，33(3)：150-158.

④ 黄敏学，郑仕勇，王琦缘．网络关系与口碑“爆点”识别：基于社会影响理论的实证研究．南开管理评论，2019，22(2)：45-60.

最佳呢？于是网络上的评价及分享就成为消费者选择口罩的信息基础。后者则表现为其他消费者的决策已经成为一种社会规范，在这样的社会规范的影响下，个人的决策必然会受到影响。同样以新冠肺炎疫情下口罩的购买为例，疫情期间，消费者已经形成了统一的社会规范：出门必须戴口罩，尤其是在进入人员密集的场所时，如果没有戴口罩将被拒绝入内。

## 二、数字分享对产品销量的影响

研究表明，在线评论数量和评论效价①对图书销量有显著的正向影响，评论差异②对图书销量有显著的负向影响③。值得一提的是，数字分享的影响随着产品生命周期而减弱，这是因为随着时间的推移，消费者可以从其他途径获取产品信息，如广告、媒体宣传、周围人推荐等④。

同样，在体验性产品领域，数字分享的数量对电子产品以及视频游戏的销量影响很大，且在销售前期的影响尤为显著⑤。获得更多数量的评论分享，意味着该产品的销量多，能够激起潜在消费者的从众心理，使消费者认为多数人的选择有利于自己筛选出高性价比的产品，从而增强购买信心。正如传播学中“沉默的螺旋”理论所说的那样，随着一方的声音越来越大，另一方的声音则越来越弱，当正面分享越来越多时，这一方的声音也越来越大，会掩盖负面分享的不足，进而促进产品的销售。

当网络上对某个产品的评价量积累到一定数量，就会得到广大消费

---

① 评论效价（valence）指消费者对产品或服务评价的好坏或正负性，一般用评论分数的平均值，或正（负）面评价的比例来衡量。

② 评论差异（variance）主要指消费者所发布的评论信息存在的差异或不一致性，通常用评论分数的统计方差来表示。

③ CHEVALIER J A，MAYZLIN D. The effect of word of mouth on sales：online book reviews. Journal of Marketing Research，2006，43(3)：345-354.

④ 龚诗阳，刘霞，赵平．线上消费者评论如何影响产品销量?：基于在线图书评论的实证研究．中国软科学，2013(6)：171-183.

⑤ CUI G，LUI H，GUO X N. The effect of online consumer reviews on new product sales. International Journal of Electronic Commerce，2012，17(1)：39-58.

者的普遍认同。在被主流舆论与评价带动的情况下，即使与个人观点不一致，消费者也会偏向于相信主流信息评论。因此形成口碑的产品会为已经购买的消费者提供一个带有引导性质的选择。也就是说，在较大的舆论压力之下，当消费者获得的体验不同于主流的产品或服务体验时，往往会倾向于认为是自己的操作方式不对或者是审美差异造成的，而不会认为问题出自产品本身。

### 例 9-1　新冠肺炎疫情期间钉钉的口碑之路

钉钉（DingTalk）诞生于 2014 年，是阿里巴巴集团专为中国企业打造的免费沟通和协同的多端平台，提供普通 PC 版、Web 版、Mac 版和手机版等多种版本，帮助中国企业通过系统化的解决方案提升沟通和协同效率。钉钉在 2020 年跃居苹果 App Store 排行榜榜首，在 2020 年 2 月移动应用增长榜排名全平台第一。

2019 年年底至 2020 年年初，受新冠肺炎疫情的影响，无论是职场人士还是在校学生，都无法出门，在家办公、在家上课成为常态。钉钉的优势是十分明显的：智能人事便捷高效；视频会议、办公电话、DING 消息必达等通信功能发达；办公协同功能强，于是钉钉以其优势被众多企业及学校列为远程工作和学习的必备“神器”，更是被教育部指定为小学生上网课的平台。但在新冠肺炎疫情期间，钉钉的网络口碑却一波三折。

#### 1. “五星好评，分期付款”阶段

钉钉能够被教育部选为小学生网课教学平台，是业务得到官方认可的证明，本是难得的好机会，但是极高的下载量换来的却是一星差评（见图 9-3），这是因为小学生非常不满意网课占据了他们的休息时间，出于“报复性心理”给钉钉打了一星差评。

一时间，钉钉的评分大大下降，并因此多次登上微博热搜，引发广大网友的热议，其中虽不乏对软件使用十分便利的褒奖，但负面评论占据了主流。

**图 9-3 用户给钉钉一星差评**

### 2. “在线求饶，展现卑微博取好评”阶段

钉钉意识到评分过低，影响产品的网络口碑，于是首先在微博上发声，通过换位思考来博得用户好感，并利用阿里巴巴庞大的家族进行声援（见图 9-4）。

随后，钉钉在 B 站开启了自己的“鬼畜”之路，用“黑色小燕子”楚楚可怜的形象，以魔性而朗朗上口的旋律，通过富含感染力的改编歌词，将自己的“苦衷”娓娓道来，并真诚恳求用户不要再“此生无悔入钉钉，分期付款五颗星”，并跪求五星一次性付清（见图 9-5）。

### 3. 洞察消费心理，口碑逆袭阶段

钉钉在 B 站发布了《钉钉本钉，在线求饶》视频之后，获得了超过 2 400 万的播放量（见图 9-6）。尝到了这个甜头之后，钉钉便逐渐在 B 站中找到自己的定位，迎合用户心理，结合热点事件，打造了可亲可爱可鬼畜的形象，创造出了多个播放量超百万的视频，可见钉钉对于消费者心理的洞察是非常到位的。钉钉让用户变成了“社畜”[①]“学奴”，当角

---

① 社畜，网络流行词，指在公司很顺从地工作，被公司当作牲畜一样压榨的员工，多用于自嘲。

色反转，钉钉也成为被用户鞭笞的“社畜”时，用户对钉钉的好感又增加了几分。

**图9-4　阿里巴巴家族在线声援钉钉**

图 9－5　钉钉在线求饶微博

图 9－6　钉钉在 B 站的视频分享

消费者已经看多了品牌自夸的案例，当被推上风口浪尖的品牌自黑时，这就增加了品牌的看点，也获得了更多消费者的注意。不只是在 B 站，钉钉还将视野延伸至抖音、表情包，创立了自己的专属表情包。2020 年 3 月底，钉钉更是在上海地铁站推出表情包＋弹幕的海报，让人沉浸在钉钉的世界中“无法自拔”（见图 9－7）。

**图 9－7　上海地铁站海报**

在地铁站海报的文案中，全部采用网友们对钉钉的吐槽、评论，选择有趣有料的分享、评论，体现了钉钉虽然是一款办公软件，但紧跟时代、严肃活泼的品牌形象。

总的来说，钉钉的火爆源于特殊的社会环境，从最初的被用户疯狂吐槽、一星差评，到鬼畜视频在线卑微求饶，再到趁热打铁完成品牌推广，钉钉打造了具有借鉴意义的营销闭环。

资料来源：梅花网．钉钉被小学生逼疯后续，出新歌在线求饶……（2020-02-19）．https://www.meihua.info/article/3609876950320128.

## 讨论题

1. 钉钉的口碑之路经历了几个阶段？钉钉又是如何应对的？
2. 面对一星差评钉钉为什么要打“悲情”牌？
3. 钉钉的危机公关有哪些成功与不足之处？

## 例 9－2　小红书：年轻人的数字分享社区

小红书是年轻人的生活方式平台，以“标记我的生活”为口号、“Inspire Lives 分享和发现世界的精彩”为使命，用户可以通过短视频、图文等形式记录生活点滴，分享生活方式，并基于兴趣形成互动。

2019 年艾媒咨询的数据显示，小红书的女性用户比例为 78.64%，而男性用户比例只有 21.36%。截至 2019 年 10 月，小红书月活跃用户数已经过亿，其中 70%是 90 后[①]。总体来说，小红书的用户以 90 后的年轻女性群体为主。

在前期的消费者内容分享做得较为成功后，小红书沉淀了大量用户资源，也成功为它向“社区＋电商”转型做好了前期积累。小红书致力于打造以数字分享为前提，带动饮食、服装、娱乐、旅行、购物等多方面的“种草”营销，通过“收藏＋笔记”的分享模式，对 UGC 和 PUGC[②] 进行裂变传播，用来增强优质内容的传播力度，其电商团队也利用发布人数、评论人数、点赞人数的结构化数据甄选产品，使用户从“种草”到“拔草”[③] 完成全流程体验，并可以借助这一平台完成购买动作，一站式解决用户需求。

小红书是一个真实口碑分享社区，整个社区就是一个巨大的用户口碑库。也正因为积累了大量的消费类口碑，所以它的可靠程度相当高，给消费者留下了可靠、可信的良好印象。如果说“淘宝”已经成为低价的代名词，那么“小红书”就是精致、分享的另一种表达方式。

小红书的 UGC 商业模式顺应了数字分享的发展潮流，它成功的核心在于用户利用网络社区进行沉浸式、高频率的交流互动，覆盖时尚、美妆、旅行、美食、家居等生活领域，形成了发现好品牌、分享好品牌、销售好产品的分享平台。

部分电视节目也借助小红书这一平台实现数字分享。例如，综艺节目《妻子的浪漫旅行 2》结合节目内容，对参与者进行深度挖掘并利用社会热点引发用户的参与。节目嘉宾谢娜以“谢娜妻子团长”的身份入驻小红书，主要进行旅行小贴士、生活小分享以及综艺花絮的分享（见

---

① 艾媒咨询．2019 中国社交电商行业研究报告，2019.

② PUGC：全称 Professional User Generated Content，即“专业用户生产内容”或“专家生产内容”，指在移动音视频行业中，将 UGC 与 PGC 相结合的内容生产模式。

③ 拔草：指将原先想要购买的东西买回来了。

图 9－8)。其他妻子团成员也在其中分享护肤穿搭、拍照攻略以及恋爱日常，吸引了越来越多的用户参与其中，不仅提升了观众对节目的关注度，也为小红书自身发展提供了契机。

**图 9－8　谢娜以“妻子团长”身份入驻小红书**

资料来源：SocialBeta. 小红书：生活方式“种草者”．(2019-09-03). https://socialbeta.com/t/104662.

## 讨论题

1. 你用过小红书吗？是否有过因为小红书推荐而购买产品的经历？

2. 小红书为什么要从分享社区向“社区＋电商”转型？

3. 从“种草”分享到“拔草”购买的闭环体现了数字分享的什么优势？

PART 5 第5部分

# 数字消费者洞察与隐私保护

# 第10章
# 数字消费者洞察

## 引例

2019年7月，第一财经商业数据中心（CBN Data）在亚洲消费电子展（CES Asia）的沙龙活动中发布了关于90后、95后线上消费的大数据洞察报告，报告发现：随着95后步入职场，90后逐渐成为职场中坚力量，随着群体的收入水平日渐提升，奢侈品牌包、大品牌美妆以及高端护理产品开始成为他们的购买目标；健康需求的升级也将全民运动热潮助推到新高度，反油腻青年更喜欢通过专业的运动来培养健康的生活习惯，从而推动了线上运动商品销售额逐年增长。

此外，作为白领抽屉里的解压神器、学生党课桌上的解题助攻手、御宅族（亚文化爱好者）客厅里的治愈良伴，零食不可或缺；同时，报告显示，90后及95后对养生系列产品的偏好度也明显上升，从养生食品来看，蜂蜜、枸杞、乳清蛋白、养生茶和酵素是95后五大养生最爱。

在“住”的方面，他们也有着独特的品位。报告显示，90后的卧室场景呈现出慵懒、自由的特点，偏好简约风，卧室布局看重个性化装备，穿衣镜、懒人沙发多在他们的卧室里出现，对电脑桌和梳妆台的需求体现出他们对生活的热爱。

90后、95后也十分重视精神层面的追求。报告显示，2017年，90后在现场娱乐消费人群中票房贡献力最强，达到58%，其中95后占比21.5%，这意味着10人中至少有2人是95后。

90后、95后，将引领大众消费市场。他们更注重生活品质，更注重精神消费，更注重个人兴趣，更注重健康，越来越萌宠[①]化，未来他们将发挥更大的力量，重塑消费市场新格局。

以上对 90 后、95 后消费者的深刻洞察与见解，并非来自传统的市场调研，而是基于阿里巴巴的大数据支持，这种基于大数据的消费者洞察技术能够深入挖掘年轻消费群体的行为特征，并描绘行业未来的发展趋势。

资料来源：中国新闻网．90 后、95 后线上消费：青年养生派上线、吸猫吸狗成主流．（2018-06-14）．https://baijiahao.baidu.com/s?id=1603250863625483904&wfr=spider&for=pc.

---

1930 年，乔治·盖洛普（George Gallup）就将消费者研究带入了广告业，而到了 20 世纪 60 年代，各大知名广告公司都投巨资研发独特的消费者研究工具，甚至建立庞大的消费者数据库，以帮助广告客户精确解读市场中的变化，力争营销传播做到有的放矢[②]。然而，传统的消费者洞察方法，如深度访谈法、焦点小组法、问卷调查法等，总体上具有静态性、片面性和滞后性的缺点。在“数字化生存”的今天，大数据已成为深刻洞察消费者的最佳“原料”。此外，人工智能技术的快速发展，有助于进一步廓清多源海量数据环境中消费者行为的脉络，清晰锁定个体目标消费者[③]，让消费者洞察技术再上一个新台阶。

## 第 1 节　基于大数据的消费者洞察

### 一、Cookie 数据追踪行为

不少消费者都曾遇到这样的情况：刚刚在网上搜索过感兴趣的内容，

---

① 萌宠，指带有“萌”性特质的宠物。

② 姚曦，李斐飞．精准·互动：数字传播时代广告公司业务模式的重构．新闻大学，2017(1)：116-124.

③ 姜智彬，马欣．领域、困境与对策：人工智能重构下的广告运作．新闻与传播评论，2019(3)：57-64.

随后打开其他网站时，首页广告栏显示的正是与之前搜索内容相关的商品推荐。这让人费解，自己的信息是如何从一个网站传递到另一个网站的？这背后其实是 Cookie 技术在发挥作用。

基于大数据的消费者洞察，以用户的行为痕迹数据为主。所谓行为痕迹数据，是指在网络与信息技术时代，用户在搜索、浏览、订阅、评论等线上行为中留下的痕迹，以数据的形式存放于服务器中①。

利用 Cookie 是大数据时代洞察消费者的一种基础方法。Cookie 被广泛应用于各类网站，它是一种小型文本文件，当用户访问网站时，Cookie 经过加密处理后，会被下载至用户的个人设备，并存储在用户的浏览器上。该文件记录了用户 IP 地址、账号、密码、浏览过的网页、搜索过的内容、加入购物车的商品等信息。网站可通过 Cookie 识别用户设备，并存储某些与用户偏好或历史操作相关的数据。

以用户使用谷歌浏览器访问京东商城并将商品添加至购物车为例，Cookie 运作的大致过程是：当用户访问京东商城，服务器收到 Cookie 数据，就会在京东商城的数据库中检索用户的 ID、购物记录、个人喜好等信息，增加到数据库和 Cookie 文件中去。如果没有检测到 Cookie，则说明该用户是第一次浏览该网站，服务器的 CGI 程序②将为用户创建新的 ID 信息，记录购物车信息并保存到数据库中（见图 10－1）。

当用户第二次访问京东商城时，浏览器在本地找到该用户相应的 Cookie，就会向京东商城服务器发送携带 Cookie 的 HTTP 请求③，当服务器从数据库中检索到用户标识，将其购物车信息返回给用户，洞察到用户兴趣关注点后，可根据用户浏览记录，优先显示其更感兴趣的商品（见图 10－2）。

---

① 姜智彬，马欣．领域、困境与对策：人工智能重构下的广告运作．新闻与传播评论，2019(3)：58-64.

② 放置在服务器上的一段可执行程序。CGI 应用程序能与浏览器进行交互，还可通过数据 API 与数据库服务器等外部数据源进行通信，从数据库服务器中获取数据。

③ 是指从客户端到服务器端的请求消息，包括消息首行中对资源的请求方法、资源的标识符及使用的协议。

**图 10-1　用户第一次访问网站**

**图 10-2　用户第二次访问网站**

利用 Cookie 数据进行消费者洞察，表现为通过对每一个 Cookie 进行分析，找到该用户的关注点和兴趣点。企业利用 Cookie 进行浏览，能够随时查阅到消费者的上网历史，还能记录消费者的页面停留时间，使企业更全面、清晰地了解消费者的决策过程，从而制定更精准的营销策略。但因其数据量、过期时间、数据覆盖范围等因素，只能做较简单的数据分析，无法深度还原，很难捕捉到用户在一定时期内的准确需求。

## 二、搜索数据揭示兴趣

随着互联网的发展，搜索已经成为网民上网的基本需求和主要行为习惯，而搜索引擎能够根据网民的搜索意图，将用户感兴趣的内容展现出来，供其浏览和选择。从传播技术的角度来看，消费者的网络搜索痕迹也给搜索引擎提供了最真实的消费者行为数据，使其能够更好地匹配消费者的需求[①]。

搜索引擎可以对用户行为进行准确分析。当用户有某种需求并搜索一个关键词时，企业通过揣摩用户需要，将相关产品或品牌信息展示给用户，以此方式来吸引潜在消费者。搜索引擎在这个过程中起到了桥梁的作用，把消费者需求和企业的营销目标进行了有效的匹配，使用户的浏览转化为点击，继而转化为交易。

百度作为全球最大的中文搜索引擎，覆盖了海量用户资源，旗下移动产品月活跃设备数达 11 亿，百度 App 日活跃用户突破 2 亿。其中每天有 1 亿多用户在百度搜索内“表达”自己的需求，每天搜索响应量超过 60 亿次；用户搜索场景全覆盖，涉及各行各业。当用户使用百度搜索与企业业务相关的关键词时，百度可在搜索结果中向他们展示相关广告，精准定位目标人群，收获更多有效流量。

以 2019 年 1 月劲酒与百度平台联手的春节营销方案“脑力大 PK、新年更上劲”为例，当用户在百度搜索引擎中搜索“保健酒”等通用词或活动词时，可以自动链接到活动单页，PC 端和移动端全部采用热点橱窗样式，增强四个主推产品的曝光率，并减少跳转路径，直接引导用户购买（见图 10－3），最终实现百度平台展现量突破 900 万，劲牌官方商城用户访问量突破 36 万，日均流量同比提升 3 倍。

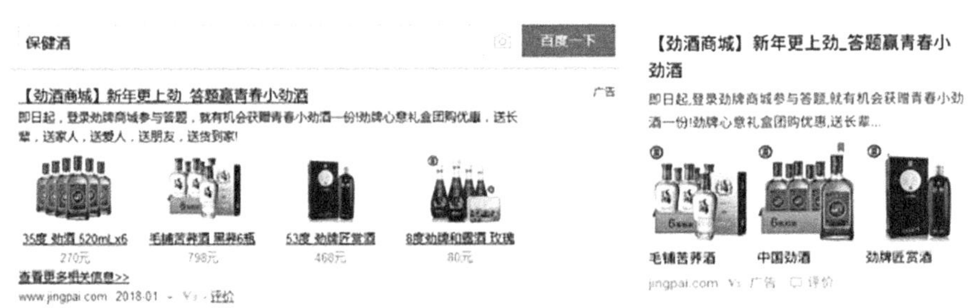


图 10－3　劲酒在百度平台中的曝光

① 姚曦，李斐飞．精准·互动：数字传播时代广告公司业务模式的重构．新闻大学，2017 (1)：116-124.

需要指出的是，搜索行为数据给出的消费者洞察报告仅仅覆盖了部分用户的部分网络行为，可以帮助企业了解搜索用户的行为方式，但无从知晓这部分人的后续动作是什么，哪些人有购买，哪些人没有购买，两者之间有什么关系。单靠搜索行为数据，无法给出这些问题的答案。

### 三、社交数据透露身份

Web2.0 时代开启了数字媒体传播平台的巨变，以微博、微信、抖音等社交媒体为代表的数字媒体平台使消费者洞察技术得到进一步发展。

用户在社交媒体上注册时需要填写一些身份信息，包括年龄、性别、地区、学历和职业等，这些信息可以直接作为用户画像的信息输入。此外，用户在社交媒体平台通过关注、转发、评论、点赞和收藏等社交行为逐步建立起自身的兴趣标签，并以相同或趋近的标签建立起以兴趣为核心纽带的虚拟社群，如豆瓣小组、百度贴吧等。庞大的用户属性和社交行为数据令定向分析用户喜好成为可能，企业可以运用特定标签锁定某一用户群体。

例如，蓝色光标推出的 BlueView 可以通过关键词设置匹配出海量的人群，根据用户关注关系和语料等对群体特征进行分析，建构社群画像，为 1 亿多微博用户标注超过 15 亿个标签。社交媒体可以通过对用户精准画像以及相似人群精准定向投放，来提高产品触达与转化率。以微博为例，其具体操作流程如图 10－4 所示。

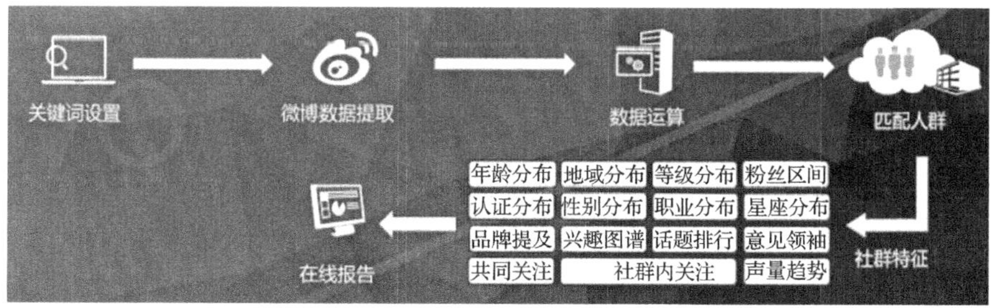


**图 10－4　BlueView 社群画像建立流程**

此外，基于大数据的情感洞察可利用社会聆听工具实现，比如 Salesforce 的社交营销工具 Radian6，可以通过中国主流社交网站“聆听”用户，帮助企业跟踪社交网络上用户对其品牌及产品发表的言论。例如，在微博中，用户可以自由地表达对某个产品或品牌的情感。企业如果发现当前用户情感取向为“正”（褒），就可以把当前用户当作一个潜在的目标消费者。通过搜集这样的正向情感用户，然后聚合他们的个人属性信息，来推断该产品的消费群体特征，对于企业深入洞察消费者具有重要意义。

## 四、电商数据体现消费动态

最近 20 年，电子商务快速发展，典型的电商平台包括国内的天猫、京东以及国外的亚马逊等。这些电商网站克服了传统消费中地理位置和时间的限制，在高效物流体系的支持下，使商务交易可以在任何时间、任何地点发生，极大地满足了消费者的购物需求。而电商网站在发展的过程中累积了大量的用户数据，如搜索记录、购买记录、评论记录等。相比浏览数据、搜索数据和社交数据，电商数据因其跟购买行为直接相关，成为深入洞察消费者的最重要的数据来源之一。

以天猫直通车报表中的消费者洞察功能为例，它可以帮助店铺实现具体到每个商品的人群分析。该工具不仅可以分析人群的搜索路径，还可以帮助店铺了解顾客点击次数对于转化的影响，以及对商品潜在消费者进行精准定向投放。

首先，搜索路径分析功能可以使店铺工作人员看到点击该商品之前平均搜索了多少次、搜索的是哪些词。这里分成两部分：一是访客在点击商品之前平均搜索了多少次。搜索次数过多，代表展现机会不足，需要提升关键词出价或者增加更多关键词。二是关键词的选取。以女装为例，在关键词多的类目这种情况特别明显，存在的问题一般是不知道选什么词做标题、现在的标题不知道对不对。从图 10－5 可以看出买家的需求，反映这些需求的关键词可以作为组合标题的依据，并据此确定商品风格。

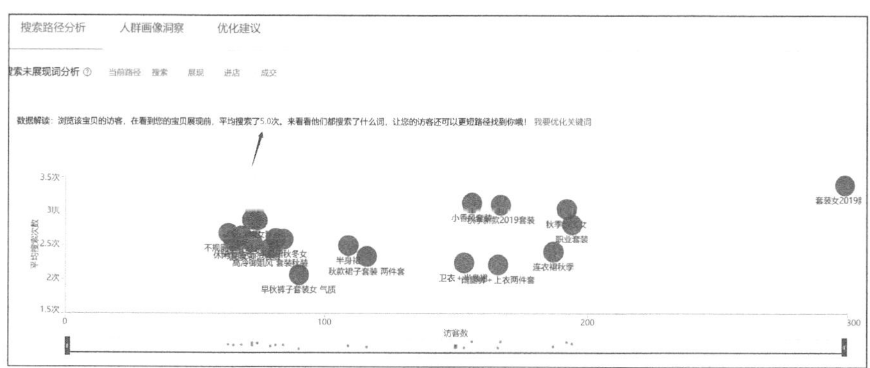


图 10-5 天猫消费者洞察中的搜索路径分析功能

其次，不同点击次数的顾客对于转化的影响。一般来说，点击次数越多转化率会越高。但是向已经是店铺访客的人群进行投放会不可避免地造成浪费，因为有些访客已经收藏加购①，哪怕不再对其投放也有成交机会。因此，店铺工作人员可以对搜索进店转化进行分析，衡量对用户投放的必要性。

在图 10-6 中，店铺 A 点击 1～2 次的顾客成交占比大，转化率尚可，可以稍微忽略对老访客的重定向②；而图 10-7 中店铺 B 数据就不一样了，1～2 次点击的顾客转化率较低（这也是 A、B 两个店铺转化率差距较大的原因），如果想提升全店转化率就必须多对老访客进行投放。

最后是对商品人群标签的应用。如图 10-8 所示，在喜好的类型上，纵坐标是访客数，横坐标是竞争的激烈程度，点越大代表人群数量越大。浅灰色的是已经在直通车上投放的，黑色的是还没有在直通车上投放的。对于没有投放的可以直接在直通车里找到相应的标签进行投放。

① 收藏加购，即收藏宝贝并将商品放入购物车中。

② 重定向（retargeting），是根据用户浏览过相关网站后，由于各种原因没有发生转化或购买，进而针对这部分人群再次进行广告投放，将其重新带到网站页面，最终促成用户转化的一种营销方式。

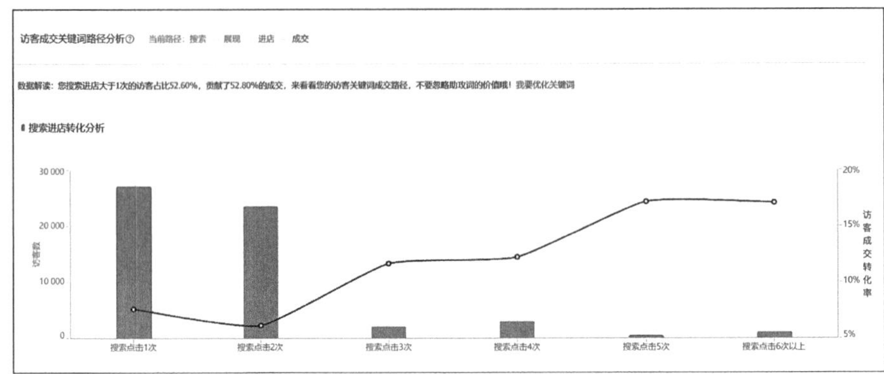


图 10-6 天猫消费者洞察中店铺 A 搜索进店转化分析

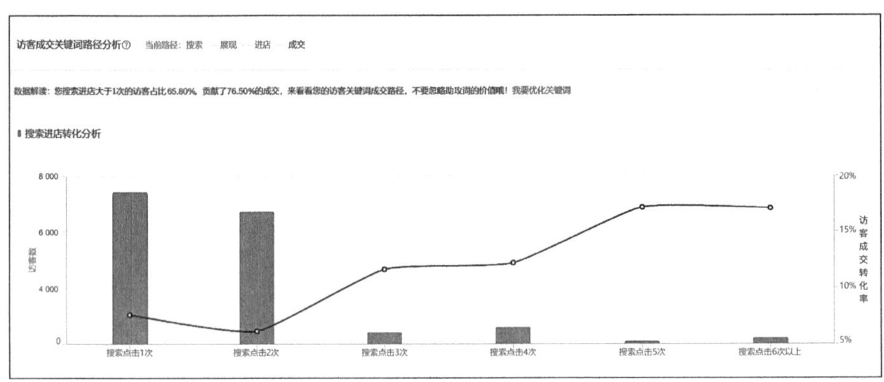


图 10-7 天猫消费者洞察中店铺 B 搜索进店转化分析

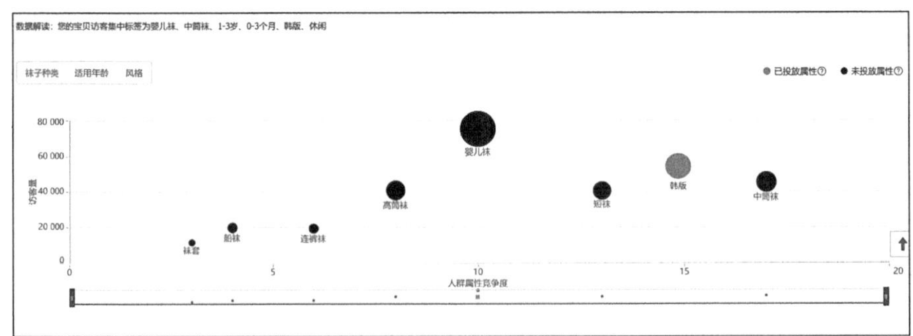


图 10-8 天猫消费者洞察中商品人群标签定向投放功能

企业通过对电商大数据的分析，能够更直接地了解消费者的动态。

对企业来说，用大数据尽可能全面地搜集用户在网络上留下的痕迹，全面洞察消费者的行为特征，才能最大限度地满足自身的需要。这种全面性、即时性和真实性，是大数据给消费者洞察带来的颠覆性变化。

## 第 2 节　基于人工智能的消费者洞察

近几年，随着机器人、无人机、无人车等智能产品的蓬勃发展，人工智能及智能产业开始进入人们的视野。尤其是 2016 年谷歌计算机围棋程序 AlphaGo 以 4∶1 击败韩国棋手李世石，轰动世界，展现了人工智能在复杂智力劳动上的长足进步与巨大潜力。同样，在消费者洞察方面，人工智能技术也大有用武之地。

### 一、文本分析

基于自然语言理解（natural language understanding，NLU）的消费者洞察能够对大数据带来的大量杂乱无章的消费者信息和数据进行处理，通过非结构化文本数据分析，对消费者的特征进行认知、理解和判断，全景式地展现真实鲜活的消费者画像。其主要步骤如下：

（1）收集消费者相关数据：例如，一款商品在多个主流电商，或者同一个电商的数百个卖家店铺中的销量、价格、评论及用户昵称等信息；或者客服系统中的用户咨询记录，呼叫中心的用户电话录音等数据。

（2）挖掘消费者特征属性：尽一切可能识别消费者的特征，打上标签，这既包括显式的收集直接存在的用户年龄、性别、地点等信息，又包括隐式的从用户数据中推断出可能的特征属性，如消费能力、有无子女等。

（3）识别购买阶段和决策因子：识别消费者的态度主要与咨询、试用、下单、付款、收货、售后、维修的哪个阶段相关，以及消费者决策受到了哪些因素的影响。

（4）分析消费者口碑：从消费者数据中分析口碑详情，当他们发出一条评论时，是对品牌、产品、型号、规格、产品属性的正面意见还是负面态度，态度是否强烈等。目前用来分析消费者口碑最常用的方法是细粒度情感分析，以汽车为例，其流程如图 10－9 所示。

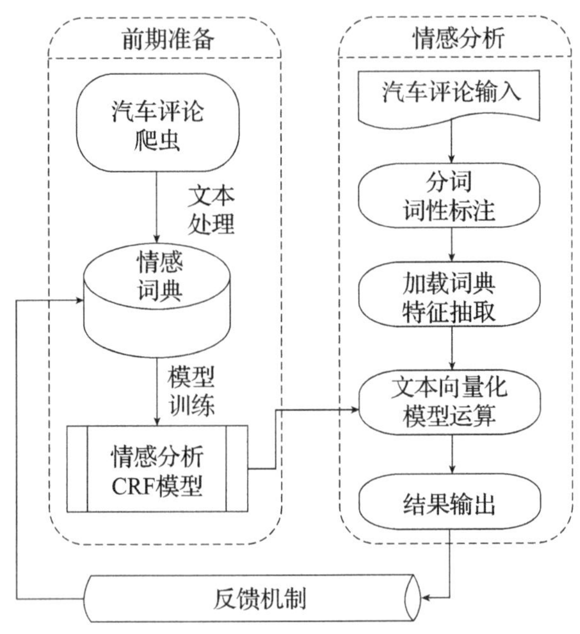


**图 10－9　细粒度情感分析流程**

资料来源：陈炳丰，郝志峰，蔡瑞初，等．面向汽车评论的细粒度情感分析方法研究．广东工业大学学报，2017(3)：8-14.

开展这些工作需要解决的技术难点包括：

（1）信息抽取：从文本中抽取品牌、产品、型号、规格、产品属性、年龄、性别、消费能力、有无子女、有无房子等数百种要素。

（2）语义对齐：同一件商品，可能在成百上千家网店中销售，而每个店主给商品取的名称可能不一样，如何识别这些不同名称指的是同一件商品。

（3）逻辑推理：根据用户的文字描述，推理用户属性特征，例如，根据“我老公觉得这手机不错，我闺女不喜欢”推理得到该用户的性别为女、有孩子。

（4）细粒度情感分析：以短句、文本片段为单位的文本倾向分析①，但难度较高，常因为分析粒度太大，而忽略句子中更细粒度的信息，从而造成文本中有价值的信息丢失。如“这手机待机时间太短，但对得起这个价格”，这句话就无法从整句上来判断消费者的意图究竟是褒义还是贬义。

为了解决以上难题，提高消费者洞察能力，还需要在技术上不断突破：一是能从消费者数据中高效率、高精度地抽取数百种语义要素，通过语义理解而不是关键词匹配，来对业务知识建模和开展文本匹配；二是具备高效的知识推理能力，实现多种逻辑推理算法，挖掘隐藏的语义特征；三是具有强大的细粒度情感分析能力，能在产品的细粒度属性上开展情感分析。

## 二、眼球追踪

在人类五大感官系统（视觉、听觉、嗅觉、味觉、触觉）之中，视觉是人们接收信息和认知客观世界的主要途径。视觉系统能将客观世界的表象传递给大脑，大脑再对客观现象做理性的分析、联想、诠释、判断和反馈，最终指导人们的身体采取行动。

眼球追踪是一项让机器人更懂人类的技术。这项技术主要是研究眼球运动信息的获取、建模和模拟。一是根据眼球和眼球周边的特征变化进行跟踪；二是根据虹膜角度变化进行跟踪；三是主动投射红外线等光束到虹膜来提取特征。

眼球追踪技术的发展已久，应用场景广泛。在心理学实验中，可以通过人的瞳孔变化来监测一个人是否在说谎；在广告效果监测方面，可以通过人眼注视点的移动来判断人的偏好；在人机交互方面，眼睛可以取代键盘、鼠标和触屏，一些手机可以在人眼离开时暂停视频播放，也有残障人士通过眼睛打字完成一本书的写作；在消费者洞察中，眼球追踪可帮助营销人员跟踪买家的眼球运动，分析引起他们注意的内容（见图 10－10）。

---

① 孟园，王洪伟，王伟．网络口碑对产品销量的影响：基于细粒度的情感分析方法．管理评论，2017（1）：144-154．

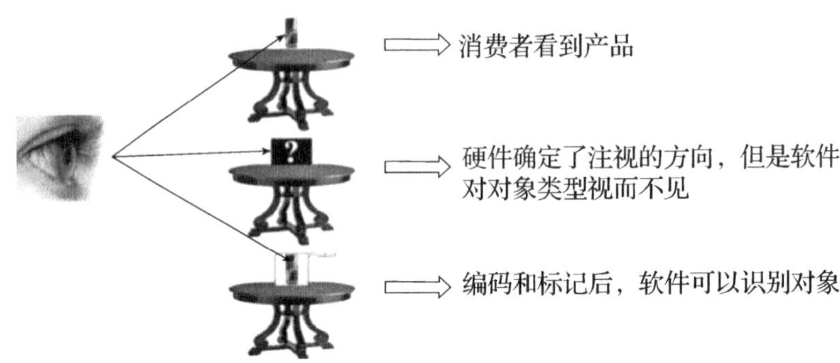


**图 10-10　眼动追踪模型示例**

例如，意大利市场研究实验室 TSW 利用移动眼球追踪器和其他可穿戴设备来收集各种数字产品（如线上广告、移动应用、网站、软件）和物理产品（如产品包装、汽车、家具和零售店）、服务的用户指标，对这些自然互动进行深入研究，使研究人员识别出互动过程中真正的问题和症结所在，从而得出改善客户满意度、提高客户参与度的策略建议。

眼动追踪作为一种有效的研究方法，能够客观衡量消费者对营销信息的注意和反馈，更好地了解被试者在各种环境中与不同信息和平台的交互。特别是可穿戴的眼动仪器，在近 10 年间广泛应用于网页、视频广告等领域，用于可用性评估，并形成一定的测试评估方法[①]，打破了以往烦琐落后的技术局限。

## 三、语音识别

根据 VoiceLab 的调查，2017 年全球有 3 300 万语音命令设备，50％以上的千禧一代每月至少使用一次语音助手功能。研究机构 Ovum 2017 年发布的一份有关语音助手的预测报告显示，到 2021 年时，搭载数字助手的设备数量将超过 75 亿台，这比当今世界的人口数都要多。当 Alexa、BBC iPlayer、度秘、天猫精灵等不断涌入智能语音市场时，Siri 早已不是

① 常方圆．基于眼动仪的智能手机 App 图形用户界面设计可用性评估．包装工程，2015 (8)：55-59.

可供人们“调戏”的唯一对象。如今，AI 技术让语音识别功能日趋智能化，逐渐成为人们习惯使用的一种搜索和互动方式。

营销革新始终围绕“以人为本”来展开，即实现更深层次的消费者洞察和最佳消费者体验。语音是人类最直接自然的交互方式，凭借这一天然优势，智能语音技术将成为推动营销行业变革的关键动能。

万物互联时代，以语音为入口整合多场景资源，通过语音识别等技术实现的消费者洞察具有场景属性，能体现消费者当下的真实需求，真正缩短了品牌与消费者之间的距离。富有生命力的营销产品在与消费者的互动中自然而然地将品牌内涵传递给消费者，消费者的消费体验也进一步提升。

2018 年 4 月，一汽丰田奕泽在北京车展亮相并成功上市。为了配合这款新车的营销，以语音交互为核心技术的科大讯飞与一汽丰田联手打造的《奕声悄悄话》，以独特的创新营销手段提前为奕泽预热宣传。《奕声悄悄话》的创意语音 H5 页面，可以对用户录入的声音进行分析，识别出不同性别、年龄用户的不同人生态度，同时使每种人生态度分别对应一汽丰田奕泽的相应产品调性；通过人工智能技术与品牌营销的结合，让“人的态度”与“车的态度”相关联，让用户与品牌产生真正的情感连接，为品牌实现“以人为本”的智能营销（见图 10－11）。

**图 10－11　《奕声悄悄话》语音智能识别匹配界面**

智能语音技术升级实现了营销传播模式的革新。例如，当将语音交互应用于营销传播中，品牌的拜年H5应用可以用语音识别出用户的性别及年龄，并智能推送定制祝福。此外，品牌运用语音合成技术能为消费者实现定制化表达。通过语音互动让品牌和消费者实现直接对话，既让消费者的个性化需求得到了满足，同时也让消费者进一步对品牌内涵产生了认同感，从而使品牌得以更深层次地与消费者产生链接。

**例10-1 科大讯飞&京东：H5融入AI语音识别技术**

H5在今天不仅是一项寻常的技术，也是一种司空见惯的互联网传播形式。2018年春节，科大讯飞以AI语音识别技术为依托，与京东联袂打造了一个不一样的H5应用《新年话用心说》（见图10-12），主要策略是以大数据实现人群洞察，以语音互动作为创新传播方式，再加上多维度媒体矩阵曝光。在整个H5应用推广期间，共收获了1000万多次的曝光和43万多次的点击，超过22万人直接参与互动，取得了不俗的传播效果。

**图10-12 《新年话用心说》H5首页**

AI语音识别，只需要消费者的一句话，即可辨明真身。在这个《新年话用心说》的H5应用中，消费者只需完整读出一句新年祝福，搭载AI语音识别技术的JOY便能根据声波，判定用户是“小鲜肉”还是“小仙女”，是“大叔”还是“萝莉”[1]。

完成身份识别后，基于讯飞语音云和输入法海量数据，通过深度探查运算，洞悉消费者的兴趣、感情和事业，并生成专属于消费者的信念关键词，实现了“精准”与“互动”的数字营销传播模式。

本次营销成功的关键在于基于大数据分析形成的人群洞察，并通过智能语音识别技术与消费者产生互动，由此激发传播。科大讯飞的 AI 营销通过“AI＋大数据”与京东用户数据进行优势互补，不仅能为京东构建更准确清晰的电商属性用户画像，为营销提供更科学的指导，同时也能依托大数据能力，不断完善京东的智能决策系统、优化平台效能。一切营销都要以“人”为中心，充分挖掘消费者信息并实现深入洞察对未来营销来说至关重要。在此基础上，要通过技术能力增强互动性和趣味性，让消费者更好地参与其中。

资料来源：龙腾虎跃．科大讯飞 & 京东：JOY 剧透你的 2018，H5 如何融入 AI.(2018-04-04). http://www.lthy8.com/index.php/Home/Case/show/pid/84.html.

### 讨论题

1. 融入 AI 语音识别技术的 H5 应用与普通的 H5 应用相比有哪些优势?

2. 你认为这个 H5 应用营销案例有哪些可以改进的地方?

3. 除了语音识别技术，还有哪些 AI 技术可以应用在 H5 应用营销的消费者洞察中?

### 例 10-2　意大利家具品牌 Arper：运用人工智能技术挖掘数据“金矿”

基于神经网络的深度学习，对于新的数据形式尤其是社交媒体内容进行分析，是目前人工智能应用最让人兴奋的领域——从社交媒体产生的文字、图片、音频和视频中分析消费者对于产品和品牌的态度以及品类需求，从而指导新品研发、品牌定位和不同渠道的传播策略。

意大利知名家具品牌 Arper 成立于 1989 年，以新颖的设计著称。它

[1] 萝莉，来源于中国台湾作家赵尔心翻译的小说《洛丽塔》，或指小说中的女主角——14 岁的洛丽塔，后在日本引申发展成一种次文化，用来表示可爱的娇小女性。

希望通过分析数字内容，特别是网民在社交平台的评价和留言，来确定未来5年的家具风格。其分析过程包括：首先从目标平台抓取相关内容以建立初步的分析素材。Arper积累了超过7万个关于设计的专业词汇以及15 000张图片，同时建立了超过500条的机器学习规则；然后，在此基础上对抓取的新闻报道和社交媒体内容进行归类和分析，从而获得关于Arper在不同媒体渠道上品牌形象和消费者感受等方面的数据。

这为未来Arper品牌传播策略制定提供了清晰的方向。比如，需要加强体现人性化的因素（如设计师的思路、设计的过程等）来引起消费者的兴趣；又如，文化的因素（博物馆、其他各类建筑等）让人更有共鸣，所以增加传播内容中的文化要素也有助于提升传播效果；再如，在潜在消费者可接触的渠道中，Pinterest是最受关注的平台之一，当Pinterest中的图片加注品牌Logo后，消费者每点击一次该图片，即说明该品牌吸引了用户的目光，以此可洞察出消费者的兴趣点（见图10-13）。这也是尽管Arper的品牌历史不长，却受到消费者追捧的原因之一。

**图10-13　Pinterest网站中受用户喜爱的Arper家具**

资料来源：腾讯网．AI：人工智能在市场和消费者研究中一些有趣的应用．(2018-04-28). https://new.qq.com/omn/20180428/20180428G1TETC.html?pc.

## 讨论题

1. Arper在运用AI技术进行消费者洞察的基础上确定未来5年的家具风格，有哪些优势与不足之处？

2. 除了家具，还有哪些行业可以应用案例中提及的消费者洞察技术？

3. 你还知道哪些运用人工智能技术进行消费者洞察的成功案例？

# 第 11 章
# 数字消费者的隐私保护

## 引例

随着 AI 技术的应用和普及，大家对语音助手都不再感到陌生。人们往往认为语音助手是通过纯粹的程序、算法和大数据技术来实现和用户的交流的，所以会毫无防备地跟它们互动；在卧室、办公室等私密空间谈话时，大家也不担心语音助手在旁。然而，语音助手真的有我们想象得那么安全吗？2019 年 4 月，外媒就报道了一起美国亚马逊公司的“窃听”丑闻。据称，为了帮助语音助手 Alexa 提高智能水平，亚马逊公司在全世界范围内聘请了上千名员工，专门倾听用户在使用语音助手 Alexa 时的私人对话①（见图 11－1）。

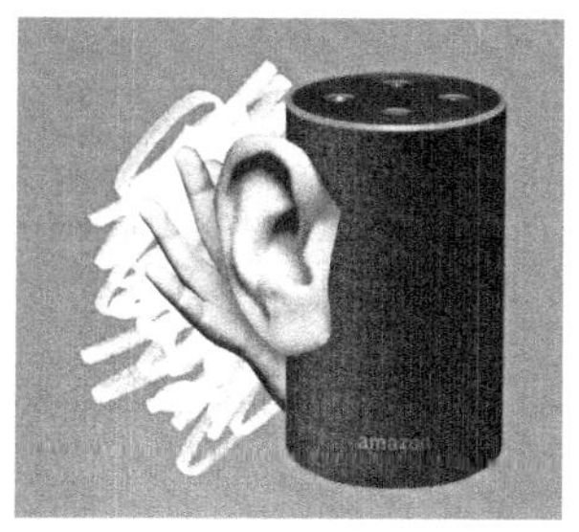


**图 11－1　亚马逊智能音响**

据英国《卫报》报道，这个倾听团队由外包员工和全职员工组成，分布在美国、印度、罗马尼亚等地，主要工作是将语音助手 Alexa 捕捉到的录音进行转录和标注，然后反馈给研发团队，整个计划被严格保密。

① 央视财经．窃听风云？亚马逊被爆监听用户与语音助手 Alexa 的对话．(2019-04-12). https://baijiahao.baidu.com/s?id=1630599173843639538&wfr=spider&for=pc.

这一消息令人震惊，同时也引发了人们对家庭位置、医疗信息、财务状况等敏感信息的安全担忧。面对接踵而来的质疑声，亚马逊表示，公司对用户个人信息的安全和隐私十分尊重和重视，只会捕捉少量对话进行录音，这仅仅是为了帮助语音助手提升理解人类语言的能力，更好地对语音指令做出应答，改善服务。此外，公司有着非常严格的技术和保护措施，员工在工作时无法得知语音片段来自哪些用户，公司对语音外泄和系统滥用都将采取零容忍措施。事件发酵后，亚马逊在其语音助手设置中增加了一个新选项，用户可以选择自己的语音不被“人工分析”，但这一选项隐藏在隐私设置的子菜单中，用户不刻意寻找往往留意不到，很多用户仍然会“被同意”。

## 第1节　数字消费者的隐私泄露风险

2019年2月，女明星杨幂一段“重演”1994年版《射雕英雄传》的视频不胫而走，不仅视频的画风、布景和20世纪90年代雷同，就连杨幂的服饰发型、神态动作甚至一颦一笑都和原版黄蓉一模一样，整个视频看起来十分流畅，毫无违和感。难道她真的模仿且重演了一遍经典？事情发酵后，发布视频的UP主站出来宣称，这是利用AI技术“换脸”，将杨幂的脸“贴”在了朱茵饰演的黄蓉的脸上，但此视频仅限于技术交流，不涉及商业用途。此消息一出，无数网民围观感叹“居然还有这种操作?”当天微博话题#将朱茵的黄蓉换成杨幂的脸#阅读量更是高达1.1亿。这不禁让人担忧，在数字技术如此发达的今天，我们的肖像权、隐私权等权利该如何得到保护?

### 一、数字消费者的隐私侵害

#### 1. 数字消费者的隐私权及法律依据

（1）隐私权的内涵及发展。

毫无疑问，随着大数据、人工智能、物联网等技术的应用和发展，数字消费者正身陷数据大爆炸的黑洞里，隐私的边界性问题日益受到人们的关注。

隐私权一词最初见于 1890 年发表在哈佛大学《法学评论》上的文章《隐私权》（*The Right to Privacy*），美国法学家布兰代斯（Brandeis）因不满他的私人聚会被媒体打扰，在文中提出了隐私权的概念，即在任何情形下，每个人都有决定自己的事情不受他人干涉、不公之于众的权利，法律不仅要保护人身财产安全，更要捍卫人民的精神安宁①。而在我国古代，“隐私”与“阴私”相通，是不可告人的意思，尤指不正当男女关系，所以我国古代并不认为隐私具有合法性。但随着中西方交流加强，民众受到西方观念的影响，普遍认为只要不影响公共利益，个人应该拥有独处的自由和私人生活不被公开和打扰的权利，因此现代隐私权才在我国得到承认②。

威廉·比恩（William Beaney）认为，纵然是支持保护隐私权的人，也不得不承认，隐私权的本质与范畴是很难界定的③，需要将经济水平、传统文化、道德水平以及国情纳入考虑范围。在中国学者中，王利明的观点比较有代表性，他认为“隐私权是指自然人免于被外界公开和干扰的私人秘密和私生活安宁的状态”④。杨立新则认为“隐私权是自然人享有的，对与公共利益和群体利益无关的个人信息、私人活动和私人空间进行自主支配的人格权”⑤。这一概念充分考虑了信息流通属性、空间感和支配权，且放置于人格权的范围进行讨论，思想更为新潮。下面以此定义为基础，进一步辨析数字时代隐私权的内涵及外延。

在数字时代，消费者必须拥有一个数字身份才能进行活动。从技术角度看，数字身份是一种数字签名技术，在网络上用来表示自己身份的

---

① 布兰代斯，等．隐私权．宦盛奎，译．北京：北京大学出版社，2014.

② 王利明．隐私权的新发展．人大法律评论，2009(1)：3-27.

③ BEANEY W M. The right to privacy and American Law. Law and Contemporary Problems，1966，31，(2)：253-271.

④ 王利明．人格权法新论．长春：吉林人民出版社，1994.

⑤ 杨立新．人格权法．北京：中国法制出版社，2006.

一种方式，“数字签名成为手写签名有效合法的替代者”[①]。从广义上理解，数字身份是消费者数字化生活和生产的起点，随着虚拟和真实的时空界限被打破，数字身份能够反映特定自然人活动情况的相关信息，不仅包括姓名、身份证号码、家庭地址、账号密码、财产状况等传统意义上的信息，还包括 IP 地址、搜索历史、购买偏好、出行路线、网页浏览轨迹、阅读习惯、信用状况、社交资料、聊天记录等私人空间活动里的数据信息[②]，这些个人数据几乎可以再现用户的人格特质，甚至包括在日常交往中从未展现的多种数据人格。不涉及公共利益的人格信息被非法获取、泄露和利用的过程，就是数字时代的隐私侵犯。

值得一提的是，受表述和翻译的影响，各国（地区）法律中使用了“个人隐私”“个人信息”“个人数据”等不同词汇，我国于 2018 年出台的《信息安全技术 个人信息安全规范》指出，个人信息是以电子或者其他方式记录的能够单独或者与其他信息结合识别特定自然人身份或者反映特定自然人活动情况的各种信息[③]。由此可以看出个人信息强调可识别性，而个人隐私强调私密性，但两者存在交叉部分，即敏感度较高的个人信息（如身份证号码、家庭住址、联系方式、体检报告等）也属于个人隐私的范畴，而个人数据则是个人信息和个人隐私的数字化形式。鉴于隐私信息是论述的重点，在此对这三个概念不做详细的区分和论述。

（2）以欧洲国家为代表的西方国家隐私保护立法概况。

隐私保护自古就有。在西方国家，隐私不容侵犯不仅是人们的普遍要求，更是写在法典里的神圣权利，不容践踏。在数字时代，经济的腾飞促使公民个人权利意识觉醒，作为与个人生活质量休戚相关的一项权利，隐私权备受关注。从国际法来看，《世界人权宣言》早在 1948 年就已通过，其中第十二条规定指出，“任何人的私生活、家庭、住宅和通信

---

① 赵翔．数字签名综述．计算机工程与设计，2006(2)：195-197.

② 黄雯，翟晓梅．数字身份与数字裂沟的伦理分析和管理研究．中国医学伦理学，2014，27(1)：15-17.

③ 张璐．个人网络活动踪迹信息保护研究：兼评中国 Cookie 隐私权纠纷第一案．河北法学，2019，37(5)：133-148.

不得随意干涉，他的荣誉和名誉不得加以攻击。人人有权享受法律保护，以免受这种干涉和攻击”。该文件奠定了国际公约保护隐私权的框架和基础，具有重要意义[①]。

随着 20 世纪 60 年代信息技术的高速发展，企业开始使用计算机收集和分析个人信息。欧洲是世界上极其重视个人隐私保护的地区，欧洲理事会在 1968 年出台了《关于人权和现代科学技术发展的建议（509 号）》；此后为了细化公私领域处理个人数据的原则，在 1973 年和 1974 年分别出台了《关于私人领域电子数据库的个人隐私保护（22 号决议）》和《关于公共领域电子数据库的个人保护（29 号决议）》，由此基本建立起自动化收集和处理个人数据的保护原则。

然而，真正奠定全球数据保护基本原则与框架的是以下两份文件：1980 年 9 月 23 日，欧洲经济合作发展组织颁布的《关于保护隐私和个人数据国际流通的指南》（简称《OECD 指南》）；1981 年 1 月 28 日，由欧洲理事会成员国牵头制定的欧洲系列条约第 108 号《关于自动化处理的个人数据保护公约》（简称《108 公约》）。其中，《OECD 指南》提出了一系列数据管理者在处理个人数据时应遵循的原则，并不断被各国借鉴和吸收，演变成如今世界通用的数据保护原则。此后，随着新兴信息技术和数字经济的发展，数字产品层出不穷，能够轻松进行大规模监控、GPS 追踪、采集人脸和指纹等生物特征信息。为指导不断变化的数字环境，《OECD 指南》做了修订，在 2013 年 7 月 11 日出台了新版《关于保护隐私和个人数据国际流通的指南》[②]。新版《OECD 指南》要求成员建立具备专家和相关资源的隐私管理机构，还为数据管理者新增了两项义务：隐私管理计划和数据泄露通知。前者要求数据管理者根据实际情况制定恰当的隐私保护生态系统，后者则要求数据管理者在发生安全事故时，及时通知相关机构协调处理。而《108 公约》则更具国际视野，它欢迎欧洲以外的国家签署该公约，是数据保护领域中第一个具有法律约束

---

① 靳洁．数字时代隐私权保护研究．广州：广州大学，2019.

② 高富平．个人数据保护和利用国际规则：源流与趋势．北京：法律出版社，2016.

力的国际文书。在没有适用法律框架的情况下，该公约表明管理者擅自处理隐私数据属于违法行为，数据主体有权知道在数据处理过程中与其有关的任何情况。

《108 公约》和《OECD 指南》虽建立了数据保护的原则和框架，具有一定开拓性，但在实际操作中各国缺乏协调，两份文件在一定程度上阻碍了其他条约的自由实施。于是，在《108 公约》的基础上，欧盟委员会在 1995 年正式颁布了《保护个人享有的与个人数据处理有关的权利以及个人数据自由流动的指令》，该指令涵盖了公私领域、自动化和非自动化处理的情形，规定了公正合法处理信息、信息准确、存储限制、知情同意、特殊数据的处理、保障安全等原则。由于该指令不具法律效力，且各国的法治环境和文化传统存在较大差异，该指令在转化为成员国国内法和实施时难以令人满意，特别是一个企业在进入欧盟国家市场时要遵循 20 多个国家不同的数据保护法律，合规成本严重阻碍了欧盟数字市场的统一。值得注意的是，《108 公约》在 2012 年 11 月正式通过了修订建议案，扩大了公约保护范围，明确了数据处理应当在法律规定和个人同意的情况下进行，完善了敏感数据的成立条件和数据管理者的通知义务，并进一步细化例外情况。总体来说，公约多从限制数据处理行为出发，而非赋予个人数据权利的支配或控制权，也就是说，公约意图从规范控制者的角度实现对个人数据权利的保护①。

随着移动设备的普及和移动互联网的发展，原有法案已无法规制大量软件收集个人数据的行为，于是改革的号角再一次吹响。2016 年 4 月 14 日，欧洲理事会正式通过了《通用数据保护条例》(GDPR)，并于 2018 年 5 月 25 日起生效，在欧盟范围内具有直接适用的效力。GDPR 将敏感数据分为三个层次，并依据敏感程度给予不同建议：第一层是“揭露种族或者民族、政治观点、宗教信仰和工会成员资格等”，可以进行数据处理，但不得泄露；第二层是“个人基因、生物特征数据”，只能在特定目的下进行处理

① 高富平．个人数据保护和利用国际规则：源流与趋势．北京：法律出版社，2016.

（以识别身份为目的的行为不被允许）；第三层是“健康、性生活、性取向等数据”，一般禁止处理。对于数据管理和处理者，GDPR 也赋予了活动记录、安全保障、数据影响评估和跨境传输合规等义务。

（3）中国隐私保护立法概况。

对隐私的保护，实质上是对自由和尊严的维护。在中国，隐私的保障以宪法为基础，与法律规范、部门法、行政法规与部门规章、行业自律等共同配合。例如，《宪法》第三十八条规定：“中华人民共和国公民的人格尊严不受侵犯。禁止用任何方法对公民进行侮辱、诽谤和诬告陷害。”公民人格权的适用范围包括姓名权、肖像权、名誉权、人身自由权和健康权、个人隐私权与个人意见权利等，该条款虽然未使用“隐私保护”或“个人信息保护”的字眼，但实质是保护公民个人隐私和人格权益不受侵犯的间接依据[①]，体现了隐私权是公民的一项基本权利。2010 年 7 月正式施行的《侵权责任法》中明确指出，侵害自然人的隐私权就是侵害其民事权利；2013 年 2 月实施的《信息安全技术　公共及商用服务信息系统个人信息保护指南》设定了我国首个关于个人信息保护的国家标准；中国广告协会互动网络分会于 2014 年 3 月 15 日公布了《中国互联网定向广告用户信息保护行业框架标准》，该框架标准一方面为所有互联网定向广告的相关活动提供行为约束，推动各单位加强自身合规和商誉建设，提升行业透明度，另一方面也力图实现互联网用户对自身信息的控制权。2017 年 6 月，《中华人民共和国网络安全法》正式施行，在第四章“网络信息安全”中明确规定，网络运营者应当对其收集的用户信息严格保密，并建立健全用户信息保护制度。

此外，政府也高度重视网络和数据安全问题，并将网络安全提升到了国家战略高度。《电信法》《数据安全法》列入十三届全国人大常委会立法规划；2019 年 5 月，《数据安全管理办法》《儿童个人信息网络保护规定》《个人信息出境安全评估办法》等重要制度相继向社会公开征求意

---

① 周汉华．个人信息保护法（专家建议稿）及立法研究报告．北京：法律出版社，2006.

见，进入修改完善阶段。其中，中国版的GDPR《数据安全管理办法（征求意见稿）》特别指出，网络运营者利用用户数据和算法推送新闻信息、商业广告等（以下简称“定向推送”），应当标明“定推”字样，并为用户提供停止接收定向推送信息的功能；用户选择停止接收定向推送信息时，应当停止推送，同时删除用户设备识别码等数据和个人信息[①]；2019年7月，工业和信息化部印发《电信和互联网行业提升网络数据安全保护能力专项行动方案》，强化了对App违法采集、使用个人信息的治理。2019年10月，《儿童个人信息网络保护规定》正式施行。

**2. 数字时代隐私侵害的新特征**

在传统社会中，人与人之间对信息交换的需求不大，更缺少能够整合信息的工具和技术，私人空间与公共空间存在着泾渭分明的界限。但随着互联网信息技术的发展，生活方式和交往空间都得以重塑。消费者习惯于通过微博、微信等社交媒体平台进行交流；交通出行选择网约车更方便；在天猫、京东上购物次日即达，非常快捷；结账时再也不用担心没带零钱，支付宝、微信支付等移动支付平台能够一秒交易；公交上人们看的已不是报纸而是电子书和短视频……从传统时代到数字时代，隐私权内涵的核心——信息主体是否愿意公开隐私信息并没有变，但是在技术环境的催化下，隐私信息有了新的发展。

第一，信息载体从文字、语音等发展为图片、视频等形式。为满足数字消费者的生活需要，社交软件、出行软件等层出不穷，信息技术的发展使隐私信息的载体更加多样化、数字化，展现形式更丰富，泄露的风险也加大。

第二，从单一性到整合性。在数字时代，整合性才是使信息泄露风险加大的助燃剂，信息收集者会通过大数据、人工智能等技术对个人信息进行筛选、甄别、排列和分析，最终得出具有可识别性的个性化结果。

① 国家互联网信息办公室．国家互联网信息办公室关于《数据安全管理办法（征求意见稿）》公开征求意见的通知．中国政府网，2019-05-28.

第三，从反映身份信息到反映人格特征。随着个人信息的不断数字化，个人不仅仅是生物学意义上的个体，更多展现为仿真化、虚拟化的个性档案，并以名字、符号和标识等为载体，勾勒出精神世界和私人生活状况。

第四，从信息属性到财产属性。个人信息本来是为了减少对个人身份的不确信，但如今，各大公司都采用精准营销的方式，希望预测目标消费者的喜好和行为，这使得隐私信息具备商业价值，不断遭到窥探和挖掘。

此外，在不同场合下个人信息的性质也不相同，比如某患者使用互联网在线医疗平台问诊，在医疗场景下，医生需要了解他的具体症状，他需要坦诚告知自己的身体状况，但如果医生在违背其意愿或不知情的情况下，使用他的肖像及身体部位的特征图片作为授课案例，就属于侵犯隐私的行为。值得一提的是，信息主体即使完全放弃隐私权，也应当将公共利益、社会道德和他人知情权纳入考虑范围，以不扰乱公序良俗为原则，在公共场域暴露隐私部位等行为是不被法律允许的。

为了享受数字时代带来的服务，消费者不得不让渡许多个人信息，这给隐私保护带来了前所未有的挑战。隐私侵害呈现出新特征，主要体现在侵权主体泛化、侵权方式多样化、侵权行为客体延伸和侵权后果严重化这四个方面：

（1）侵权主体泛化。

在传统社会，侵权行为的主体多为个人和政府。例如黑客入侵电脑系统盗取密码或信息；政府则掌握了许多大型数据库，如出入境人员信息资源库、全国违法犯罪人员信息资源库、公共安全视频图像信息系统、医疗档案信息库等，其中不乏隐私信息，且公民并不清楚自己哪些信息被采集，采集的目的及用途、安全程度和第三方使用权限，公权力的触角在无形中伸入隐私领域，成为最容易侵犯隐私的主体之一。

除了政府部门外，目前依靠大数据进行精准营销的企业也成为侵权的重要主体。相较于传统营销方式，精准营销具有“精准、个性化、可度量、高回报”的特点，通过数据挖掘分析消费者的行为特征和兴趣偏好来进行个性化推荐。在这样的背景下，消费者的个人信息成为各大企业争夺的新资源。塔吉特（Target）超市是最早使用大数据的零售企业之一，拥有专业的顾客数据分析模型，先于同行进行精准营销。曾有一位父亲气愤地找到塔吉特的经理，质问他：为什么给他未成年的女儿邮寄婴儿用品优惠券，难道是在鼓励他女儿早孕吗？当时经理并不了解这是总公司运用大数据进行行为预测的结果，他向这位父亲连连道歉。结果不久后这位父亲发现他的女儿真的怀孕了……如今，企业滥用技术，把经济效益放在首位，却不顾消费者隐私的情况屡见不鲜，值得警惕。

（2）侵权方式多样化。

在数字化生存的时代，人们可以在网上进行交谈、购物及获取资讯，但人与人之间并不发生现实的接触①。如今，两个在现实生活中完全不相识的人，一方可以根据另一方在网上浏览、社交、购物、定位等留下的痕迹去了解对方，甚至窥探对方的私生活，而且网络空间的信息能够长时间保存，这种滞后性给隐私泄露提供了极大的便利。垃圾短信、骚扰电话等侵权行为时有发生。例如，明星的手机号会被黄牛高价卖给私生饭②，明星会遭到无休止的骚扰。某王姓明星因为剧组联络方式表在网络上曝光，手机被私生饭打到爆机，收到各个 App 发送的手机验证码信息，因为粉丝正拿他手机号尝试在各个 App 登录，不堪骚扰的他只能选择换号，发微博恳求粉丝保持理智。无独有偶，2019 年 9 月，有商家公开兜售约 17 万条“人脸数据”，涵盖 2 000 人的肖像信息。此外，每张照片搭配一份数据文件，包括人脸 106 处关键点，如眼睛、耳朵、鼻子、嘴、眉毛等详细信息，这些数据还能区分人物性别、表情情绪、颜值、是否戴眼镜等。商家在商品说明中称，数据中并不提供所涉及人物的人名和身份证号等信息，也不得用于违法用途。但记者辗转联系到数据包中一名当事人时，他表示自己的脸部数据从未授权和出售给任何人。很明显，这已经严重侵犯了公民的肖像权、隐私权和个人信息安全③。

---

① 屈茂辉，凌立志．网络侵权行为法．长沙：湖南大学出版社，2002.

② 私生饭，明星粉丝中为满足私欲而去跟踪、偷拍偶像的一类人，行为极端、作风疯狂。

③ 大律师网．人脸数据遭公开售卖，我国侵犯隐私权如何处罚．（2019-09-11）. http://www.maxlaw.cn/top/20190911/rlsjzsm.shtml.

不仅如此，互联网打破了传统时空界限，这使线下的现实生活也危机四伏。2019 年 6 月，深圳的钟女士在某品牌服装店试衣服，突然发现试衣间上有一个类似纽扣的不明物体，她心生怀疑，将这个“纽扣”扯出来，发现这竟然是一个用口香糖粘住的摄像头，里面的内存卡正在运行中。同月，多起在酒店内电视机、小摆件、排风扇等处发现隐藏摄像头的新闻被曝光，引起社会恐慌。消费者在明，摄像头在暗，“暗眼”无处不在，隐私侵犯方式也日益隐藏化、原生化和智能化。

（3）侵权行为客体延伸。

在数字时代到来前，数据交互分析的能力不够强大，信息采集范围小，数据量小。但如今，大数据技术已能够实现动态跟踪并整合信息，不仅能定位 IP 地址、网络信号、设备信息，还能采集视频观看记录、浏览轨迹、消费记录、聊天记录、酒店信息及航班信息等生活轨迹。关于是否侵犯公民隐私，过去通常是以公共空间还是私人场所作为区分依据，而现代科技早已突破社会场域的“围墙”“房屋”等传统的物理空间限制[①]。在数字时代，网络信息瞬时就能海量喷发，企业能够掌控的信息越来越多——微博、微信朋友圈等社交媒体平台可以反映我们的生活状况，百度地图等出行软件可以透露我们的家和公司的位置，淘宝、京东等电商平台能够暴露我们的消费偏好及水平……而在欧盟《通用数据保护条例》中，“用户数据”保护范围包括：基本的身份信息（姓名、身份证信息等）、网络数据（IP 地址、浏览器 Cookie 等）、医疗保健或遗传数据、生物识别数据（指纹、虹膜等）、种族或民族数据、政治观点、性生活和性取向等[②]。相较于传统时代，侵权行为客体已大为延伸了。

（4）侵权后果严重化。

我们谈论隐私保护，是希望权利主体不受他人干扰、侵害或支配，按照自己的意志选择对公共利益无害的活动。可近年来，网络技术飞速发展，

---

① 徐明．大数据时代的隐私危机及其侵权法应对．中国法学，2017(1)：130-149.

② 林圆圆．浅谈欧盟《一般数据保护条例》．福建质量管理，2019(22)：192-194. 题名中的《一般数据保护条例》在本文中译为《通用数据保护条例》。

言语成了杀人不见血的刀，“人肉搜索”等网络暴力时有发生，虽多方呼吁叫停，但因网络具有匿名性、分散性、开放性的特点，且受众面广，辐射范围大，这一行为屡禁不止。2018 年 8 月 25 日，四川一位年轻女医生的生命永远停在了这天，该医生在 8 月 20 日和丈夫去游泳馆游泳，两个男孩触摸了女医生的臀部，并对其做鬼脸挑衅。女医生的丈夫非常生气，将其中一名男孩按入水中，并扇了他一巴掌。该男孩叫来了家长，双方争执不下，报警调解未果。次日男孩的姐姐在微博上扩散此事，还发了视频，其家属搜索到这名医生的工作单位，去医院闹事希望开除二人。随后各微博大 V 忽略事情起因、有偏向性地带观点转发，形成一边倒声讨女医生及其丈夫的言论，网友人肉搜索出这位女医生的身份信息，包括工作单位、家庭地址、联系方式等，这位年轻的医生不堪网络舆论压力，于 25 日在车内服药自杀。这本是一个小冲突，却在舆论的渲染和对隐私的窥探下以命案收尾，令人扼腕。

### 3. 隐私侵害的主要渠道

英国作家乔治·奥威尔（George Orwell）在《一九八四》中写道：不论是睡着还是醒着，在工作还是在吃饭，在室内还是在户外，在澡盆里还是在床上——没有躲避的地方。除了你脑壳里的几个立方厘米以外，没有东西是属于你自己的。这里借这段话来表达当今消费者对生活在无隐私环境里的担忧。

随着互联网商业模式和信息化服务的融合发展，“互联网＋”模式迎来了创新业态，数字化已渗透到消费者生活的方方面面，只要有一部手机，走遍天下都不怕。然而，消费者一边接受着时代发展的利好，一边也承担着个人隐私信息泄露的巨大风险，电商平台、社交平台、健康医疗等 App 已成为消费者投诉的重灾区。中国消费者协会 2018 年 8 月发布的《App 个人信息泄露情况调查报告》显示，85.2%的消费者曾遭遇个人信息泄露，表现形式以推销电话或短信骚扰和电信诈骗为主，其次为垃圾邮件（见图 11－2）；那么消费者的个人信息是通过哪些渠道泄露的呢？报告也给出了答案（见图 11－3），其中网络服务经营者未经本人同意收集个人信息占 62.2%，是信息泄露的最主要途径。

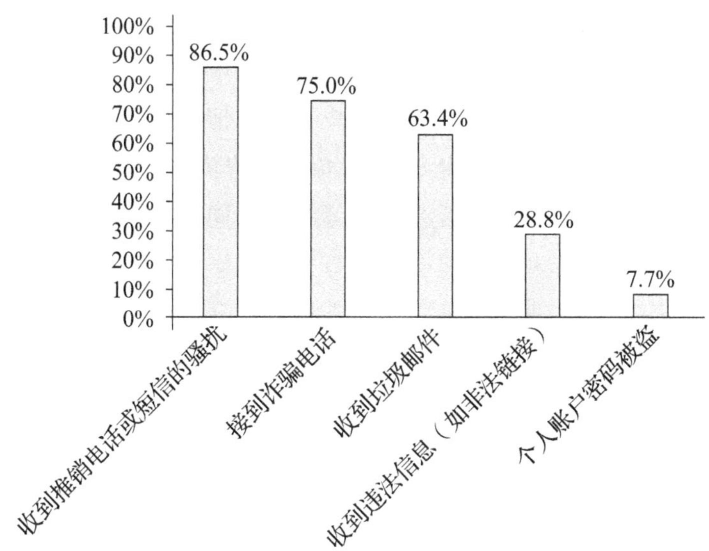


**图 11－2　个人信息泄露的表现形式**

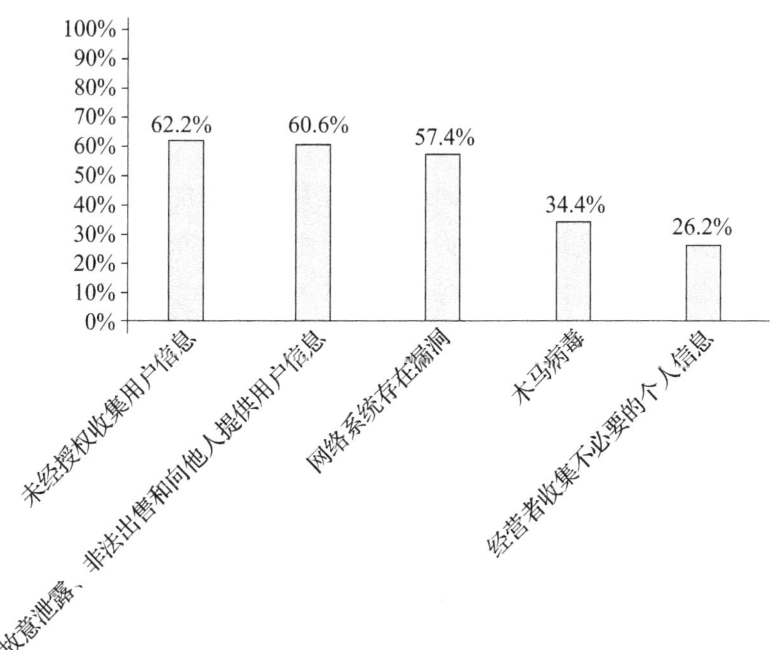


**图 11－3　个人信息泄露途径**

(1) Cookie 等跟踪技术侵犯隐私信息。

在数字化生存的时代，人人有设备，处处可联网，物物可传感。电商、医疗和社交娱乐等领域的信息都呈爆炸式增长，这些信息有一些由用户自己生产和传播，也有一些是用户在不知情的情况下被动参与。早在 20 世纪 70 年代，著名学者米勒（Miller）曾预言："电子计算机将使预测个人或群体行为的虚拟活动成为可能"①。同时，他也表达过自己的忧虑，消费者的选择和偏好将会被计算机技术影响和操纵。这在如今已不是新鲜事了。为了更精确地向消费者推荐产品，广告商会使用多种营销跟踪技术，例如 Cookie、Flash Cookie、Beacons 等来采集信息，描绘用户画像。

Cookie 是网站服务器在用户的内存或硬盘中保存的小型浏览文件，用来记录浏览页面地址、网页停留时间、键入的用户名及密码、浏览习惯等。它并非由本机的浏览器生成，而是在我们浏览网页时，网站发来监测操作行为的小型数据包，它通过浏览器保存在了本机上。数据控制者使用 Cookie 将采集到的数据进行提取、排列和整合，最终得出目标消费者的偏好，挖掘潜在的购买人群，有针对性地向他们投放广告。

"请勿跟踪"（Do Not Track）协议是用户保护自己隐私不受侵害的武器，当用户选择此模式上网时，可以自主选择是否同意网站采集常访问网页、浏览历史、操作记录等信息。然而，此模式能完全阻止隐私信息泄露吗？实际上并不能。用户选择请勿跟踪模式后，服务器会向运营商发送不希望被跟踪的请求，如果商业网站选择忽略该请求，该协议就形同虚设，不能从根本上保护消费者的信息安全。

2020 年 2 月，谷歌宣布推出"隐私沙盒"计划，宣布将在两年内逐步停止支持谷歌浏览器上跨网站追踪用户的第三方 Cookie，旨在更好地保护用户隐私，营造良好的数据生态圈。

---

① MILLER A R. The assault on privacy：computers，data banks and dossiers，signet. Ann Arbor：University of Michigan Press，1971.

(2) 云计算服务威胁用户隐私安全。

在市场的培育和引导下，云计算服务在 2010 年进入正式运营阶段。云计算是在网格计算、分布式计算、P2P 技术等传统技术基础上发展起来的信息共享平台，是一种新型互联网服务模式①，主要提供三种服务：一是软件即服务（Software-as-a-Service，SaaS）。该服务由用户订购或在使用时付费，类似于租赁，软件由供应商进行日常维护和更新，用户可在授权设备上访问服务。二是平台即服务（Platform-as-a-Service，PaaS）。供应商提供开发环境，开发者使用开发环境创建自己的应用程序，再通过供应商的平台提供服务，供应商拥有较为完备的客户渠道，能够帮助开发者快速传播应用程序。三是基础设施即服务（Infrastructure-as-a-Service，IaaS）。云计算能将计算任务和数据存储任务分布在自我维护和管理的服务器集群上，方便用户根据自身需要访问服务器、随时随地享受优质服务且费用低廉，因而深受用户喜爱②。根据中国信息通信研究院发布的《云计算发展白皮书（2020 年）》，2019 年我国云计算市场规模达 1 334 亿元，增速 38.61%，预计 2023 年市场规模将接近 4 000 亿元，国内大部分政务服务系统及关键信息平台已经或正在逐步上"云"。在云计算模式中，信息会经过生产、使用、传输、变换、存储、归档、销毁这七个阶段③，随着云计算应用的普及，其中潜藏的信息泄露风险也逐渐受到关注。

云计算服务器最大的特点就是数亿量级的数据存储于云中心，这是对云计算安全的最大挑战。这块"肥肉"对黑客产生了巨大的吸引力，如果他们抓住云服务中某一致命漏洞进行攻击，就几乎能控制所有信息。2018 年发生了十起较严重的数据泄露事件，涉及 1.82 亿条信息，其中就包括美国知名运动品牌安德玛。2018 年 3 月，安德玛旗下健康运动

① JOUINI M，RABAI L B A. A security framework for secure cloud computing environments. International Journal of Cloud Applications and Computing，2016，6(3)：32-44.

② CHANG V，RAMACHANDRAN M. Towards achieving data security with the cloud computing adoption framework. IEEE Transactions on Services Computing，2016，9(1)：138-151.

③ 马泽尔，卡玛日萨米尼，拉提夫．云计算安全与隐私．刘戈舟，杨泽明，刘宝旭，译．北京：机械工业出版社，2011.

App——MyfitnessPal① 应用上 1.5 亿账户数据遭到有史以来最大规模的黑客攻击，用户名、电子邮箱及加密密码被窃取，幸运的是支付卡数据没有受到影响。

此外，云计算服务平台会保存大量用户的数据信息，当共享技术存在漏洞时，用户的隐私易被错误地传递给他人，造成信息泄露。2017 年，知名在线数据管理网站 BOX 网盘被曝出其共享机制存在极大漏洞，许多企业的机密数据能够被谷歌等搜索引擎检索甚至下载。此外，当云计算服务商停止提供服务时，用户的数据是否能被完全删除呢？答案是不能。删除一个文件仅仅是将文件占据的空间标记为可用，数据依然存在于此块空间并可恢复，直到这块空间被完全覆写。这表明，用户并不能完全行使数据的控制权。

（3）第三方服务器具有不确定性，个人错误将引发蝴蝶效应。

随着 5G 数据通信技术的发展，云计算环境的动态流动性得到提高，个人数据的跨服务商移动更加常见，向第三方服务器的传输与流动更加频繁。而第三方服务器的域名可能在世界任何地方，涉及的法律法规不尽相同，这使云生态变得更加复杂，隐私泄露的可能性大大提高。此外，云环境的参与者有政府、信息控制者、处理者、第三方、信息主体等，许多利益相关企业抱团进行数据共享，一旦隐私泄露，责任划分难度非常大。2020 年 2 月 23 日，致力于提供线上营销推广服务的第三方平台——微盟服务器突然崩溃，300 多万商家停业数天，损失惨重。经警方核查，此次事件系公司运维部一名核心员工恶意删除数据库造成。经过程序员七天七夜的修复，所有数据库才全部找回，尽管公司发布了 1.5 亿元的赔偿计划用来弥补商家损失，但也难掩其在权限管理和公司运营上的漏洞。

（4）物联网造成隐私泄露事件频发。

2019 年 10 月 31 日，工业和信息化部与中国电信、中国移动、中国

① MyfitnessPal 是一款追踪饮食习惯和热量摄入的免费 App，搭载了世界上最大的营养数据库之一。

联通、中国铁塔共同宣布启动 5G 商用服务，标志着我国正式进入 5G 商用时代。在政策、市场双重驱动下，物联网行业进入创新发展期，物联网终端规模也将随之高速发展，物联网卡和物联网终端呈现进一步紧密耦合的发展趋势[①]。据全球移动通信系统协会统计，截至 2019 年第三季度，我国授权频段蜂窝物联网终端连接数量达 9.2 亿，预计到 2025 年该数值有望突破 19 亿，场景化应用主要集中在智慧城市、工业物联网、车联网、智能家居等板块。

然而，技术改善生活，同时也给我们的生活带来了极大的风险。近年来，物联网终端泄露隐私的安全事故在全球范围内上演。2017 年 6 月，央视报道称，不法分子入侵了大量家庭摄像头系统，远程操控摄像头窥探用户日常生活，更有甚者还会公开叫卖这些用户隐私。不仅是摄像头，智能家居通过物联网技术将家中的门禁系统、智能电器、窗帘控制和安防系统等连接，能够采集到人脸、指纹、声纹、虹膜等带有强烈个人属性的生物特征信息，这些信息如果被不法分子获取，将造成难以想象的后果。出于对个人隐私的担忧，2019 年 7 月，萨默维尔市成为继旧金山后美国第二个禁止警方和市政部门使用人脸识别的城市。

## 二、隐私受侵犯的原因

数字化重塑了我们的生活方式。交通出行可以选择在网上一键购票或一键叫车，想吃美食可以足不出户在手机上下单叫外卖；想买衣服不用去店里试，通过淘宝 AI 试衣就能体验不同风格；健康出现问题，没时间去医院时可以选择在线问诊……然而，享受这些网络服务都得以让渡隐私信息为基础，例如身材特征、健康状况、兴趣喜好等。

国家互联网应急中心发布的《2019 年上半年我国互联网网络安全态势》显示，移动 App 强制授权、过度索权、超范围收集个人信息的现象大量存在，在下载量较大的千余款移动 App 中，每款应用平均申请 25 项

① 中国信息通信研究院．物联网终端安全白皮书，2019.

权限，其中与正常业务无关的拨打电话权限，就有 30%以上 App 申请；每款应用平均收集 20 项个人信息和设备信息，包括社交、出行、招聘、办公、影音等。这反映出有些企业在收集信息时缺乏自律和他律，把用户数据当作“金矿”，难以约束贪婪之心。

此外，“自我披露是每一个社会关系存在的前提，关于自身、个人想法及信息的传播是创造社交亲近性的必要条件”①，涉及人格利益的个人信息之所以大量流向社会，有一部分原因是出于消费者的自我披露心理。当下年轻人疲于现实社交，更愿意在朋友圈、抖音里记录生活、塑造自我形象，互动轻松、简单，能够满足他们的社交需要，“晒”文化因此兴起。当晒娃、晒火车票、晒日常生活、晒定位成为一种流行，隐私泄露风险也于无形之中增加，给了别有用心之人侵犯的机会。

**1. 隐私信息的价值**

（1）方便政府高效地进行社会治理。

收集公民的个人信息是政府行使公权力的主要手段之一。政府通过掌握人口普查、社会保障、医疗健康、税款征缴、犯罪控制等方面的个人信息，达到行使职能、治理社会和服务人民的目的。

政府采集个人信息以掌控国情并非近代社会才有，而是专制王权时代就有的惯例，只是消极政府的观念及技术发展限制了公权力对个人信息的采集。随着社会的进步和电子政务的发展，政府更加积极地为人民创造美好幸福生活，向政府提供翔实的个人信息成为《全国人口普查条例》对公民规定的一项义务。此外，政府也会在互联网上采集大量数据来了解民生状况和舆论导向，以及时调整政策方向。

在政府收集个人信息的过程中，必然会涉及个人姓名、联系方式、家庭住址、健康状况、收支情况等个人隐私信息。为了方便政府推进公安、交通、医疗、卫生、就业和社保等政务部门的有效运行，作为社会

① 康德．法的形而上学原理：权利的科学．沈叔平，译．上海：商务印书馆，1991.

人的信息主体需要让渡自己的一部分隐私信息。

（2）蕴含极大的商业价值。

在新一轮的商业竞争中，谁能率先占领数据高地，谁就能抢得先机。有研究表明，企业愿意为针对性更强的精准营销多支付 60%～200%的费用①。而精准营销的基础，正是海量用户的个人信息。

个人信息的商业价值，是社会经济高速发展的结果，也是信息技术发展的必然。在这样的背景下，越隐私的信息（如健康状况、性倾向等），越能成为商家对消费者潜在需求做出判断的依据，从而使商家更精准地推送相关产品或服务的信息，提高营销效率。

（3）形象维护价值促使用户过度披露隐私。

随着社会化媒体的发展，人们热衷于通过社会化媒体平台进行印象管理，塑造受欢迎的形象，以此达到自我展示和群体认同的目的。腾讯发布的 2020 年第四季度及全年财报显示，截至 2020 年年底，微信及 WeChat 的合并月活跃账户数为 12.25 亿，同比增长 5.2%，环比增长 1%。在用户基数已经十分庞大的情况下，微信依然保持增长，这从一个侧面说明社交媒体已成为人们数字生活中必不可少的一部分。网友会将自己的心情、地点、偏好甚至部分隐私信息“晒”到社交媒体上以获得关注。在媒体技术和社交需求的推动下，个人在过度展示自我的过程中，也很难要求对隐私进行绝对保护②。

### 2. 造成隐私侵害的原因

（1）利益成为驱动隐私泄露的核心原因。

企业作为一种以营利为目的的组织，具有自负盈亏的特性，所以尽管有行业协会的约束和法律的规定，隐私泄露事件仍屡见不鲜。部分企业缺乏道德自律和责任意识，利益驱动成为隐私侵犯的主要动力。

---

① 中关村互动营销实验室 . 2018 中国互联网发展报告，2019.

② 孙卓，孙福强 . 基于制度信任构建用户大数据隐私制度保护体系 . 图书馆学研究，2018（17）：98-101.

当前，市场上产品同质化现象十分普遍，传统粗放式、一刀切的营销策略已不能满足快速变化的市场环境，数据资源成为竞争的关键。它能帮助企业精准定位目标用户，降低获客成本。跟企业相比，消费者处于弱势地位，当双方力量无法制衡时，权力就容易被滥用。此外，个人信息极具商业价值，这块肥肉不仅成了企业争相追逐的目标，更激发了黑客的兴趣，他们入侵数据库后盗取隐私数据，进行二次贩卖获利。

（2）匿名性降低数字消费者的规则意识。

在数字化生活环境下，传播的主体具有草根性、虚拟性、匿名性和分散式的特点，使传播环境呈现出开放性、自主性和多变性的特征，这对数字居民道德责任感和媒介素养提出了更高的要求。换言之，在数字时代人人都有“大喇叭”，网民在享受言论自由的同时，互联网的匿名性也弱化了其防范意识和规则意识，藏在“马甲”下的主体可以更肆无忌惮地传播隐私信息，造成信息的大规模泄露和扩散。

互联网的发展日新月异，新商业模式和新型业态得以激活与创新，虚拟性成了数字社会最显著的特征。在数字时代，人们交流、购物、娱乐多用虚拟身份，在“马甲”下生活，用户容易滋生出虚拟空间是法外之地的错觉，自以为能规避法律与道德的制约，为了流量故意抛出自己或他人的隐私，哗众取宠、不断刷新底线；更有甚者认为虚拟人格并非现实自我，可以尽情地去进行情绪表达和个性呈现，在匿名的狂欢中隐私保护意识则被抛诸脑后。

（3）技术发展是把双刃剑。

万维网的创始人蒂姆·伯纳斯-李（Tim Berners-Lee）曾感慨道：“社会从来没有像现在这样，完全和技术结合在一起。”大数据、人工智能、物联网、云计算等共同构建了数字时代的技术基础，令信息存储、传播和利用的方式得以重塑。在传统社会，受限于技术条件，各个数据系统相对独立，数据的整合性较差，隐私泄露的渠道较少，扩散的范围不会太大。随着信息技术的发展和应用，线上线下的运转方式发生了巨大变化，采集、复制、加工、分析整个流程使得许多匿名信息变得可识别、可追溯。

除了造成隐私信息大量泄露，技术的发展使互联网公共安全事件频发，大量互联网用户的信息安全受到威胁，有些甚至涉及重要政府部门和信息系统。国家互联网应急中心 2019 年 10 月发布的《CNCERT 互联网安全威胁报告》显示，就关键信息基础设施安全而言，境内政府网站被篡改的数量是 89 个，占境内被篡改网站比例的 0.3%，境内政府网站被植入后门[①]的数量为 90 个；国家信息安全漏洞共享平台共协调处置了 2 643 起涉及我国政府部门，银行、民航等重要信息系统，以及电信、传媒、公共卫生、教育等相关行业的漏洞。就公共网络环境安全而言，境内感染网络病毒的终端近 151 万个，被篡改网站数量为 26 048 个，被植入后门的网站数量为 10 607 个，仿冒页面为 2 370 个[②]。

（4）符合国情的相关法律有待完善。

不论在哪个时代，法律都是作为行为底线而存在的。在数字时代的虚拟环境下，完善的相关法律法规还未建立，日益增长的隐私保护需要同落后的法律之间存在真空区域，缺少对信息使用主体的监督与约束。在前数字时代，中国法律框架中对个人信息的保护以“可识别性”为准绳。随着时代的发展，个人信息可识别的范围不断延伸，法律保护的边界逐渐模糊，立法面临许多困难：如果行为的边界过低，信息利用的风险会增大；如果行为的边界过高，则会抑制技术的发展和社会的进步。

在欧美国家，个人信息及隐私保护有较为健全的法律作为依据。以欧盟的《通用数据保护条例》（GDPR）为例，其采用明确定义的方式对信息处理的主体、行为、责任进行了阐释；确定个人信息权并细分出七项数据主体权利；设置独立监管机构；鼓励企业参与信息安全与合规认证体系，并且要求企业设立信息保护官等。相较于我国《网络安全法》在附则里定义用语的做法，GDPR 的做法使定义更加清晰明确，有利于

① 后门程序一般是指那些绕过安全性控制而获取对程序或系统访问权的程序方法。

② 国家互联网应急中心 . CNCERT 互联网安全威胁报告，2019(10).

区分一般个人信息及隐私信息，为隐私信息提供法律保护。值得注意的是，GDPR 面对广泛的个人信息，不仅采取列举的方法来定义，同时也进行了抽象性规定，将“物理性、生理性、遗传性、精神性、经济性、文化性或社会性身份”作为认定标准，这一点是我国《网络安全法》中未体现的①。

## 第 2 节　数字消费者的隐私保护原则及策略

在数字化生活中，消费者发现个人信息被泄露或者非法买卖的现象越来越普遍，各种骚扰电话和短信严重干扰了人们的正常工作和生活。我国《消费者权益保护法》等法律均对消费者个人信息的保护有所规定，消费者因隐私权受到侵害而提起诉讼的案件屡见不鲜。北京市第一中级人民法院曾审理过这样一个案件：庞先生委托助理在去哪儿网购买了东航机票，随后就收到诈骗短信，短信发送人明确掌握了航班信息、起飞和降落时间，庞先生断定自己的个人信息被东航或去哪儿网泄露，于是以隐私侵权为由提起诉讼，希望去哪儿网的母公司趣拿和东航官网公开道歉，并赔偿其精神损害费 1 000 元。在案件审理过程中，去哪儿网认为自己只是网络交易平台，并未在订单中直接接触到庞先生的手机号码，同时向助理发送了谨防诈骗的短信，尽到了相应的提醒义务。东航则辩驳称助理使用的是其他订票系统，机票信息在东航系统内不存在。法院则认为，我国《消费者权益保护法》第二十九条规定，经营者收集、使用消费者个人信息，应当遵循合法、正当、必要的原则，明示收集、使用信息的目的、方式和范围，并经消费者同意。经营者收集、使用消费者个人信息，应当公开其收集、使用规则，不得违反法律、法规的规定和双方的约定。两家公司在保护用户隐私上存在疏漏，存在泄露消费者隐私信息的高度可能，而现有证据又不能证明经营者尽到了相应义务，

---

① 黄璞．欧盟《通用数据保护条例》简要解读．商业企业，2019(4)：36-39.

认定经营者存在过错，应承担侵犯隐私权的相应责任，对庞先生的请求予以支持。

## 一、数字消费者的权利及个人数据处理的原则

### 1. 数据主体权利

在数字时代，个人信息多以数据的形式保存和处理，国际社会对个人数据的定义为：与已识别或者可识别的自然人（数据主体）相关的任何数据；可识别的自然人是指通过识别符能够被直接或间接识别身份的自然人，识别符包括姓名、身份证号、定位数据、网络标识符号以及特定的身体、心理、基因、精神状态、经济、文化、社会身份等[①]。同时，欧盟的《通用数据保护条例》（GDPR）中明确指出，在一般情况下，禁止在个人数据处理中泄露种族或民族、政治观点、宗教信仰、哲学信仰、工会成员资格等个人信息，禁止以识别自然人身份为目的对个人基因数据、生物特征数据的处理，禁止对健康数据、性生活、性取向等相关数据进行处理。这意味着该类数据为 GDPR 明确规定的隐私信息。GDPR 对数据主体的权利范围的规定较为明确，思想较为先进，对我国出台及完善相关政策与法规具有重要参考意义。其中提出的数据主体权利如下：

（1）访问权。

有关个人数据是否被处理的确认结果，数据主体有权从数据控制者处获得，包括：处理数据的目的；相关个人数据的类别；已经或将要向其披露的数据接受者，特别是第三国或国际组织的数据接受者；若有可能，访问个人数据将被存储的预设期限；向监管机构投诉的权利；若个人数据并非收集自数据主体，则可以访问数据来源者的可获得的任何信息等。

（2）更正权。

数据主体有权要求数据控制者立即更正与其有关的错误数据。考虑

① 高富平．个人数据保护和利用国际规则：源流与趋势．北京：法律出版社，2016.

到数据处理的目的，数据主体有权要求完善其不完整的个人数据，包括以补充声明的方式。

(3) 清除权（被遗忘权）。

在以下情形中，数据主体有权要求数据控制者立即清除与其有关的个人数据，同时数据控制者有义务立即清除相关个人数据：数据对于收集或处理时的目的已不再必要；个人数据被非法处理时；数据控制者基于遵守欧盟或成员国的法定义务而清除个人数据；为了实现公共利益存档目的、科学研究或历史研究目的或统计目的而进行的数据处理等。

(4) 限制处理权。

发生以下情形时，数据主体有权限制数据控制者的处理行为：当数据主体对个人数据的准确性提出质疑，数据控制者需要一段时间核实数据的准确性；数据处理违法、数据主体仅要求限制数据使用而反对清除个人数据；数据控制者不再需要个人数据，但这些个人数据是数据主体提起诉讼或应诉所必要时；等等。

(5) 持续控制权。

满足以下情况①时，如果数据主体向数据控制者提供与其有关的个人数据，那么数据主体有权从该数据控制者处获取结构化、通用化和可机读的上述数据；同时，数据主体有权将这些数据转移给其他数据控制者，原数据控制者不得进行阻挠。但该权利不适用于执行公众利益任务时，以及数据控制者为行使职权而进行的数据处理情况。

(6) 拒绝权。

数据主体有权基于自身特殊情况，随时拒绝涉及公共利益或已授权进行的数据处理与分析；若个人数据处理是出于直复营销（direct marketing）目的，数据主体有权随时拒绝处理个人数据的行为；除了执行公

① “以下情况”包括：(1) 当处理是基于第 6 条第 1 款（a）项数据主体同意的情况下或基于第 9 条第 2 款（a）项的规定或基于第 6 条第 1 款（b）项合同约定的情况下；(2) 通过自动化方式进行处理的情况下。

众利益任务时所必要的数据处理，数据主体有权基于其自身特殊性随时拒绝某些科学研究或历史研究目的、统计目的中的数据处理行为。

（7）个人自决权。

仅基于自动化处理得出的决定和结果，数据主体有权拒绝并不受制约，以避免对个人产生法律影响或与之相类似的显著影响，该自动化处理包括识别分析。数据控制者应采取适当的措施以保障数据主体的权利、自由和合法利益，至少应保障数据主体对数据控制者的决定进行人为干预，以及对决定和结果提出质疑的权利①。

### 2. 个人数据处理的原则

在享受着数字生活便利的同时，我们需要有一个清醒的认知：信息技术是人感官的延伸，它的发展在一定程度上就是人的发展。信息技术和生产技术构建起数字生活，极大地促进了人的全面发展。既然它来源于人又服务于人，那么由数字生活引发的一系列问题也需要靠人来解决。《通用数据保护条例》作为世界范围内信息保护的先进条例，也对个人数据的处理进行了原则规范：（1）以合法、公平且公开透明的方式对数据主体的数据进行处理；（2）基于明确、具体、合法的目的收集个人数据，且随后不得以与该目的相违背的方式进行处理；（3）数据应是充足的、相关的并且限于数据处理目的最小必要范围；（4）数据应是准确的，且若有必要应保持适时更新，与数据处理目的相悖的错误数据应被及时清除或更正；（5）在一般情况下，如果数据可识别主体身份，则存储时间不能长于实现处理目的所必需的时间；（6）数据处理应该以确保安全的方式进行，包括采取适当的技术或组织措施，保护数据免遭未经授权或非法的处理，以及意外的丢失、销毁或破坏；（7）数据控制者应当对前述原则的落实情况承担责任并予以证明②。

---

① 高富平．个人数据保护和利用国际规则：源流与趋势．北京：法律出版社，2016.

② 同①.

## 二、数字消费者的隐私保护措施

针对数字时代个人隐私危机问题，我们要坚持以政府治理为核心，完善法律法规和行业自律，加强技术手段和提高用户意识多举措并行，协同创造良好的社会运行环境。

### 1. 企业应加强社会责任与自律意识

社会责任指的是一个社会组织对社会应负的责任，它超越了法律与经济对组织所要求的义务，而是完全出于道德的要求。当社会各组织很好地履行这种义务时，社会就会形成一种良性循环。企业作为用户个人数据的拥有者和处理者，更应该积极保护用户隐私，弘扬社会正气。

面对数字行业中充斥的隐私滥用乱象，除了加强社会责任意识外，企业应联合起来建立兼顾经营业绩和社会发展的行业规范。在美国，广告行业协会将用户的在线隐私保护问题作为重点监管的内容。2015 年 1 月 28 日，美国营销协会又发表《数据保护日：营销者应该知道什么?》一文，探讨隐私与数据营销之间的关系。美国网络广告促进协会制定的《网络广告促进行为规范》分别在 2008 年、2013 年和 2018 年进行了三次修订。在 2018 年版中，对基于网络与移动应用程序的用户信息搜集与使用行为以及新技术在商业中的应用进行了重点规定。此外，美国还拥有专门的隐私与消费者保护协会，它们会与广告行业协会进行合作，共同提高网络用户隐私保护的监管力度与效果①。

从我国实际情况来看，行业自律模式也逐渐走向规范。2012 年和 2013 年，《互联网搜索引擎服务自律公约》和《互联网终端安全服务自律公约》两份行业公约先后发布，为保障用户个人数据安全和个人数据的使用知情权树立了标杆，国内多家知名互联网公司，如新浪、网易、百

---

① 孟茹．美国网络用户隐私保护的自律规制研究．当代传播，2018(3)：74-78.

度、腾讯等，都成为公约的缔结者。

行业自律模式不仅是社会期盼，更是国家向数据强国转变的重要一环。工信部在于 2017 年年初出台的《大数据产业发展规划（2016—2020 年）》中明确指出，行业内部的自律意识和产权保护意识应该提高，建议和鼓励企业内部设置负责数据保护的专职部门和人员，并且引入第三方平台来加强对数据应用的监督和审计，全面评估数据流通的整个过程，科学分析、推测流通中可能存在的隐私泄露风险，促进数据交易规则的制定。企业内部也应建立完善的数据保护机制，防止“内鬼”为牟利或泄愤将用户数据进行贩卖，破坏企业数据保护成果和行业发展，用完善的管理机制和激励机制为数据保护铸就“安全墙”。

**2. 倡导对个人隐私的自我保护意识**

数字化应用已经和个体生活融为一体，每个人都不能在数字化浪潮中置身事外。企业与政府通过制度、规范等方式为个人隐私构筑安全基础，个人也应当发挥主观能动性，增强隐私保护意识，积极行使自身权利。

作为消费者，个人应该从两方面来树立自己的隐私观：一是明确隐私的界限，提高鉴别能力，主动避免隐私泄露的风险，例如，在使用相关软件时，仔细阅读隐私申明，对侵犯隐私的条款敢于拒绝，主动曝光。此外，在社交媒体上分享日常生活动态时，要尽量避免暴露个人敏感信息。二是要提高保护隐私的责任意识，了解隐私保护对于个人安全的重要性，发现隐私受到侵犯时，要敢于向相关部门反映，据理力争，防止事态进一步扩大①。尽管和企业相比，用户属于弱势群体，但我们不应该当沉默的大多数，而应当团结起来、大胆维权。

同时，个人观念的形成离不开社会文化的影响。针对信息泄露的治理，必须在自律和他律的基础上，用教化的力量去培育和强化保护隐私

① 蒋鹏翔．大数据时代个人隐私危机的伦理思考．南京：南京林业大学，2017.

的价值观，针对不同的人群进行差异化的隐私保护教育。法律法规是治理社会的强制手段和文明红线，尽管道德和社会文化并不像法律法规那样具有强制力，但它在引领人们主动接受和积极参与方面具有不可替代的作用。只有法制建设和文化引领并行，才能结合内外部力量共同防范和治理侵犯个人隐私的行为。

**3. 政府应有力、弹性治理隐私侵犯乱象**

政府作为监管主体和权力行使者，应该从长远角度为全体社会成员谋福利、谋发展，完善各项规章制度，积极创造大数据产业和公民隐私保护共赢的局面。网信办负责制订的《数据安全管理办法》《儿童个人信息网络保护规定》和《个人信息出境安全评估办法》密集向社会征集意见。网信办、工信部、公安部、市场监管总局等联合制定的《App 违法违规收集使用个人信息行为认定方法》引发了学界、业界的广泛关注和讨论。国务院发布的《新一代人工智能发展规划》在促进人工智能发展的同时，关注人工智能数据安全风险，提出“强化数据安全与隐私保护，为人工智能研发和广泛应用提供海量数据支撑”。“促进人工智能行业和企业自律，切实加强管理，加大对数据滥用、侵犯个人隐私、违背道德伦理等行为的惩戒力度”。可见，隐私保护在我国已进入制度建设和实践双轨加速时代。

2019 年，《数据安全管理办法（征求意见稿）》（以下简称《办法（征求意见稿）》）发布，作为对数字时代的有力部署，其意在对网络运营者在数据收集、处理分析、安全监管等方面做出明确规定。相较于以往的条例，该《办法（征求意见稿）》明确要求数据管理者制定并公开个人信息收集使用规则，强调“如果收集使用规则包含在隐私政策中，应相对集中，明显提示，以方便阅读”，为信息主体享有充分选择权提供法律依据；此外，针对当前业界精准营销是否涉及侵犯用户隐私的热点问题，该《办法（征求意见稿）》要求在利用算法推送个性化信息时，商业广告需显著标明“定推”字样，并赋予用户拒绝该项服务的权利；就网络爬虫等自动化抓取等手段，该《办法（征求意见稿）》也做出了明确限制①。

该《办法（征求意见稿）》在我国虽具有里程碑式的创新意义，但仍存在一定局限性。首先，用户端缺乏统一的隐私侵犯投诉平台，难以落实对网络运营者在数据处理过程中全方位的监督，也很难切实解决用户投诉难的问题；其次，该《办法（征求意见稿）》中指出，“第三方应用发生数据安全事件对用户造成损失的，网络运营者应当承担部分或全部责任，除非网络运营者能够证明无过错”，就实际情况而言，隐私泄露事件往往难以归因溯源，这一规定对网络平台苛以过重的法律责任，不利于互联网开放业态的发展②。

因此，政府应对比国内外环境和立法思维，借鉴弹性灵活的治理策略。例如，于 2020 年 1 月生效的《2018 加利福尼亚州消费者隐私法案》，充分考虑个人数据的保护问题，在控制企业侵犯隐私行为的同时，鼓励企业向第三方共享开发，促进去标识化和匿名化信息的流通和增值。这一法案是以弱监管、创新开放为导向，以科技研发和技术应用创新为核心，配套公开竞争、成果转化、财税杠杆、知识产权保护等方面的制度环境，实现安全和利益共赢。我国隐私立法和安全立法也应该树立全局视野，在尊重隐私、保护底线的同时考虑行业惯例、产业发展和应用创新，用市场化的利益补偿、程序化的自主选择权、行政处罚的威慑来平衡正义与效率③。

#### 4. 以技术之力守护隐私安全

隐私泛滥的根源在于技术发展，但在技术不断迭代创新的今天，同样也可以发挥技术的优势，为隐私拉起安全防护网。这要求政府部门和各企业加大资金投入，支持信息安全技术的研发与创新。

---

① 郑志辉．用户将可对大数据精准营销说“不”．营销界，2019(32)：33-34.

② 刘金瑞．合理设定网络平台经营者对第三方应用的数据安全管理责任：关于《数据安全管理办法（征求意见稿）》第 30 条的修改完善建议．中国信息安全，2019(6)：88-91.

③ 陈慧慧．比较视角看 CCPA 的立法导向和借鉴意义．信息安全与通信保密，2019(12)：26-36.

在全国政协十三届二次会议上有委员建议，对信息加密技术应加强重视和投入，对密码技术加快实现全面国产化替代，彻底改变核心技术受制于人的现状，可见我国信息安全技术亟待发展和突破。《人工智能数据安全白皮书（2019 年）》指出，在数据防泄露方面，加利福尼亚州伯克利大学团队运用人工智能技术开发了一款手机 App，能够自动扫码手机相册内存储的裸露照片，改为加设密码存在于 App 中，并进一步从云相册删除，彻底防止照片外泄；在数据加密方面，谷歌成功开发出两个独立的人工智能加密算法，不仅能够防范第三方破解，还能自我学习，破解其他人工智能加密算法。此外，在金融领域，比特币向世界展示使用“以公账为基础的分散对等网络”，创造出一种受信的、可审计的机制。区块链具有在数据收集、分析过程中对所有用户完全透明的特性，一旦被记录只有用户本人才能进行修改，这与隐私保护的内在要求和逻辑非常相似，因此，区块链应用于隐私数据保护领域的未来非常值得期待①。

### 例 11-1 陌陌 3 000 万数据泄露，隐私保护之路有多难？

2018 年，国内多起用户隐私泄露事件被曝光，因而 2018 年被网友戏称为“用户隐私裸奔年”。前有大型弹幕视频网站 Acfun 遭黑客攻击，千万级用户隐私泄露，后有华住酒店集团下 2.4 亿条开房信息遭泄、卖价高达 5.6 万美元……其中，最令人惊讶的还是陌陌多达 3 000 万条有效用户数据在暗网②上被销售，要价仅 50 美元，相当于 1 000 条信息才一分钱（见图 11-4）。

陌陌，一款基于地理位置的移动社交软件，用户可以通过视频、文字、语音、图片等来展示自己，和自己地理位置附近的人建立真实、有

① 刘帝，吴鹏．一种基于区块链的个人数据保护模型．信息与电脑（理论版），2018(21)：140-142.

② 暗网：互联网是一个多层结构，“表层网”处于互联网的表层，能够通过标准搜索引擎进行访问浏览。藏在“表层网”之下的被称为“暗网”，利用加密传输、P2P 对等网络、多点中继混淆等，为用户提供匿名的互联网信息访问的一类技术手段，其最突出的特点就是匿名性。

效的社交关系。2014 年年底，陌陌在美国纳斯达克上市；2015 年三季度，陌陌推出视频直播业务，成为主要营收板块之一；2018 年 3 月，陌陌月活用户突破 1 亿大关。此次出售的用户隐私，包括用户手机号、密码等关键身份信息，卖家透露，此份数据是三年前撞库①得来的，所以不保证时效性。

**陌陌3 000万数据库**

由 Y! ;» 2018年-11月-30日 03:48

数据写入时间：**2015年7月17日**

总条数：31613301

包含字段：手机号，密码

数据中密码有空白项，但这部分所占比例不到1%，就是算去掉100万条，还有3 000万条。

本数据**不保障现时有效性**，只适合撞库等用。

虚拟资源具有可复制性，一经售出，谢绝退款。

附件

**图 11－4　陌陌数据库交易库**

事发后，有网友质疑，如果事件属实，那当时黑客极大可能提前在陌陌的数据库中留下了潜伏程序，而陌陌后来并没有对数据库的安全系统进行集中清理和技术升级。换言之，最令人不放心的，其实是陌陌对于用户隐私的不重视。网友们联想到自己经常接到诈骗电话、因账号被盗损失财产，甚至受到人身威胁的经历，这种顾虑随之迅速在网上产生了巨大的舆论效应，用户纷纷向陌陌平台讨要说法。

事件发酵后，陌陌负责人回应称：首先，这个通过撞库得来的数据，跟陌陌用户的匹配度极低，已经经过多方证实；其次，陌陌采用高强度

① 撞库：通过互联网上已泄露的用户和密码信息，生成字典表，然后尝试批量登录其他网站，如果用户在不同网站上使用的是同样的账号密码，密码就能被破解。

单向散列算法①加密存储用户密码，任何人无法直接从陌陌数据库中直接获取用户密码；最后，陌陌采用包括密码验证、设备验证等多重校验机制，以保护用户信息安全，任何人在其他设备上仅用手机号和密码试图登录陌陌账号，都会触发短信验证码等多种信息验证措施，他人根本无法仅凭手机号和密码就登录用户的陌陌账号。

在数字时代，个人信息已成互联网最为宝贵的资源之一，信息安全问题更是空前严峻，虽然陌陌官方的回复令大家松了一口气，但频发的隐私泄露事件让用户不免担忧，如果自己的身份信息被不法分子获得，并被用来实施电信诈骗、非法讨债甚至绑架勒索等犯罪活动可怎么办？一旦用户产生不信任的情绪，就会抵触收集信息的行为，拒绝分享个人数据，长此以往，对大数据行业和企业都是致命打击。

除了内部人员泄露和公司管理不善外，更多的私人信息是因黑客进行网络攻击而被窃取的，或被一些商业间谍用非法手段获取的。相关公司不仅应该更新观念，重视用户的隐私保护，更要升级技术，建立信息保护的“防火墙”；此外，国家也应严厉打击网络信息盗取者，完善立法，重拳出击，毫不留情。在这场博弈中，如何在保护个人隐私数据的基础上，实现社会、企业和消费者利益最大化，需要多方利益主体共同参与，用法律规章约束行业乱象，用伦理道德规范企业自身，用敬畏之心保护隐私数据。

资料来源：李文瑶．陌陌 3 000 万数据在暗网出售？回应：匹配度极低．(2018-12-04). https://tech. huanqiu. com/article/9CaKrnKfxdA.

## 讨论题

1. 陌陌用户数据泄露的原因有哪些？

2. 陌陌用户的数据具有什么价值？

3. 如果你是陌陌用户数据安全部门负责人，你会采取哪些措施来保障数据安全？

---

① 单向散列算法，用户密码被单向加密成密文，但不能通过密文还原为明文。

## 例 11-2 共享单车共享隐私数据?

“赤橙红绿青蓝紫”，如今形容的已不是彩虹，而是遍布大街小巷、各色各样的共享单车。起初，为解决大学校园出行难题，一群北大的年轻人创立了 ofo 小黄车，产品在首都七所高校深受师生欢迎。在洞悉了用户上下班路上“最后一公里”的痛点后，共享单车走出校园，在 2016 年迎来爆发期，多家共享单车诞生并获得大量风险投资，随之在消费者中引领了一股骑共享单车的热潮，“共享单车”也入选 2017 年民生热词榜。

尽管如此，从民生出发的共享单车没有逃过隐私泄露的舆论风波。2017 年 5 月，在国际安全极客大赛上，一名毕业于浙大计算机专业的女程序员演示了从获取用户信息到免费开锁骑车的全过程，不到一分钟就可以查看评委手上四款共享单车的账户信息，包括骑行记录、行驶路径、账户余额等（见图 11-5）。这名程序员表示，她发现多家共享单车云端逻辑存在漏洞，只要篡改参数，就能直接访问、控制别人的账号，登录自己的账户扫码骑车，扣除的却是别人账户的余额，暴露出共享单车企业对用户隐私疏于保护，其急于求成的心态极大地威胁着用户隐私安全。

**图 11-5 国际安全极客大赛现场**

好景不长，2019 年已倒闭了六家共享单车公司，包括酷骑、町町、悟空、小鸣等。在这波倒闭潮里，除了押金和余额是否能退，用户最关心的就是自己当初在注册账号时使用的姓名、身份证号、微信、支付宝、银行卡等私人信息是否能够一并删除。在摩拜公司的免责申明条款中，明确表明“用户理解并同意：摩拜单车可能会与第三方平台联合向用户提供相关服务，在此情况下，如果该第三方同意承担与摩拜公司同等的用户隐私保护责任，则摩拜公司有权将用户的注册资料等提供给第三方，用于向用户提供服务之目的”。换言之，用户的数据可能会交给除了摩拜以外的第三方。

共享单车现已拥有超过2亿用户，且在持续增长中，用户隐私亟须法律保护。为此，交通运输部曾起草《关于鼓励和规范互联网租赁自行车发展的指导意见（征求意见稿）》，向社会公开征求意见。其中，安全规定主要涉及两条：一是要求实行用户实名制注册，进一步规范用车行为；二是要求共享单车运营企业遵守国家网络信息安全规定，落实网络安全等级保护制度，并规定了相关信息的使用范围。

目前，中国已成为世界上产生数据体量最大、类型最丰富的国家之一，但隐私保护方面的法律法规较为滞后，显然无法支撑我国大数据产业的蓬勃发展。共享单车在相继出台的条例约束中逐渐走向标准化、规范化运营，这似乎在告诉我们——在个人生活、商业利益、社会治理之间寻求平衡，是可能的。

资料来源：广州日报．共享单车平台安全漏洞浮出水面　女黑客一分钟攻破．(2017-05-14)．https://society.huanqiu.com/article/9CaKrnK2KNr.

## 讨论题

1. 共享单车用户隐私安全存在哪些漏洞？

2. 在共享单车用户隐私保护上，政府、企业和个人分别能发挥什么作用？

3. 规范保护用户隐私数据，对共享单车行业的长远发展有什么好处？